日本思想全史

清水正之
Shimizu Masayuki

ちくま新書

1099

日本思想全史【目次】

第三章　近世　183

はじめに

†日本思想とは何か

「日本思想」あるいは「日本の思想」という名称は、ある世代以上の者には両義的な、あるいは否定的な感情を惹き起こすものであった。倫理思想史という立場で日本の思想にささやかながら関わってきた私自身、意識の中に両価的なものがあるし、また体験的にもそうした感情にぶつかったことがある。

日本思想を研究していると言えば、まず政治的立場を尋ねられることはよくあったし、ときには皇国史観をお持ちなのですか？　という質問を受けたこともある。そもそも日本思想などあるのか、という素朴な、しかしまっとうな問いもその一つである。哲学系の研究者からは、日本思想史とはそもそも哲学なのか歴史学なのかという質問を受けたこともある。よく知られた和辻哲郎の日本思想・日本精神史に関わる仕事は、哲学・倫理学の一分野として受け入れられているが、その分野では際物と思われてもいたようだ。

こうした日本思想に向ける疑問は、まずは日本思想を考えるということ自体のあり方と日本の近代の歴史のあり方に根ざすものである。しかしまた、単に歴史に還元できない、日本の思想とは何か、さらには思想とは何かという問いでもある。

さらにそれは、日本の思想と近代の知の制度との関わりにも及ぶ。近代化に邁進した明治時代、西洋の学問科学の導入が急務となった。大学は、理系であれ文系であれ、長らく欧米の文化が大きな意味を占めてきた。人文学でも同様であった。人文学はよく哲学（思想）・史学・文学という区分けがされる。日本は古来、仏教や儒教という思想形態をはじめ、印度・中国の文化の影響のもとで自らの文化を形成してきた。そのため、明治の新しい知の制度になっても、印度学あるいは中国学は当初からそのなかに置かれ、インド哲学、中国哲学も研究の対象であった。日本の独自の文学的伝統や歴史学はそれなりの蓄積があり、同じく当初から大学の制度の中に組み込まれた。

それに対して日本の思想は、西洋化という目標のなかで、文明の基礎となる哲学的思想を積極的に導入するという課題からは二義的なものでしかなかった。現代でも哲学科といえば西洋哲学を主とし、日本の思想研究の課程・学科を置くところは少ない。中江兆民の「日本に哲学なし」という言にあるように、西洋哲学にある程度通じた者から見れば、哲学に当たるものが日本の歴史の中になかったように見えることは無理もない。

ここには日本の思想と呼びうるものの実質にも関わる問題があった。現在でもその意味では、日本の思想というものの実質、すなわち何を対象とするかという問題がある。哲学は自然・人間・超越的存在（神や仏）の三者のそれぞれ、また三者の関係についての意識であり、その観点からの生活意識に統一をもたらす価値観のありようとその吟味を対象とする。

日本における思想的作品は、哲学にふさわしいものもあれば、もちろん詩や文学のかたちをとる表現、あるいは歴史叙述なども対象となる。そうした多様なジャンルに通有する広い意味での人間観、世界観を対象とすることで、ようやく姿を見せるものだということになる。本書では、そうした日本思想の実質を明らかにしつつ、倫理思想史の視点から日本の思想を考えていきたい。タイトルを全史としたのは、日本の思想をつかむために、古代から近代までの代表的な思想、思想家、思想的作品を対象とすることからであるし、他方、よくあるような学派や学統を重視する個別思想史ではなく、通有する基盤に着目した思想史を目指したからである。

現在では、日本の思想というジャンルはある程度の市民権を得ている。それは近代の初頭において、日本思想研究の確立に努力した先人の賜《たまもの》でもある。当初、当人たちの意識では、哲学的な分科という視点であった。現状では、学際的な領域であるとともに、全体的には歴史学的手法を用いた思想史が多い。

本書が、全史を謳うのは、日本思想史の研究が目指したものが、西洋の哲学史、とくに精神史の影響下で、仏教や儒教史という単一の分野の思想史ではなく、日本思想史と言うべき場をあえて設定したことに倣ってである。

日本思想史の研究は西洋文献学・哲学の方法の受容のなかで、近代学問として成立した。グローバリズムのなかでの日本思想あるいは日本哲学の位置づけは問題である。かなり前から、日本思想にしても日本哲学にしても、用語として国外でほぼ認知されている。その名称のもとで、日本を古代から現代まで語ろうとする仕事が出ている。哲学的言語の複数性はもはや広く受け入れられていると言うことができる。

日本の文化・思想を絶対視するものではない。しかしまた私たちとは無縁のものだと突き放すこともしない。思想史とは、古来のテキストの読み直しの歴史を意識的に見直すことによって可能となる。本書での思想史も、思想内容を含むものとしてのテキストを読み解くことを主眼としている。国学が『古事記』『日本書紀』をあらためて参照し、アララギ派が『万葉集』の再評価したことからわかるように、日本の思想は繰り返しの想起と反復でもある。そうした思考の絡み合いを、とくに描くことでも、全史に値するようにしてみたい。思想史にはなお未決の問題がある。それを探ることも全史の課題である。

†受容と選択、外と内——思想史における相対主義的視点

本書は全史と称するが、古代に起きたものが一貫して日本に流れ、日本的なるものが根底にあるという視点に立っていない。日本思想の個性ということは言いうると考えるが、多様性を一つに統括できるわけではない。本書の関心は、日本という場で起きた異文化や異なる思想伝統の選択と受容（選択的受容）、そして深化の堆積という問題である。

俯瞰的に思想史を眺める視座は、さまざまにありうるだろうが、本書がとる視点は、選択―受容―深化としての思想史である。その特徴として、選択・受容の局面における比較的視点ないし相対主義的視点の把持ということを指摘しておきたい。

日本列島は、近代に至るまでは、一貫して進んだ文明の源であるアジア大陸に面していた。その地政学的位置は、文明の源に面しながら、直接の脅威にさらされることは少なく、その適度な距離において、ある種の余裕をもちながら、それを摂取することを可能とした。

仏の渡来と神々との関係においてまずそれは言える。仏の信仰を受容しようとしたとき、反対する勢力に対して、天皇が試みに祀ってみることを蘇我氏に命じた、と『日本書紀』は描く。

その後の思想の新たな転換期にもその現象は見られる。平安仏教の開祖、空海は若いときの著作『三教指帰《さんごうしいき》』で、東アジアの仏教、儒教、道教を三人の対話者に受け持たせ、結論として、

仏教をとるとする。空海そして最澄も、当時の中国での仏教から、選び取ったものを我が国に伝えた。

仏教思想の内部でもそれは言える。鎌倉仏教の成立期、法然は、自力と他力の信仰を比べ、そのなかから他力の浄土信仰を「選択《せんちゃく》」するという姿勢をとった。

貴族階級と武士階級とが政治的指導権を求めてせめぎあった鎌倉初期に描かれた『愚管抄《ぐかんしょう》』は、日本の歴史を天竺《てんじく》（インド）、中国の歴史と対照させながら、仏教的な世界理解のなかに置く。慈円《じえん》はその歴史叙述においてきわめて自覚的に、和語、口語を使用して自らの時代の出来《しゅったい》を描く。漢文を読み解く中国的教養を持った者は日本の歴史書を読まないと慈円は指摘し、あえて卑俗に見えるだろうが、口語俗語を用いたと言っている。

近世はやはり、それまでの仏をめぐる思想的展開のなかでは、より相対的視点が理論化されたといえるだろう。藤原惺窩《せいか》、林羅山《はやしらざん》らが、その出自において仏者であったこと、仏教あるいはキリシタンとの思想的対峙を通して、朱子学の立場を「選択《せんたく》」したことを見落とすわけにはいかない。

こうした視点は、近世近代を通過した現代の我々には、いわゆる国学的な思想史観として、容易に受け入れがたいと見えるだろう。しかし、その国学の思想においても、内と外、さらにそれをまずもって相対主義的に見るまなざしは明確である。本居宣長《もとおりのりなが》が批判的でありつつ敬慕する契沖は、『万葉集』の実証的研究において、日本の歌の表現のなかに、仏教的な修辞、中国古典の修辞の影響を丁寧に探し、解釈を確定していく。契沖にとって万葉の歌謡は、いわば明治における新体詩であったと言える。

国学の大成者宣長を見てみよう。儒教、仏教、老荘思想、さらにはキリシタン、蘭学にもまなざしを向けながら、自らの神学をたてたと言える。とくに蘭学へのまなざしは宣長の思想形成の鍵を握っていよう。宣長は、蘭学を世界のさまざまな国を知っていることにおいて、中華絶対主義よりも優れた学問と見る。しかしながら蘭学的思考は、その相対主義を絶対化することにおいて、やはり批判されるべきだと言う。もっとも正しいのは、日本の優れた点を主張する学問だと言うのである。

この結論は容易に受け入れられないにしても、宣長が差し当たっての思考の回路において、内と外へのまなざしを、再度相対化する過程を通過していることは看過できない。宣長自身、母の宗教である浄土宗に結縁《けちえん》し、生涯読経《どきよう》を欠かさなかったとされるが、彼自身、そうした相対主義にまずは身をさらすことを通して、その思想を完結させている。平田篤胤《あつたね》が、中国書のキリスト教教義を自らの魂の救済論に含み取ったとされているのも、こうした文化や思想の日本の現象の一つであろう。

近代の選択と受容は、その西洋の思想文物の差し迫った緊迫性が、それまでの思想の受容とは異なるかたちをとったとは言える。ただし、キリスト教の受容や、哲学の受容のなかにも、選択と受容の例は多く挙げることができる。

こうした見方は、しかし日本思想の一面から光を当てることになりかねない。もちろん絶対的な思想を説いた思想家もいる。その絶対の説き方がまた相対主義への批判というかたちをとるところに、日本思想史の興味深い論点があろう。思想の選択的受容のなかには、あるべき人間とは何か、という問いが常にあった。選択的受容を通して、内と外の二重性を超えて至りつこうとしたそれぞれの時代の思想に照明を当てることで、決して外部的視点からの解釈を押し通すのではなく、内在的視点をもって、本書の叙述をしていきたい。

今また私たちの生きる場は、選択と受容のはざまにある。過去の選択と受容を精査し、蓄積の上に未来をどう組み立てるかが、日本の思想の課題である。

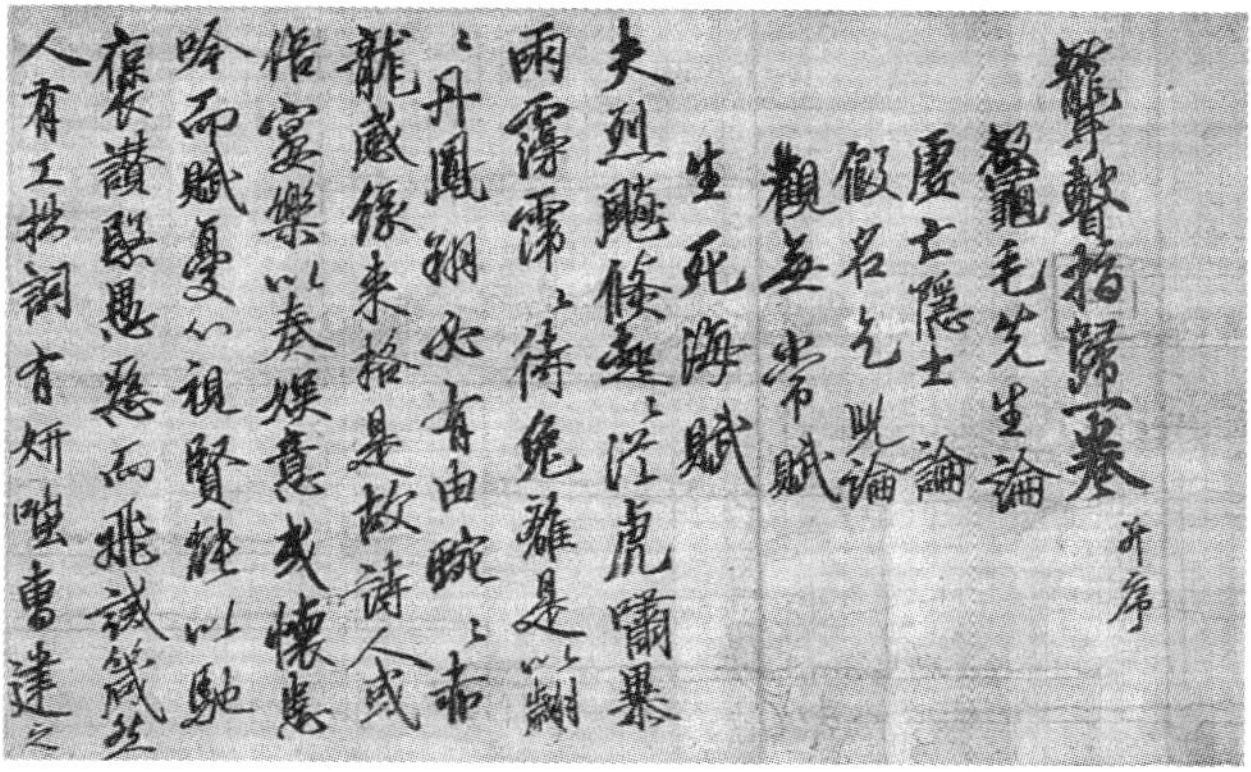

第一章

古代

『三教指帰』のもととなった空海自筆の『聾瞽指帰』冒頭

1 日本という境域

†自然史と思想史

思想史とは、文字化されたテキストとその読解によって成り立つものである。日本の思想とは、さしあたってこの列島の上に固有の言語によって生成し展開されてきた思想を指す。個人の意識であれ、集団的意識であれ、原初的な意識の段階を含め思想という場合、そのような意識の起源あるいは始源がどのような様相をとっていたかを問うことは容易ではない。自己意識や集団的意識が記録化される以前、それらがどのようなものであったかということに関わり、かつそれらを規定するものとして、三つのことを挙げることができよう。①列島の成立と自然史、②考古学的知見、③中国史書に描かれた日本、の三つである。

自己意識をもつ人間のあり方は、この列島の人間が、長く文字を持たなかったために、まずは他者、すなわち中国大陸との関わりのなかで、大陸が列島に向けるまなざしのなかで、文字（漢字）に残されることで最初に立ちあらわれた。しかしそうした他者の視線自体が成立する根拠は自然史のなかにある。日本が今にいたる文化をつくりあげてきたことには、大陸や朝鮮半島との地理的関係が大きく関わっている。

†列島の成り立ち

地球の誕生から数十億年の間は、のちの日本列島は未だ姿を見せず大陸の一部であった。新生代の新第三紀、すなわち二千五、六百万年前、大陸の東端に裂け目が入り、原日本海ができた。ついで、なお大陸と陸続きではあったが日本列島の原型が姿を見せたのは、今から一千万年前のことであった。その後人類が誕生したとされる洪積世に入り、造山・火山活動が活発になった。氷河時代の中期には琉球諸島がまず大陸から分離し、ついで列島が大陸から分離した。氷期と間氷期が繰り返されたが、二万年前とされる最終のウルム氷期に海面が下がり、大陸と列島を結ぶ最後の陸橋があらわれ、そのとき人類・動物が移住してきたとされる。その後一万八千年前には朝鮮海峡が、一万二千年前には宗谷海峡がひらき、今の日本列島の形が定まった（平朝彦《たいらあさひこ》『日本列島の誕生』）。

琉球諸島は、本州や他の島よりも先に大陸から分離していた。これには、現在日本と呼ばれる境域のなかでの、自然・言語・文化の面で琉球諸島がもつ文化的独自性と深く関わっていよう。

この列島は、プレートテクトニクス理論によれば、ほぼ四つのプレートが近海で接する場所として生成し、しばしば大きな地震や津波に見舞われることになった。先の東日本大震災も、こうした自然史をあらためて振り返る意味をもった。列島に芽生え育った思想が、自然と人間に関して懐いてきたのは、こうした自然史と深い関わりを有するものであり、思想史にとって根源的な意味をもつと言えるだろう。

ところで私たちの現在使う「自然」という言葉の意味は、近代以前の「自然」とは異なる。『万葉集』に最初に登場する漢語に由来する「自然」は、「おのづから」の意であった。中世、とりわけ親鸞の「自然法爾」もまた、おのずからの意である。そうした歴史は、いま私たちが「自然」と呼ぶ対象の背後にひそむ原理や根拠を指していたとも言える。それこそが近代に nature を案外容易に「自然」と訳し、受け入れた理由かもしれない。自然の概念は日本思想史の重要な問いをつくっている。

一方、その列島では、旧石器文化、ついで新石器文化が展開した。新石器文化では、縄文文化、弥生文化という生活の形が考古学の知見として知られている。かつてより旧石器時代に関する知見や、縄文時代の時代的展開・社会形態に関する知見は変化しつつある。稲作の開始などにも新たな見解が提出されている。長らく弥生文化は稲作の文化として、今の日本の文化につながる同質のものとされてきたが、現在では稲作は、以前よりもさらに時代を遡る縄文時代に始まったとされている。

「太陽の塔」でよく知られるユニークな芸術家・岡本太郎（一九一一〜一九九六）は、縄文文化の美意識の復興を説いた。彼の南島琉球文化論なども含め、こうした主張には、日本の文化的起源自体に多様性を見て取り、安易に日本の同質性と見られてきたものを壊し、均質な日本という固定した文化観に違和と刺激を与えようとする意味がある。

†他者のまなざしに映った日本——中国史書と地政学的位置

文字による記録のない時期に、どのような意識が列島の上にあったのだろうか。これは思想や文学の方法からは遠い位置にある。無文字文化を探る完璧な方法はない。そこで、考古学が私たちに教えてくれる知見以外では、五世紀まで文字をもたなかったこの列島のあり方は（漢字の使用自体は、稲荷山《いなりやま》古墳や江田船山《えたふなやま》古墳出土の鉄剣・鉄刀銘文で知られる）、まずは他者すなわち中国の書物に記載されるというかたちで、初めて文字化された歴史に登場する。歴史上のある時期まで、他者のまなざしを通してしか、その起源をうかがうことができなかったということは、今に至るまでの日本の思想文化の深部に関わる問題であろう。

では、中国の歴史書に現れた日本はどのようなものであったか。それは最初、「倭《わ》」「倭人《わじん》」として登場する。そのすべてが当たらないとしても、「倭」という呼称が列島とその住民を指すことは異論がないであろう。正史に限っても、後漢の班固《はんこ》の撰による『漢書』地理志（七六〜八六年完成）には、「東夷は天性柔順、三方の外に異る」という記述があり、「楽浪海中、倭人あり、分かれて百余国をなす」ことや「歳時を以て来たり献見すといふ」と伝える。西暦五七年には光武帝が倭に「印綬《いんじゅ》」（金印）を下賜したとの記述がある（『後漢書』東夷伝）。『魏志』倭人伝（三世紀後半成立）では、さらに詳しく倭の諸国、そのなかの「女王国」（邪馬台国）と女王卑弥呼《ひみこ》について二千字ほどの記述がある。三十国に「共立」された卑弥呼が「鬼道」に仕えていることや、倭人の政治、官制、風俗、産物、自然、地理、死の儀礼や、生活慣習・社会体制が描かれている。このように日本の姿、列島の上に展開する文化は、他者のまなざしを通して、まずは記述されることとなった。

この後折々に触れるように、日本は常に先進文明としての中国大陸および朝鮮半島、また仏教伝来後は天竺《てんじく》（印度）を意識し続けてきた。海を隔てた大陸と日本は、古代の一時期あるいは元寇等を除けば、直接対峙することは少なく、大陸側は列島を地政学的には、支配の対象として強い関心を向けるというよりは、ほどほどの関心を寄せるという態度をとってきたといえる。それは周辺民族を下位におく「華夷《かい》思想」のあらわれでもあったが、日本はたびたび使いを送り、中国大陸との関係を構築していった。

ただし、中国史書が描く日本をそのまま受け入れることには問題もある。一つに史書の成立年代自体が前後していることである。たとえば西暦五七年の光武帝が倭に金印を下賜したという記述がある『後漢書』東夷伝の成立が五世紀であり、三世紀の邪馬台国を描く『魏志』よりもあとの作であることなど、倭の記述を載せる史書の成立が前後しているのである。しかし、これら中国史書の記述が、邪馬台国の所在という問題もさることながら、倭人とは何かという現代の私たちの自己認識・思想にも関わる問題をはらんでいることは確かである。

また、二六六年に卑弥呼の後を継いだ壱与《いよ》（台与《とよ》）が西晋に朝貢したという記録のあと（『晋書《しんじょ》』）、四一三年倭国が高句麗とともに東晋に朝貢したと記録される（『晋書』）までの約百五十年間、中国側に倭の記述がなくなる（謎の四世紀）。朝鮮半島の記録は残るが（高句麗の広開土王《こうかいどおう》碑文が四世紀の倭の動静を伝えている）、この百五十年ほどの間に、列島では大規模な前方後円墳が発達し、四二一年以降（『宋書《そうじょ》』）、いわゆる倭の五王（讃《さん》・珍《ちん》・済《せい》・興《こう》・武《ぶ》、武は雄略《ゆうりやく》天皇とする説があるが五王の比定はなお未決である）の活躍が描かれるようになる。一時期に外部の視線すら大きく欠落していることは、日本の自己像にとって重要な意味をもつであろう。その後『旧唐書《くとうじょ》』（十世紀）では、「日本国」の呼称を用いるが、使者の言から、倭国《わこく》の別種として自ら呼称を改めたという説と、日本が倭国を併合したという説を掲げ、その真意をいぶかしんでいる（藤堂明保ほか『倭国伝』）。

こうした他者すなわち古代の大陸からの日本へのまなざしが、あらためて思想の問題として浮上してきたのが江戸時代である。儒者松下見林《けんりん》（一六三七〜一七〇三）は、中国史書にあらわれた日本の記述を集めて考察している（『異称日本伝』）。新井白石も古代史への関心から史書に触れ、本居宣長ら、国学の思想に影響を与えた。

2　神話にあらわれた思想

†『古事記』――神話的思考

日本思想史における「古代」とは平安時代の終わり、すなわち貴族の時代のたそがれをもって終期の区分とする。日本思想の思想史的な区分については、多様な見解がある。たとえば、柳田國男《やなぎたくにお》と鈴木大拙《だいせつ》は対照的であり、日本人のたましい観を問うた柳田は古代・平安時代を評価し、たましいの自覚を視点とする大拙は、鎌倉時代に「日本的霊性」は開花したと見て、それ以降に精神的な深化を見て取る。時代の区分は後の思想史の見方に大いに関わる。別途考察しよう。

さて、私たちは『古事記』をもって、文字化されたテキストによる思想史上の最古の作品とする。思想史の視点からは、原始の日本、古層としての日本の叙述は、ようやく八世紀に至り現れた『古事記』『日本書紀』あるいは『万葉集』といったテキストによって始めるしかない。『古事記』の成立には様々の説があるが、自己意識の最古の姿とその名残をとどめるという点は争う余地はないだろう。記紀の物語を古伝説と呼んで神話と区別する見方もあるが、ここでは神話の語を使う。

その『古事記』だが、成立の背景については、まずは漢文体で書かれた序文から知られる。それは、七世紀の後半、天武天皇のときに、諸氏族の伝承に誤りが多いので、「帝紀《ていぎ》」と「旧辞《きゅうじ》」を定めて誤りを正し、稗田阿礼《ひえだのあれ》に「帝皇日継《すめらみことのひつぎ》」「先代旧辞《さきつよのふること》」の「誦習《しょうしゅう》」を命じたこと、その後元明《げんめい》天皇の七一一年(和銅四)、太安万侶《おおのやすまろ》に命じて、阿礼の誦習していたものを筆録させ、その太安万侶が翌七一二年に元明天皇に撰上したことを伝える。

『古事記』が撰上された八年後の七二〇年(養老四)には『日本書紀』が撰上された。これらの編纂作業は、天平《てんぴょう》文化と言われる時代の直前である。大化の改新以来の新たな国家建設と大和朝廷の権力の確立のなかで、国の歴史を残そうとする試みが繰り返されてきた。壬申《じんしん》の乱(六七二年)を間に挟む古代の中央集権化の流れのなか、歴史編纂の試みとして、両書はかたちをなした。

†歴史編纂の試み

その一連の歴史編纂の試みの一端は『日本書紀』(七二〇年成立)の記述に示されている。例えば六二〇年の推古天皇紀は、聖徳太子と蘇我馬子が「共に議《はか》りて」「天皇記《すめらみことのふみ》」および「国記《くにつふみ》」、また臣下の豪族の「本記」を記録したと伝えている。あるいは六八一年に天武天皇が、川島皇子《かわしまのみこ》ら十二人を召し、「帝紀、および上古諸事を記し定めしむ」(天武紀)と伝える。『古事記』と『日本書紀』はそうした自己認識への継続した努力のなかから生まれたものであった。『古事記』と『日本書紀』との関係には解明されない点があり、たとえば『日本書紀』に『古事記』編纂の記録が残っていないことなど、なお多くの謎が残る。

後に検討するように江戸時代に『古事記』を注解し、今にその功績が残る本居宣長《もとおりのりなが》は、『日本書紀』を中国風の思惟の影響を受けたものとして『古事記』より低く見るが、実際には『古事記』は成立直後からほぼ歴史の表面から姿を隠し、一方『日本書紀』は成立直後から官人に読まれ、平安時代に入っても、官人の教養として重要な意味をもったことは、記憶されてよい。近代になり津田左右吉《そうきち》は批判的立場から、記紀を政治的作為の産物と見なしたが、しかし、古代人の思考の明らかな断片を今に伝えることは否定できないであろう。

『古事記』と『日本書紀』では、その叙述の仕方に大きな差が見られる。この二書の違いは思想史的に重要な問題をつくっている。『古事記』は本文が一つの主題で貫かれるが、『日本書紀』の神代の部分は、筋をもった本文を掲げてはいるが、それに続き複数の異なる伝承を「一書曰《あるふみにいわく》」として並列して掲げる。開闢《かいびゃく》の神話に限っても、その掲げる複数の伝承の中には『古事記』に一致するものもあれば、そうでないものもある。単純に記紀神話というが、『記』と『紀』の神話は、その叙述態度・叙述の様相をかなり異にしていることは確かである。本節では、まずは『古事記』を中心に、神話的思考の一端に触れておきたい。

†天地の始まりの神話

『古事記』は、三巻からなる。上巻は神代から神武《じんむ》天皇の誕生まで、中巻は神武から応神《おうじん》天皇まで、下巻は、仁徳《にんとく》天皇から推古《すいこ》天皇までの事績が描かれる。神代では、天地開闢、イザナキ・イザナミの男女二神の神生み・国生み、黄泉《よみ》の国、天の岩戸と天照大御神《あまてらすおおみかみ》、追放されたスサノヲの大蛇退治、天孫の天降り等と続き、さらに神武天皇までの出来事や系譜が描かれる。中巻以降の人代は、神武天皇から推古天皇に至るまでの神話的伝説・歴史あるいは歌謡の大系であり、多層にわたる要素がこめられている。

冒頭の序文は、漢文体の上表文として書かれている。変体漢文を駆使した本文とはやや異なった体裁だが、「太素は杳冥《ようめい》なれども、本教によりて土《くに》を孕《はら》み島を産みし時を識《し》り、元始は綿《めん》邈《ばく》なれども、先聖によりて神を生み人を立てし世を察《し》りぬ」（この世の初めは暗くてはっきりしないが、この教えによって国と島の生成を知り、神が生まれ人をたてた時代を知ることができる）と、神代は遠くなったが、神代に成った国土が「大八洲《おほやしまぐに》」として時間的に展開していく様を描いたという次第が述べられる。

『古事記』は、天地の開闢をもって始まる。冒頭を掲げよう。

天地《あめつち》初めて発《ひら》けし（発《おこ》りし）時、高天原《たかあまのはら》に成れる神の名は、天之《あめの》御中主神《みなかぬしのかみ》。次に高産巣《たかみむす》日神《ひのかみ》。次に神産《かみむ》巣《す》日神《ひのかみ》。この三柱《みはしら》の神は、みな独神《ひとりがみ》と成りまして、身を隠したまひき。

（原文：天地初発之時、於高天原成神名、天之御中主神、次高産巣日神、次神産巣日神、此三柱神者、並独神成坐而、隠身也。）

冒頭部分を、一神教の聖典『旧約聖書』の冒頭部分に置かれた創世記と比べるだけでも、この多神教的な世界の形成が明らかになるだろう。神は複数性をはらんで生まれること、またこの神たちは、創世記のようにこの宇宙ないし世界を創造したのではなく、世界の生成とともに、「成った」存在として描かれる。しかも姿をかき消すことで、世界と一体化し、その後の世界の奥に潜む生成力ないし力動性の根源というかたちで描かれることである。そのことは人の生成にも関わる。人間は、『古事記』ではあまり重要な関心を向けられておらず、「青人草《あをひとくさ》」と表現されるが、その起源は必ずしも明確ではなく、力動性を秘めた世界の一構成員としてある。

このことは天《あま》つ神のいる「高天原」という領域が、一つの完結した世界として描かれるのではなく、物語の展開のなかで、あくまでも神と人とが生きかつ織りなす「葦原中国《あしはらのなかつくに》」という領域の生成と展開へと物語が書き継がれ、収斂していくことと関わっているだろう。神世七代の神々の最後に一対の男女神、イザナキ（伊邪那岐命《いざなきのみこと》）、イザナミ（伊邪那美命《いざなみのみこと》）がうまれる。「葦原中国」は、天つ神による、いまだ不定形の国土を「修理固成《をさめつくりかためなせ》」との命を受けた、この二神の聖婚・性的交わりによってできる。天つ神の命を受け、潮を「かきなし」たとき滴《したた》った潮《しお》が固まってできたオノゴロ嶋に降り立った、この男女二柱の神は、国土・自然を次々に生んでいく。たとえば四国が、身は一つだが男神の二つの顔と女神の二つの顔からなるように、国土や自然は神そのものであると描く。国土の生成の描写は、本州の西の島々（対馬、隠岐の島、壱岐の島等）や、瀬戸内海にその記述は厚く、『古事記』の後の記述でも本州は今日の糸魚川《いといがわ》から越後のあたりまでが舞台となり、佐渡島が東限となるところに、当時の古代人の地理感覚があらわれる。

さてこの過程で、火の神を産んだイザナミは体が焼け病み、黄泉の国へ去る。悲しんだ夫神イザナキは追っていくが、黄泉の国で目の当たりにしたものは、蛆《うじ》がたかり雷神《いかづちがみ》たちのとりついたイザナミの体であった。イザナキはイザナミと黄泉の軍の追撃から逃げ帰り、死の穢《けが》れをはらうが、その禊《みそ》ぎによって、「三貴子《みはしらのたふときこ》」すなわちアマテラス（天照大御神）・ツキヨミ（月読命）・スサノヲ（須佐之男命）がうまれる。この話のなかで、病いのイザナミの排出物から、金属・土器・稲に関わる神々が誕生した次第、火の生成が描かれるなど、この冒頭に展開するイザナキ・イザナミ神話は、人間の生活に資する文化的生の起源譚であるとともに、人間の生と死の起源の神話ともなっている。

世界の諸地域に神話があるが、天地の生成をめぐる神話には、いくつかのパターンがある。それらは〈なる〉型、〈うむ〉型、そして、〈つくる〉型と、ほぼ三つのかたちがあるとされる。『古事記』に目を留める限り、国生み神生み神話の〈うむ〉型が、開闢神話の〈なる〉型に包摂された二重性をもっていると解せて、単純ではない。世界の生成から、国土としての葦原中国の安定までの過程が、天上的なものと地上的なものとの二重の起源をもつとされることとも関係があろう。津田左右吉《そうきち》の言う王権の政治的作為が痕跡として残っていると見なすこともできる。

†国譲り――高天原の神の降臨

「葦原中国」の呼称は、高天原からの命名であった。その国生み神話に続く、天つ神の領域の

古事記の神々

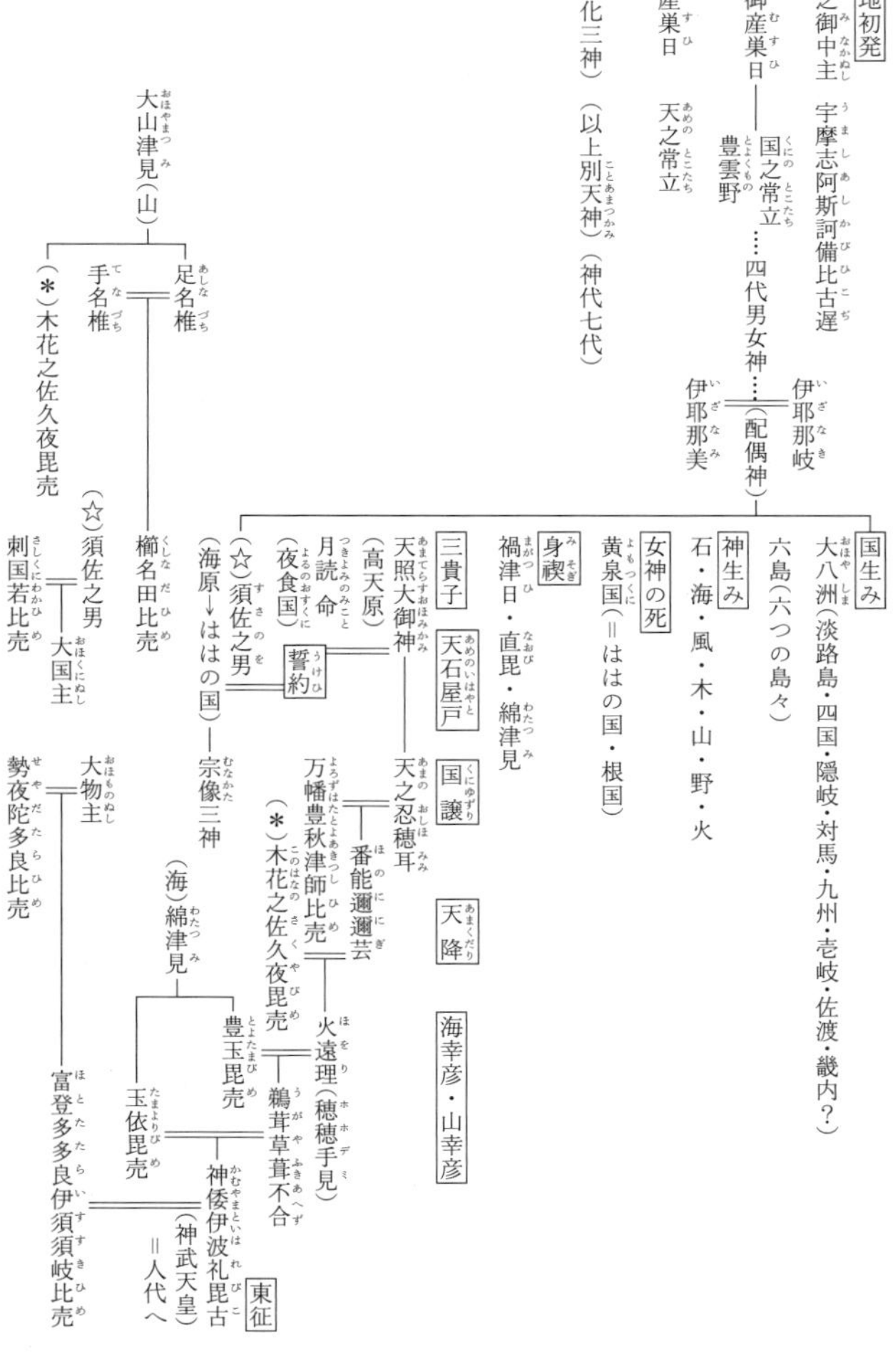

天地初発
天之御中主《あめのみなかぬし》
宇摩志阿斯訶備比古遅《うましあしかびひこぢ》
高御産巣日《たかみむすひ》
国之常立《くにのとこたち》
豊雲野《とよくもの》
四代男女神
伊耶那岐《いざなき》
伊耶那美《いざなみ》
(配偶神)
神産巣日《かみむすひ》
天之常立《あめのとこたち》
(造化三神)
(以上別天神《ことあまつかみ》)
(神代七代)
国生み
大八洲《おほやしま》(淡路島・四国・隠岐・対馬・九州・壱岐・佐渡・畿内?)
六島(六つの島々)
神生み
石・海・風・木・山・野・火
女神の死
黄泉国《よもつくに》(=ははの国・根国)
身禊《みそぎ》
禍津日《まがつひ》・直毘《なおび》・綿津見《わたつみ》
三貴子
天照大御神《あまてらすおほみかみ》
(高天原)
月読命《つきよみのみこと》
(夜食国《よるのおすくに》)
(☆)須佐之男《すさのを》
(海原→ははの国)
誓約《うけひ》
宗像三神《むなかた》
天石屋戸《あめのいはやと》
国譲《くにゆずり》
天降《あまくだり》
海幸彦・山幸彦
天之忍穂耳《あまのおしほみみ》
万幡豊秋津師比売《よろずはたとよあきつしひめ》
番能邇邇芸《ほのににぎ》
(*)木花之佐久夜毘売《このはなのさくやびめ》
火遠理《ほをり》(穂穂手見《ホホデミ》)
(海)綿津見《わたつみ》
豊玉毘売《とよたまびめ》
玉依毘売《たまよりびめ》
鵜葺草葺不合《うがやふきあへず》
神倭伊波礼毘古《かむやまといはれびこ》
(神武天皇)
=人代へ
東征
大物主《おほものぬし》
勢夜陀多良比売《せやだたらひめ》
富登多多良伊須須岐比売《ほとたたらいすすきひめ》
大山津見《おほやまつみ》(山)
足名椎《あしなづち》
手名椎《てなづち》
(*)木花之佐久夜毘売
櫛名田比売《くしなだひめ》
(☆)須佐之男
大国主《おほくにぬし》
刺国若比売《さしくにわかひめ》

物語は、イザナキの黄泉《よみ》の国からの帰還を機に生まれた、三柱の貴い御子のうちアマテラスとスサノヲをめぐって展開する。海原を支配せよとの父イザナキの命に背いたスサノヲは、姉アマテラスに訴えるために高天原にのぼり、勝ち誇りさまざまな乱暴をはたらく。弟に最初は理解を示した姉もついに怒り「天岩屋戸《あめのいはやと》」に隠れ、世界は闇に支配される。神々の機知で再び世に光が戻るが、スサノヲは追放される。追放されたスサノヲは、出雲で大蛇を退治するなどの功績を残し、「根《ね》の堅州国《かたすくに》」の支配者となる。

このあと『古事記』は突然のように転調し、この国土はすでに大国主神《おほくにぬしのかみ》のものであり、そうなった経緯が描かれる。高天原のアマテラスは、その葦原中国を支配することを望んで、使者を送り、服属を促す。高天原側の何度かの失敗のあと、オホクニヌシは国を譲ることに同意するが、同意しないオホクニヌシの二人の息子と天つ神との戦いのあと、結局は天孫ニニギノミコトが天降り、国土の支配者となる。のちの天皇はアマテラスの血縁的な直系であることを示している。このオホクニヌシ神話については、次節で別の視点から見てみたい。以上のように、冒頭の神話は、この国土の支配者は誰かという神話的説明となっているのである。

この後は、よく知られた海彦山彦神話、さらにはそれに続いてアマテラスの子孫の、海神族との親密な関係が、神話として語られる。

ところで、『古事記』には、高天原、葦原中国に限らず、さまざまな異なる世界が描かれている。そこには多様な対称軸を見出すことができる。高天原、葦原中国《あしはらのなかつくに》、根の国を、上中下の三層構造とする見方がある。しかしそれ以外の他界も描かれる。たとえば海原＝ワタツミや、スクナビコナの去来した海の向こうの異界などがある、それらの対称性のそれぞれは、あくまでも「葦原中国」を成り立たせる枠取りとしてあると言ってよいだろう。それら周辺の辺境はあくまでも茫洋としている。空間的な茫漠さは『古事記』のなかでは、また神的なるものによりこの国土に及ぼされる、善であれ、悪であれ、何事か不思議な力の根源に関わってもいる。

オホクニヌシ神話は、それに関わるすべての要素をもつが、『古事記』神話の本来性が最もあらわれているといえる。この国土はそれ自体として存立しているのではない。周辺の異界とつねに接し、その異界性こそが、また国土の豊饒や生成の本源となっている。

時代的には後に成立した「六月晦大祓《みなつきのつごもりのおほはらへ》」という祝詞《のりと》がある。そこでは、スサノヲの天上でのおこないと近似した、水田耕作への妨害など共同生活への妨害が天《あま》つ罪《つみ》とされ、殺人・近親相姦などが国《くに》つ罪《つみ》と分類されている。共同体の秩序を乱す行為がことさらに重い「祓《はら》ふ」べき行為とされることなどには、和辻哲郎の言う「清き明《あか》き心」すなわち神および集団へ、隠し事のない心をもって従うことを重要な生き方としたことがあらわれている。

スサノヲをめぐる神話では、一体的な感情的融和の状態から、次第に異界が分離し、奇異なるもの、超越的なものが、後景に退いていく、『古事記』全体の方向性が描かれる。このことも、『古事記』世界が、現実を複層的に捉える神話的思惟を根底に捉えていたことを示すと理解できよう。秩序の生成が同時に反秩序によって支えられていることを示しているのである。

†神とは何か

『古事記』が今にまでもつ最大の意味は、神とは何か、という問題と言ってよかろう。冒頭の部分や神話の断片から、一神教の神話とは明確に異なり、ギリシャ神話に近く、見方によっては人の事績の神話的表現とも見える。しかしまた、神と言う限りは、何事かの現世を超える力をもつものではある。しかしその境界は明確ではない。のちに室町時代に布教にきたキリシタンの宣教師たちが、自らの超越者、デウスに「神」という訳語を当てることをしなかったことを想起しよう。

宣長は『古事記伝』で、神をこう描く。「さて凡《すべ》て迦微《かみ》とは古《いにしへの》御典等《みふみども》に見えたる天地《あめつち》の諸《もろもろ》の神たちを始めて、其《そ》を祀《まつ》れる社《やしろ》に坐す御霊《みたま》をも申し、また人はさらにも云ず、鳥獣《とりけもの》木草のたぐひ海山《うみやま》など、其餘何《そのほかなに》にまれ、尋常《よのつね》ならずすぐれたる徳《こと》のありて、可畏《かしこ》き物を迦微とは云なり。（すぐれたるとは、尊きこと善きこと、功《いさを》しきことなどの、優れたるのみを云に非ず。悪《あし》きもの奇《あや》しきものなども、世にすぐれて可畏《かしこ》きをば、神と云なり。）」（『古事記伝』巻三）とまとめている。この定義は、『古事記』の言葉の広がりを十分にくみ取ろうとした解と言える。原初的には、ミやチのほうがカミという単語よりも早く、尋常でない力をもつものを示していたともされ（「ワタツミ」「イカヅチ」のミやチ）、人格化された神は新しい層と見なせる。

江戸時代の儒者・新井白石は、神代のカミとは人であると見なし、歴史すなわち古代史として記紀を読む。宣長も、神代の人は皆神であったと言っているように、そのように読めることは否定できない。その場合でも、『古事記』的神の神聖性あるいは尊貴性の根拠が問題となる。近代日本の哲学者・和辻哲郎は、これらの神が絶対性を持たず、天つ神さえもより上位の何ものかの判断をあおいだりすることなどから、神を、祀る神、祀るとともに祀られる神、単に祀られるのみの神、祀りを要求する祟りの神と四種に分けている。アマテラスさえ、何者かより超越的な神にその意思をはかる。最も奥にある神が何者であるかは分明ではない。その意味で和辻は、記紀の神々の「不定の神への通路」という性格をもってその特色だとした。この見方は、神の超絶性のありかを『古事記』テキストの外部に見る見方である。

それに対立する見方には、佐藤正英の理解がある（『日本倫理思想史』）。『古事記』テキストのなかに元初的神の立ち現れである〈もの神〉を見出す。〈もの神〉とは世俗世界の事物や事象を逸脱した存在である。『古事記』テキストはその姿を、いわば第一次神話を描きとっていると見る。人間的要素をもつ後発の〈たま神〉という概念に先立つものとして『古事記』の〈もの神〉を説明するのである。記紀の神はそうした日本の神々の性格を考える重要な論点を形成している。

†『古事記』と『日本書紀』――記紀の思想史

『古事記』の表記はすべて漢字である。原日本語の音を活かしながらその意味を、漢字を用いて表記するために、漢字のみでの変則的漢文体となっていることは今なお興味をひく。漢字は音・訓を使い分けながら、表記されている。この冒頭部分の原文を改めて挙げておく。

天地初発之時、於高天原成神名、天之御中主神。訓高下天云阿麻。下効此。次高御産巣日神。次神産巣日神、此三柱神者、並独神成坐而、隠身也。

小字の注の部分(訓高下天云阿麻。下效此。)は、高の下の「天」という字は「アマ(阿麻)」と読むこと、以下もそれに倣え、と指示している。とくに注記のない部分、たとえば「天地初発之時」は読みが確定しない。「天地はじめてひらけしとき」「天地はじめておこりしとき」と諸説がある。いかなる音声で読まれたかが分明ではないのである。

他方『日本書紀』は、漢文(中国語)で表記され、中国語に堪能な者、和風の中国語を駆使した者など、数人の執筆者・筆記者が推定されている。冒頭部分を見てみよう。

古天地未剖、陰陽不分、渾沌如鶏子、溟涬而含牙。及其清陽者、薄靡而為天、重濁者、淹滞而為地、精妙之合摶易、重濁之凝竭難。故天先成而地後定。然後、神聖生其中焉。故曰、開闢之初、洲壌浮漂、譬猶游魚之浮水上也。于時、天地之中生一物。状如葦牙。便化為神。号国常立尊。(至貴曰尊。自余曰命。並訓美挙等也。下皆効此。)次国狭槌尊。次豊斟渟尊。凡三神矣。乾道独化。所以、成此純男。一書曰、天地初判、一物在於虚中。状貌難言。其中自有化生之神。号国常立尊。亦曰国底立尊。次国狭槌尊。……

（古《いにしへ》に天地《あめつち》未だ剖《わか》れず、陰陽《めを》分《わか》れざりしとき、渾沌《まろか》れたること鶏子《とりのこ》の如くして、溟涬《ほのか》にして牙《きざし》を含《ふふ》めり。それ清陽《すみあきらか》なるものは、薄靡《たなび》きて天《あめ》と為《な》り、重濁《おもくにご》れるものは、淹滞《つつ》ゐて地《つち》と為《な》るに及びて、精《くはしく》妙《たへ》なるが合《あ》へるは摶《むらが》り易《やす》く、重濁《おもくにご》れるが凝《こ》りたるは竭《かたま》り難《がた》し。故《かれ》、天先《ま》づ成りて地後《のち》に定《さだま》る。然《しか》うして後に、神聖《かみ》、其の中に生《あ》れます。故《かれ》曰はく、開闢《あめつちひら》くる初《はじめ》に、洲壌《くにつち》の浮《うか》れ漂《ただよ》へること、譬《たと》へば游魚《あそぶいを》の水上《みずのうへ》に浮《う》けるが猶《ごと》し。時《とき》に、天地の中に一物生《ひとつのものな》れり。状葦牙《かたちあしかび》の如《ごと》し。便《すなは》ち神《かみ》と化為《な》る。国常立《くにのとこたち》尊《のみこと》と号《まう》す。〔至《いた》りて貴《たふと》きをば尊《そん》と曰《い》ふ。自余《これよりあまり》をば命《めい》と曰《い》ふ。並《ならび》に美挙等《みこと》と訓《い》ふ。下皆此《しもみなこれ》に効《なら》へ。〕次に国狭槌尊《くにのさつちのみこと》。次に豊斟渟尊《とよくむぬのみこと》。凡《すべ》て三《みはしら》の神ます。乾道独化《あめのみちひとりな》す。所以《このゆゑ》に、此《こ》の純男《をとこのかぎり》を成せり。一書《あるふみ》に曰はく、天地初《はじ》めて判《わか》るるときに、一物《ひとつのもの》虚中《そらのなか》に在り。状貌《かたち》言ひ難し。其の中に自《おの》づからに化生《なりい》づる神有《いま》す。国常立尊《くにのとこたちのみこと》と号《まう》す。亦《また》は国底立尊《くにのそこたちのみこと》と曰《まう》す。次に国狭槌尊《くにのさつちのみこと》。……

（書き下しと訓みは岩波文庫『日本書紀』（一）による）

宇宙の開闢が陰陽論によって描かれ、中国的な思惟の直接的な影響が見られることが明らかであろう。『古事記』でも序の上表文では『日本書紀』と同様である。また、『古事記』とは開闢の神々が異なることがわかるであろう。その他、『古事記』では物語として描かれる大国主神は、『日本書紀』では人々（「蒼生《あおひとくさ》」）に「恩頼《みたまのふゆ》」をほどこした、と簡潔に記述される（一書第六）。前に触れたように『日本書紀』では、神話伝説の箇所では一貫した本文をまず掲げるが、他の説を「一書曰《あるふみにいはく》」としていくつかの別伝として掲げている。様々な伝説・古記録を勘案しておこなった編集作業と編集者の意図がうかがわれるが、そのなかには『古事記』に一致するものも、そうでないものもある。

　発語・発話を重視した『古事記』、書記化された言語を目指した『日本書紀』という違いは、このあとの両書の受け止められ方に関わった。紫式部がその漢文の教養ゆえに「日本紀の御局《おつぼね》」と噂されたとその日記（『紫式部日記』）に書いている。『日本書紀』は成立直後から、官僚の教養・学習の対象となった。それに対して『古事記』は、一部の神道家を除いて忘却されてきた。その存在は明らかにされていたが、一般には読むことができなかった。江戸初期に初めて刊行されたが（寛永二十一年、一六四四年）、その後『古事記』を読み解き公開したことにおいて（『古事記伝』一七六四開始〜九八年完成）、本居宣長の果たした役割は大きい。彼は読み解くとともに、この作品に日本人の原質、すなわち、仏教・儒教の影響を受けるより前の時代の日本人の生き方と社会のあり方を見た。『古事記伝』の序文的性格をもつ『直毘霊《なおびのみたま》』の表現を借りるなら、古代の日本では、とくに教え（道）が説かれることもなく、人は祖神《おやがみ》と天皇をいつきまつり、それぞれの役割に従事しておだやかに生きていたのだという。

宣長は『日本書紀』を「漢意《からごころ》」に影響された書として『古事記』より一段低く置いた。「日本」という呼称自体が他者（中国大陸）を意識したものであることをその理由の一つとするが、その漢文体の表記の問題でもあった（ただし宣長は『古事記伝』では『日本書紀』を大きな手がかりとしながら注解している）。『古事記』は変体漢文で書かれ、日本語が文字をもたない段階での、言葉の古層を残そうとしていると見える。これは二書の生と死、性、他界、人生、あるいは自然、統治者と民衆との関係などの捉え方の問題にも関わっている。宣長のように『古事記』におおらかな日本人の生き方を見るという見方は軽々にとれないにしても、自己意識の発生の場面で、大きく異なる二つの書物をもったことはその後の思想史に大きな意味をもつことになったのは確かである（神野志隆光《こうのしたかみつ》『古事記とはなにか』ほか）。

記紀にあらわれた神の信仰を古神道ということがある。神道を理論化しようとする試みは、天台・真言の神道論、あるいは吉田神道や儒家神道にあった。そのような場合は『日本書紀』

によることが多い。『古事記』を重視する宣長に対して、彼の死後の弟子を名乗った平田篤胤《あつたね》は、『古事記』と『日本書紀』のさらに原型とも言うべきものを求めて、結局は自ら祖型と考える開闢《かいびやく》論をつくることになった。幕末から明治初期に影響力を持った国学者は、二つの書物の間で、神話解釈の相対化に直面する。たとえば大国隆正《おおくにたかまさ》は、キリスト教に直面し「日光」の如き比類なきものと『古事記』『日本書紀』を言いながら、それに依拠するはずの現状の「日本四流の神道」はどれも、力及ばぬものとする。神典の絶対性が容易には立たなくなるのであった。次第に骨格をもつに至った国家神道は、基本的には、幕末国学の混迷と問題提起を引き継いだものとは言えず、『日本書紀』的神話世界をあらためて近代的に再編したものと言える。

近世の神話をめぐる様々な思想的試みと成果は、かたちを変えて明治以降の思想史研究、神話研究に引き継がれた。戦前の国家神道への批判等から、戦後の一時期、神話の研究は忌避されてきた。新たな目で神話を取り上げることが求められる。一神教の文明に対する、多神教的文明の比較の際に、神話伝説の哲学的考察は、今後も意味があるだろう。

3　歌謡の発生と『万葉集』

†歌の発生

神話的な思考をめぐって『古事記』『日本書紀』の神代の物語のなかに、その始まりを探ってみたが、歌謡という叙情の表現の形式の始まりも神代の物語のなかに古拙なかたちで見ることができる。思想史の考察の対象にふさわしい作品として、現存する最初の歌謡集である『万葉集』が私たちの前にある。

歌（のちには短歌を主にするが、発生の初期にはさまざまの歌形があった）は日本の文化の一形式として、思想の歴史のなかで、今に至るまで長く重要な位置を占めてきた。日本では、西洋流の「哲学」のような思考の形式は育たなかったが、歌は人生に関する随想的な表明という側面を担ってきたし、政治や、仏教や儒教的な学問を背後で支える人の情緒や気分とも結びついてきた。また、中世や近世に「歌論」というきわめて抽象的な思想を展開する母胎ともなった。

†オホクニヌシと出雲神話——歌謡の発生

『万葉集』に入る前に、今少し『古事記』の神話世界を取り上げておきたい。改めてスサノヲの神話を振り返っておこう。高天原《たかまのはら》を追放されたスサノヲは流浪の果てに、出雲において大蛇を退治し、須賀の宮におさまって妻を求める歌をうたう。

八雲《やくも》立つ　出雲八重垣《やへがき》　妻籠《つまご》みに　八重垣作る　その八重垣を

（出雲の八重垣のようにわき出す雲よ。妻を籠もらすために八重垣を宮殿のまわりにつくる、その雲の八重垣よ）

出雲地方の伝承的な歌謡であったとも考えられるこの歌が、『古事記』で最初に掲げられた歌となる。『古事記』上巻には、このスサノヲの物語に続いてオホクニヌシ（大国主神）神話が続く。それらは、オホクニヌシの事跡の、出雲や現存する出雲大社との連関から、出雲系神話といわれ、この物語の周辺に登場する神々を出雲系の神々と呼ぶ。物語の大筋は、高天原での神々の活躍とは別に、オホクニヌシがこの国土を支配するに至った経緯、そしてその国土が、天降ってきた高天原の神の支配に交替するという劇的な経緯であるが、大和朝廷に拮抗ないし対立する出雲での権力の存在を示す物語ではないか、というような歴史的事実と結びつけた見解など、今に至るまでさまざまに論じられる物語となっている。

『古事記』の叙述では、すでに葦原中国《あしはらのなかつくに》の支配者であったオホクニヌシが高天原のアマテラスの子孫にこの国土を譲ったというふうに展開し、オホクニヌシは「国譲り」という示唆に富む物語の主人公となる。この物語では、上巻特有のごつごつした違和観に満ちた世界が展開するともに、他方で、人間の「情」のありように通じるもの、たとえば後世なら「仁」や「愛」あるいは「やさしさ」といった言葉で本来表現されるべき事柄が描かれもしている。

　この物語は、前半と後半では趣が異なる。前半は、オホクニヌシがこの国土の支配者となる道程である。彼は、評判の美しい姫、イナバのヤカミヒメを獲得しようと旅立つ兄弟神たちのあとを追う、荷を背負ったさえない神であった。兄たちに欺かれ赤裸にされたウサギにやさしさを施したオホクニヌシは、ウサギの予言通りヒメを得ることになる。しかし、兄弟神の怒りを買い、試練に立たされ死に追いやられる。その度に彼は、母神であるカミムスヒや貝の女神たちなどの呪力で復活するが、最後は兄弟神たちのさらなる迫害を避けるため、母神の配慮で根の国のスサノヲのもとに送られる。そこでもスサノヲから試練を与えられるが、恋仲となったスサノヲの娘スセリビメの助力を得、スセリビメと手を携えスサノヲのもとを脱し、呪術能力を得てこの世に帰還する。そして迫害した兄弟神たちを退治し、支配者となる。

　支配者としてのオホクニヌシは、国作りを単独ではなしえず、スクナビコナ（少彦名神）という海の向こうから渡ってきた小身の神の協力を得て、支配する。その後、スクナビコナは海の向こうに去り、オホクニヌシは国土の未完であることを嘆く。

　さて、このオホクニヌシは多くの神話的神の重ね絵とされる。事実、物語の展開のなかでその呼称を何度か変える（大国主神《おほくにぬしのかみ》、大穴牟遅《おほあなむち》、葦原色許男神《あしはらしこをのかみ》、八千矛神《やちほこのかみ》、宇都志国玉神《うつしくにたまのかみ》。書紀ではそのほかに大物主神《おほものぬしのかみ》とも呼ばれる)。この神は『日本書紀』では、人々に鳥獣や昆虫の「災異《わざはひ》」をはらうまじないの法を定め「恩頼《みたまのふゆ》」を与えたと簡潔に書かれている。他方『古事記』では複雑だが、民衆的なレベルでの神、あるいは支配者の理想像という古層をとくによく伝えていると言えるだろう。

ところで、このオホクニヌシ神話は国土の完成のあとは一転して、色好みでもあるこの神の女性遍歴と、妻であるスセリビメの嫉妬と、ふたりの和解の物語となる。女性を求めて旅立とうとする夫の歌に続いてスセリビメの歌(長歌)が続く。一部を引用する。

八千矛《やちほこ》の　神の命《みこと》や　吾《あ》が大国主《おほくにぬし》、汝《な》こそは　男《を》に坐《いま》せば　打ち廻《み》る　島の埼埼《さきざき》　かき廻《み》る　磯の埼落ちず　若草の　妻《つま》持たせらめ　吾《あ》はもよ　女《め》にしあれば　汝を除《き》て　男《を》は無し　汝を除て　夫《つま》は無し……

彼女はこのように歌い、二人は仲むつまじく「鎮まった」と伝える。

このように、出雲系の神話は、その政治性とは別に、その叙情性において、和歌の揺籃期の姿を伝えていると見えることは重要である。これらも個人の作というよりは、民衆儀礼あるいは宗教儀礼に付随した歌ともいえる。オホクニヌシはスクナビコナとの別れを嘆くが、『風土記』にも登場するオホクニヌシの姿には、民衆に「恩頼」を施した神として、支配ないし支配者に寄せる集団的な願望のようなものが込められているとも言えるだろう。出雲系とくにオホクニヌシ神話は、その後高天原の神に国の支配を譲るというかたちで書かれ、天皇の物語のなかで、重要な位置を占める。政治神話と異なる側面を見せるのが、この神話の後半の愛の遍歴の部分である。そこでは歌謡が濃厚に情の世界と関わり、神の世界から、人間の情の描写への橋渡しの意味をもった部分を形成している。『古事記』では、中巻以降の人代においても、ヤマトタケルの物語、あるいは軽太子《かるのひつぎのみこと》と同母妹・軽大郎女《かるのおほいらつめ》との悲恋の物語など、叙情性ある物語が描かれ、歌謡的なものの立ち現れてくる場を教えてくれるのである。

†『万葉集』と思想史

『万葉集』は最初の歌謡集である。記紀歌謡のほか『風土記』などの歌謡を総称して上代歌謡と称するが、それらと比較しても、四千五百余りという歌の数からしても、自然や人間社会を受け止める感性・情調や気分を知る格好のテキストであり、思想史上重要である。

　たとえば自然の問題がある。『万葉集』は自然をうたった作品が多い。ただしこの後の日本の思想史では、現代の私たちが自然と呼ぶものに当たる単語はない。「自然」は「おのづから」の意味で使われるに過ぎない。しかし、その作品を見ると徐々に観照の対象として自立し、まずは花鳥風月というかたちとして自立したプロセスを見ることができる。現代的意味での自然という用語は出てこないが、そこに示された感性の形式と表現は、私たちのそれと同一とは言えないにせよ、変わりない面があることも否めない。

一例を挙げよう。『万葉集』は万葉仮名と言われる書記法で、漢字によって日本語を表記しているが、そのことを改めて知っておくために、この歌は原文のままで引用する。

田児之浦従《たごのうらゆ》　打出而見者《うちいでてみれば》　真白衣《ましろにそ》　不尽能高嶺尓《ふじのたかねに》　雪波零家留《ゆきはふりける》　（巻三　三一八）

（田子の浦ゆ　うち出でてみれば　真白にそ　不尽の高嶺に　雪はふりける）

百人一首にとられ「田子の浦にうち出でてみれば白妙の富士の高嶺に雪は降りつつ」として収録されている歌の本歌であり、私たちにはわかりやすい。集中では、この歌は直前の歌（長歌――五と七の二句を三回以上繰り返し、最後の七音で止める詩形。あとに短歌形式の反歌を置く）の反歌《かえしうた》（短歌）として載せられている。山部宿禰赤人《やまべのすくねあかひと》が富士山を望んで詠んだ歌という。

天地《あめつち》の　分《わ》かれし時ゆ　神《かむ》さびて　高く貴《たふと》き　駿河《するが》なる　布士《ふじ》の高嶺《たかね》を　天《あま》の原　ふり放《さ》け
見れば　渡る日の　影も隠《かく》らひ　照る月の　光も見えず　白雲《しらくも》も　い行きはばかり　時じく

そ　雪は降りける　語り継ぎ　言ひ継ぎ行かむ　不尽《ふじ》の高嶺は

（山部宿禰赤人　巻三　三一七）

（天と地が分かれたとき以来、神々しく高く尊い、駿河の富士の高嶺を、大空はるか振り仰いでみると、空を渡る日も隠れ、照る月の光も見えず、白雲も流れゆくことをはばかり、時を選ばず、雪は降っている。語り継ぎ言い継いでいきたいものだ、この富士の高嶺のことは）

この一対の歌に示されるように、万葉の世界は、記紀的な神話世界に描かれた、たとえば『古事記』冒頭の「天地」開闢のときが、今やはるかに遠く去った、という意識とともに、その神話的世界をなお今との地続きで感じ取っていたことを示している。この一対の歌の後の長歌では、富士山を讃え「名付けも知らず　くすしくもいます神（言いようもなく名付けることもできない霊妙にましますす神）」と表現している。

『古事記』、とりわけ神代を描いた上巻では、まだ自然はそのまま神であった。『万葉集』は、神の世界が後景に退き、今私たちが、自然と呼ぶ物が自立するプロセスをも垣間見せてくれる。歌にあらわれた古代の精神を、『古事記』以降の作品との関連で、見ておく必要があるのはこうした意味からである。

†古代歌謡の集大成としての『万葉集』

『万葉集』は、四千五百首余りの歌を載せた歌謡集である。編者は明らかではなく、江戸時代の契沖《けいちゅう》の説くように大伴家持《おおとものやかもち》の私撰とする説をはじめ、諸説がある。あるいは、全二十巻は巻によって編者が異なり、それらが家持によってまとめられたとする考え方などもある。成立の時期も定かではないが、奈良時代から平安時代の初期までには、現在のような形態をとったのであろうとされる。『万葉集』をそのまま受け取れば、仁徳天皇の時代の歌が集中で最古となる。

作品を時代に分ける説によれば、そこから壬申の乱（六七二年）までを第一期とし、この期の代表的歌人に、舒明《じょめい》天皇や有間皇子《ありまのみこ》、額田王《ぬかたのおおきみ》が挙げられる。第二期は天武朝から奈良遷都（七一〇年）まで、そのなかではとくに柿本人麻呂《かきのもとのひとまろ》が名高いが、他にも天武・持統の両天皇、大津皇子《おおつのみこ》らが挙げられる。第三期は奈良遷都から天平五年（七三三）までで、この時期には、山部赤人あるいは山上憶良《やまのうえのおくら》らが、最後の第四期は天平宝字《てんぴょうほうじ》三年（七五九）までとなり、この期の歌人としては撰者に擬せられる大伴家持をはじめ大伴坂上郎女《さかのうえのいらつめ》、聖武天皇などがいる。

時代としては、『古事記』の下巻と重なる。『古事記』は推古天皇の時代で終わるが、『万葉集』には推古以前のものも若干あり、推古以前を口誦伝承の時代と見れば、『万葉集』はその時代から、律令体制の確立期に至る歌謡を網羅したものとなっている。作者も天皇から名高い宮廷詩人、さらには農民、武人、乞食人《ほかひびと》と多彩である。

律令の形成はまた、大陸の制度文物の受容でもあった。『万葉集』がまとめられる一方で、七五一年には漢詩集『懐風藻《かいふうそう》』が編まれている。『万葉集』にも漢詩・漢文が若干含まれる。契沖らの研究で深められたように、和歌には中国の修辞に影響されている面も見るべきであるが、また、和歌という形式、万葉仮名という表記法など、この国土に花開いた叙情の形象として、現代にまで大きな意味をもってきたことは重要である。なお『万葉集』の歌謡は短歌だけではない。長歌《ちょうか》・旋頭歌《せどうか》（五七七五七七の詩形をとる）、少数ながら仏足石歌《ぶっそくせきか》（五七五七七七）もある。五七五七七の詩形をとらないものもあり、発生期の古層を示している。

†世界――人間・自然・神々

巻一の巻頭は、雄略《ゆうりやく》天皇の御製とされる歌で始まる。

籠《こ》もよ　み籠《こ》持ち　ふくしもよ　みぶくし持ち　この丘に　菜摘《なつ》ます児　家聞かな　名告《の》ら
さね　そらみつ　やまとの国は　おしなべて　吾《われ》こそをれ　しきなべて　吾こそいませ　我
こそば　告《の》らめ　家をも名をも　（巻一　一）

この歌は、作者は雄略天皇個人の作と言うより、集団的な行事等で歌われた歌謡として伝わったものと言えよう。巻頭に置かれ、支配の対象である「やまとの国」を高らかに歌い上げるとともに、その高揚した気分を、野の草を摘む乙女への呼びかけ・求愛という、身近で日常的な場に向かって吐露するというかたちをとることに、万葉全体に関わる特色が出ていると思われる。『万葉集』では天皇が現人神《あらひとがみ》とされ、神格化されるという政治性をもつが、その魅力は、そうした政治的なものまでも、眼前の身近な場に向けての感情の表出というかたちをとることにあろう。東歌《あづまうた》や防人歌《さきもりうた》でもそれは変わらない。

†歌のかたち——雑歌・相聞歌・挽歌

『万葉集』は後半の巻を除いて分類(「部立《ぶだて》」)されている。全体を通じて統一がとれているとは言えないが、大きく分けて、雑歌《ぞうか》・挽歌《ばんか》・相聞歌《そうもん》の三種を中心に、四季の歌などが加わる。雑歌は生活の全般が、相聞歌は愛の歌、すなわち人と人の関係が、挽歌は「挽」がそもそも「ひく」ことであるように、棺《ひつぎ》をひく、すなわち死者を悼む歌である。すなわち『万葉集』では、誕生から死に至る人生の諸側面がうたわれていることになる。それらは人生の具体的で臨場性あふれる場、いわばトポスに向けて発せられ、また歌はそうした場を強い感情を伴って作り出すものであった。
次は挽歌の例である、

家にあらば妹《いも》が手まかむ草まくら　旅に臥《こや》せるこの旅人《たびと》あはれ
（聖徳太子　巻三　四一五）

佐保山《さほやま》にたなびくかすみ見るごとに　妹《いも》を思ひ出《で》泣かぬ日は無し
（大伴家持　巻三　四七三）

相聞は必ずしも恋愛に限らない。父子の間、あるいは次のような遣唐使に航海の無事で速やかな事を願って贈った人麻呂の歌もそれに入る。

海若《わたつみ》のいづれの神を祈《いの》らばか往《ゆ》くさも来《く》さも船の早けむ
（柿本人麻呂　入唐使に贈れる歌一首巻九　一七八四）

雑歌には、以上の二つに属さない歌、国見や公的行事なども入るが、その中心は自然を歌った叙景歌である。万葉の歌は、四季に寄せる歌など、景物自体を詠む歌も多いが、自然を歌いながら同時に、反転して個人の内面の吐露に向かう、というかたちをとることが多いのもその特徴である。

うらうらに照れる春日《はるひ》にひばりあがり　情悲《こころかな》しも一人し思へば

（大伴家持　巻一九、四二九二）

このように『万葉集』の歌の叙情は、自然景観と深く結びついている。情は、自然のなかに浄化され昇華されていく。人生が営まれる場所が、「やまとの国」という国土、さらにそれを成り立たせている自然と深く結びつく。その場はなお、ある種、神的なものとの確かなつながりのなかにある。自然はなお神と連なり、同時に特定の神に帰せられるのではなく、しめやかな力動性を内に秘めたものとして、ゆるやかに人間を包み込んでいる、と言える。

万葉の歌の叙情が自然景観と深く結びついているということと、さらにその自然描写が「きよし」「さやけし」という「清」と表現される歌が多いことは、つとに指摘されてきた。自然が、その奥に何事か神的なるものとの連続性において捉えられていたことを示しているとともに、自然から『古事記』的な神が後景に退きつつ、その奥行きを保ったまま人間を庇護する性格、慰藉たるものとなったことを示している。

み吉野の吉野の宮は　山柄《から》し貴《たふと》くあらし　川柄し清《さや》けくあらし　天地《あめつち》と長く久しく　万代《よろづよ》に変はらずあらむいでましの宮（柄し＝品格がある）

（大伴旅人　巻三　三一五）

†地方あるいは民衆

万葉の特徴に、東国の歌、いわゆる東歌《あずまうた》（東国、すなわち遠江《とおとうみ》から陸奥《むつ》にかけての歌。恋愛感情をうたった作者不詳の民衆的な歌が多い）がある。東国が律令国家の最前線であり、自ら赴任することもある土地として、とりわけ中央の官人の興味を引いたという事情はあるだろう。中央による地方へのまなざしは、「葦原中国」から「大和の国」への展開のあらわれでもあった。その東歌においても、眼前の場にその感情を集中し傾注するという傾向は変わらない。次の歌は多摩川の調布あたりの歌謡とされる。

多摩川にさらす手作りさらさらになにそこの児《こ》のここだ悲しき

（巻十四　三三七三）

（多摩川にさらす手作りの布のさらさらとした手ざわり　いまさらながらどうしてこの娘はこうもいとしいのだろう）

武蔵国《むさしのくに》は「上国《じょうこく》」すなわち官僚の地方赴任には相応しい国であった。東歌の採集には民衆的なもの、あるいは都とは異なる地方的な古層と、地方官として赴く律令の官人との関係、また彼ら官人が出自とし、かつ属する社会的な古層に寄せる関心が関わる。これは『古事記』と『日本書紀』、さらには『風土記』などが編纂された時代背景とも深く関わろう。彼ら古代人の志向から古代の改革期の社会的意識、「葦原中国」が生成し展開してできたと見なす「大和の国」において、ある種の一体感が生まれてきたという時代の背景が看取されるとも言える。

†『万葉集』の時代――社会的変革

万葉の時代はまた古代社会のいわば近代化の過程での争乱の歴史でもあった。朝鮮半島の白村江《はくすきのえ》での敗北（六六三）によって対外的な情勢もまた緊迫した。防人《さきもり》の歌が収録されていることから、半島での敗北を深刻に受け止めていたことがうかがわれる。

反乱を企てたとして処刑された大津皇子の姉、大伯皇女《おおくのひめみこ》が詠んだ歌などにもそれはあらわれている。姉が処刑された弟を悼む歌、

うつそみの人なるわれや明日《あす》よりは二上山《ふたがみやま》を兄弟《いろせ》とわが見む　（大伯皇女　巻二　一六五）

がよい例であろう。制度の整備は中央集権化の一環であるが、その過程で、天皇を神格化する歌も多い。

大君《おほぎみ》は神にしいませば天雲《あまくも》の雷《いかづち》の上に廬《いほ》りせるかも（仮の庵をつくって宮とする）

（柿本人麻呂　巻三　二三五）

しかしまた『万葉集』全体は、そうした争いに敗れた者へのまなざしを失わない。その後も保たれる和歌のこのような非政治的機能にも、目を留めるべきであろう。

さて、万葉では、歌の来歴を題詞ないし左注と呼ばれる部分で、説明しているものが多い。『古事記』や『日本書紀』が、物語が歌を引き出すための装置であるのに対して、『万葉集』は歌が主で、歌が過去の来歴を凝縮して示している。題詞や左注では、歌のつくられた事績の注として『古事記』や『日本書紀』がしばしば使われている。歌とは、そうした事績とその記憶を振り返り、探るまた一つの形式であったと言える。

なお、万葉の成立した時期は、時代は仏教を受容し、徐々に精神生活に影響を及ぼすときであった。歌という形式は仏教的な表現を必ずしもとらないが、しかし、仏教の影響を看取させる歌もある。

うつせみの世は常なしと知るものを　秋風寒《さむ》み偲《しの》びつるかも　（大伴家持　巻三　四六五）

など、のちのいわゆる無常観につながるものはある。しかし奈良仏教の全盛、学問としての深化をそのまま『万葉集』自体にうかがうことはできない。形成されつつあった歌の世界は、あくまでも感情や人生の受け止め方を、現世のこの場へと表出するものとして、またそういうジャンルとして、つくられ練り上げられていったと言える。

†『万葉集』の思想史

『万葉集』のあと、最初の勅撰集『古今和歌集』（十世紀初頭）の編纂まで、一五〇年ほどの空白がある。一時は漢詩文のほうが貴族の中心的教養となったようである。その『古今集』にはまた、『万葉集』とは異なる美意識を見ることができる。同時に、たとえば後世の藤原俊成《としなり》の歌論でも、和歌の歴史のなかで、『万葉集』は重要な意味をもつ。しかし古今的な歌風から新古今風の展開のなかで、次第に万葉風は歌論の中心ではなくなる。

『万葉集』は近世に入り、新たな意味をもってくる。なぜなら、読解が進んだからである。最前の多摩川での歌は、「多麻河泊尓　左良須弖豆久利　佐良左良尓　奈仁曾許能児乃　己許太可奈之伎」と表記されているが、その漢字がどのような音をあらわすかの研究が進む。いわゆる万葉仮名の解読である。そのことと相まって、中世的歌壇の狭隘さを、万葉の素朴さによって打破しようとする見方が、戸田茂睡《とだもすい》、契沖《けいちゅう》といった初期国学者によって改めて打ち出され、あるいは賀茂真淵《かものまぶち》の国学的な思想においては、古代日本の社会が『万葉集』を通して理想視される。新たに古代的人間が理想のあり方とされることとなった。万葉の復活には、町人層の歌や学問への意欲が高まり、町人文化がかたちづくられた元禄期が反映されている。

近代の、斎藤茂吉らアララギ派の万葉の写実的描写の再評価なども含め、『万葉集』のもつ、人間にであれ自然にであれ、対象に即した直接性こそが、近世人あるいは近代人にも影響を与えていると言えるだろう。

『万葉集』が編纂されたのは、中国文化の憧れと模倣の意思が強い時代であった。教養人たちに日本の詩形である歌と漢詩の教養との間で、近代的な意味での思想的葛藤のようなものがあったのか、必ずしも明白ではない。万葉の歌のなかに中国の詩や修辞の影響を見る見方は、古来おこなわれてきた。その意味では、明治の新体詩に通じるものがある。

その時代は中央集権が進み、都市が形成され、交通網が整備されていった時期である（駅伝制、五畿七道《ごきしちどう》、律令制）。弱い者への独特な眼を向けた山上憶良《やまのうえのおくら》（六六〇〜七三三）は『貧窮問答歌』などで知られる。彼は、遣唐使の一員として大陸に渡ったが、伯耆守《ほうきのかみ》や筑前守《ちくぜんのかみ》を務めてもいる。『古事記』と『日本書紀』、さらに『万葉集』という書物の誕生の背景には、官人自体が、古代への憧憬と連続の意識とともに、中国的文明とその価値観からは、日本の古代を未開と見る意識がいわば、二重になって共存していたと言えるかもしれない。歌はその間を埋めるものでもあったろう。

歌（和歌）はその後、しばらくは漢詩が隆盛となる時代を経て、『古今和歌集』『後撰和歌集』『拾遺和歌集』の三代集、『新古今和歌集』などを含む、計二十一の勅撰和歌集が編まれることとなる（『古今集』〔九〇五年〕から『新続《しんしょく》古今和歌集』〔一四三九年〕まで）。そのほか多くの私歌集が編まれ、和歌を配した物語など、日本の文芸の中心であり、美意識の核心となって今に至る。

4　仏教の受容とその展開――古代仏教の姿

†仏教の受容と思想史

日本への仏教の伝来は、日本の思想史にとって大きな事件であった。仏教はすでに大陸や半島で広まっており、その普遍性のなかに列島も取り込まれることとなったのである。今日、日本は仏教国であると言うと、いろいろな面で宗教性の薄れた現代の日本人には、必ずしも納得がいかない、という感覚を持つ向きもあるかと思う。しかし歴史的には日本は、中国・朝鮮半島、あるいはチベット、モンゴル、さらにベトナムを含めた、アジアの大乗仏教圏に属している。古代から中世、そして近世に至る日本の思想や文芸の歴史は、濃厚な仏教の色彩のなかで展開してきた。儒教が新たな装いをまとい盛んになる近世までの千年近くの日本の思想史は仏法をめぐる思索、仏教の影響を深く残す文芸などに表現された宗教思想史であり、倫理思想史であったと言ってよい。

大乗とは衆生を乗せる大きな乗り物を意味する。仏教の修行者を声聞《しょうもん》・縁覚《えんがく》・菩薩《ぼさつ》に分け、声聞・縁覚の自利《じり》の教えを小乗と言い、利他を目指す菩薩の道を大乗と言う。今日、小乗仏教圏は、東南アジアの諸国・地域に及ぶ。

なお、前節までで折々に触れたように、日本の仏教の受容も中国文化・漢字を通してであり、その漢字を通じての仏教の思想的受容は、儒教（儒学）の受容とほぼ重なるかたちで進んだ。儒教（儒学）も支配層の教養として重要な意味をもったが、仏教の受容が日本の思想、民衆の精神生活に与えた影響は計り知れないものがある。神話等に表現された体系的とは言い難い神道の宗教性と比べれば、体系性をもち哲学的言語で表現する仏教の受容は、思想史上において、より大きな意味をもつ出来事だった。明治以後の日本思想史研究のなかでは、仏教によって初めて日本の哲学的思想の歴史は始まるとする見方もある（永田広志ら）。

†仏教とは

世界三大宗教の一つである仏教は、紀元前五世紀頃に北インドに生まれたゴータマ・シッダールタ（シャキャ族の王子であることから釈迦）によって創始された創唱宗教である。インドでの隆盛のあと、一部は南アジアに伝わり、一部は北方に伝わって、シルクロードを経て長い時間をかけ、中国大陸、さらには朝鮮半島に広がっていった。中国に仏教が伝わった時期は確定できないが、少なくとも東西の交易の活発化が始まった前漢時代（紀元前二〇六〜八年）には知られ、紀元前二世紀の哀帝《あいてい》の時代に、大月氏族《だいげつしぞく》の使者によってもたらされたとされる。その後、インドや西域から渡来した僧を中心に仏典の漢訳が進む。

仏教が浸透するのは、漢から魏・晋・南北朝という中国の動乱期であり、伝来の思想潮流との摩擦も比較的少なかったため、受容されていったとされる。しかし、すでに確立していた儒教や民間信仰との対立や摩擦がまったくなかったわけではない。対立を経て力を伸ばし、経典を中心とする諸派が成立する。日本は当初は朝鮮半島を経由して伝来した仏教を学び、その後は中国仏教から直接多くを摂取した。

本来仏教は霊魂否定の宗教であるとされる。釈迦は、修行の果てに「縁起《えんぎ》の理法」（因果・因縁の法）を悟り、仏陀（悟った人）になったと仏典は伝える。無明《むみよう》（無知）によって行《ぎよう》があり、行によって識《しき》があり、識によって名色《みようしき》があり、名色によって六処《ろくしよ》（眼《げん》・耳《に》・鼻《び》・舌《ぜつ》・身《しん》・意）の感覚があり、六処によって触《そく》があり、触によって受《じゆ》があり、受によって愛があり、愛によって取があり、取によって有《う》があり、有によって生《しよう》があり、生によって、老死、愁、悲、苦、憂、悩が生ずる。このように苦の集まりがすべて生起する。逆に貪欲《とんよく》を消去して無知を止滅させることから、この連鎖のすべてが、そして苦が止滅することになる、と悟ったとされる（『律蔵《りつぞう》』等）。仏典では、この真理を説くことを仏陀は躊躇したとされる。

十二から成る「縁起《えんぎ》」の連鎖を見極め悟ることで、苦が止滅するというその内容は、「我」を実体と見るインドの伝統的意識への挑戦とされる。「我」は実体にあらず。しかしまた仏教は、「我」がかつて六道《ろくどう》（自らつくる業によって経巡《へめぐ》る〔輪廻《りんね》する〕六つの世界。地獄・餓鬼・畜生・修羅・人界《にんかい》・天と呼ぶ世界）を輪廻していたことを認める。だがその輪廻していた主体を、霊魂とは言わない、という態度を原始仏教は説いたと言われる。なぜなら霊魂としてしまえば、「我」に実体があることになるからである。そこで、輪廻していたものをプドガラあるいはアーラヤ識（通常は意識できない最深層の意識）と呼んだ。しかし、中国における仏教は霊魂の永遠を主張した。それは魂の滅亡を主張する儒家の説への反駁のためでもあった。このような中国仏教の性格は東アジアの、ひいては日本の社会に根づいた仏教を見るとき、念頭に置かれねばならない。

　日本の仏教を理解するには、仏教とはどのようなものであったかという歴史をたどる必要がある。釈迦の悟り、釈迦の生涯、原始仏教教団の成立、小乗と大乗仏教、経典、大乗の展開とインドでの消滅などであるが、ここでは日本思想に関わりのある最小限の事柄に触れるにとどめておきたい。

　まずは、二三のことに注意しておきたい。仏典が伝える釈迦は、その悟った真理を説くことに躊躇したと言われ、また「十二の縁起」を哲学的に正面から説くことはなかったとされる。悟りの後の説法では、いわゆる八正道《はっしょうどう》（正見《しょうけん》・正思《しょうし》・正語《しょうご》・正業《しょうごう》・正命《しょうみょう》・正精進《しょうしょうじん》・正念《しょうねん》・正定《しょうじょう》の八つの実践徳目）や四《し》諦《たい》説（苦集滅道《くじゅうめつどう》の四諦――苦には原因があり、その原因を滅すれば、悟りに至るという教説。苦《く》諦《たい》・集諦《じったい》・滅諦《めったい》・道諦《どうたい》）というかたちで執着を棄てることをわかりやすく説いたのである。真理を正面から説くことを躊躇するというあり方、あるいは相手の理解の段階に応じて説くという仕方（方便）からは、仏教が悟りを中心とし、静的な特質をもつこと、他の世界宗教、とりわけキリスト教やイスラム等の一神教との大きな違いがあることがわかる。

　日本の仏教思想の展開は、その後も中国の先進的な仏教思想の受容から始まる。そのことは、日本仏教がただの直訳的なものであったことを意味するわけではない。新たな宗派の創始者たちは、自らの立場がどのような系列に属するか、他の仏教思想とは異なる系列を何ゆえに〈選択〉したかという強い意識をもち、その意思的姿勢を持続させる。〈選択〉と〈受容〉という問題をこのあとも注意して見ていきたい。

†日本への仏教の伝来——「仏の相貌端厳し」

中国での仏教の始まりが明確でないように、日本の仏教の伝来も確定した年代はない。いわゆる公伝は欽明《きんめい》天皇のとき、すなわち五三八年（一説に五五二年）とされる。それより以前に漢字・儒教が入ってきたと『日本書紀』は伝えるが、どちらも朝鮮半島の百済《くだら》国からの伝来とされている。欽明天皇十三年冬十月、百済の聖明王《せいめいおう》の使者がもたらしたのは、釈迦の金銅の像とその飾りの幡《はた》や天蓋、何巻かの経論であった。「仏の相貌《かほ》端厳《きらぎら》し」とは仏像に接した天皇の言葉とされる。天皇はこれを、未知の文明からの輝きと見たのかもしれない。当時の半島と日本の密接な関係を考えれば、仏教はそれ以前にすでに渡来人によって私的な信仰として日本に入っていたことであろう。新たに到来したこの新宗教思想は、在来の神祇《じんぎ》信仰とぶつかった。その大きな対立は、崇仏派の蘇我氏と排仏派の物部《もののべ》氏という二つの有力豪族の対立でもあった。

伝来した仏教が、異国から到来した当時の最新の文明であったという意識は、その後の仏教の基軸となる。仏教に心を砕く者は、一方でその慈悲の教えから、人間の現実に目を向けるとともに、いわば現実に根を下ろす努力を重ね、他方で完全な知恵のありようとしては、つねに新たな半島・大陸との仏教の動向に目を向けそれを摂取することに継続した力を尽くしていった。このことは、その後の仏教史に影響を与える。仏教は明らかに日本の習俗のうちに浸潤し、それを変えていく。とともに、仏教全盛のときは表面化しなかったが、深いところで外来ものであるという意識を残し続け、近世に至って国学の反仏教論に、また明治初期の廃仏毀釈《はいぶつきしやく》という宗教政策に影響を与えたことは記憶されるべきであろう。

仏教の精神世界への浸透とその仕方は、律令国家の制度の整備の時期と重なった。仏教が浸透した八世紀は、古来の神信仰・神社信仰が、神祇《じんぎ》制度として完成する時期でもあった。僧が、国土の安泰を祈願する官僧というかたちで制度に組み込まれ、仏教が国教的役割を担うに至るが、他方では、明確な教義をもたない宗教としての神道が、その後も仏教との共存のかたちをとるようになったことについても、そうした時代の背景を考えてみる必要があるだろう。

†仏教の受容史と『日本霊異記』

ここでは、表面的な仏教史の概説で終わらせないために、仏教がこの国土にもたらした意味について、それを垣間見るにふさわしい作品に目を留めて考えてみたい。

『日本霊異記《にほんりよういき》』（以下『霊異記』）は、八二二年頃成立した、薬師寺の僧景戒《きようかい》（「けいかい」とも）

の手になる仏教説話である。中国の応報奇譚に倣って書かれたもので、当時、公式に仏教が伝来してからすでに三世紀が経過しており、日本の社会にとって、仏教がどのような意味を担ってきたかを知る格好の資料である。冒頭に仏教の伝来以来の伝説を描いているが、最近までそれは仏教の伝来を振り返る一つの典型的な物語であった。景戒は俗人としての生活経験をもち、薬師寺の私度僧《しどそう》(国家の公認によるのではなく、自ら僧となったもの。自度僧《じどそう》ともいう)であったことが、『霊異記』の自伝的記事で知ることができる。『霊異記』に私度僧の記事が多いのは、それゆえである。

『霊異記』の冒頭の序はほぼ次のようなことを伝える。先進の文明が伝わったのには二つの時期がある。一つが応神天皇のときの漢字・儒教の伝来であり、二つが欽明天皇のときの仏教伝来であった。景戒から見ると仏教を重んじる者は儒教を、儒教を重んじる者は仏教を軽んじた。その後聖徳太子が出、経の注釈をつくるなどした。聖武天皇のとき、大仏をつくったが、金山が見つかるという奇瑞《きずい》があった。光明《こうみよう》皇后の事業、そして行基《ぎようき》の事績もめざましかったが、民間を見るととても仏教が浸透したとは言えない。人々は富を求めて貪欲にむさぼっている。私(景戒)は、それを見て教えを深めようと、中国の応報記に倣って、日本国に起こった現実の奇譚を集めた、と述べている。『日本国現報善悪霊異記《にほんこくげんほうぜんあくりようういき》』が正式な書名である。

†因果応報という観念

『霊異記』の興味深いところは、仏教が人々に教えようとするものが何であったかということに加えて、奈良時代の庶民の暮らしぶりを知ることができる点である。一例を挙げよう。

石川の沙弥《しゃみ》は自度《じど》にして名无《な》し。其の俗姓《ぞくしょう》も亦詳《あきら》かならず。石川の沙弥と号《よ》ぶ所以《ゆゑ》は、其の婦《め》の河内国石川郡《かわちのくにいしかはのこほり》の人なりしを以《もち》てなり。其の容《かたち》を沙弥に仮《か》ると雖も、心を賊盗《ぬすみ》に繋《か》けき。或るときには詐《いつは》りて塔を造ると称《い》ひて、人の財物を乞ひ斂《をさ》め、退《かへ》りてはその婦と雑物を買ひてくらひき。（以下略）

河内国に、石川の沙弥という坊主にかたちを借りた盗賊がいた。寺の塔を建設すると言っては人をかたり、財物を得て、戻ってはその妻といろいろなものを食べていた。あるときは寺の軒に住み寺のお堂の木材を焼いて燃料としていた。その男が、ある日、「熱い、熱い」と地面を飛び跳ねた。見ていた者が尋ねると、地獄の火が自分を焼いているのだと言う。男はその日のうちに命を終えた。景戒は結論で言う。「ああ、かなしいことであるな、罪報は空しくない、どうして慎まないでいられようか。経典にもあるではないか」。

涅槃経《ねはんぎやう》に云《のたま》はく、若《も》し、見《いま》、人有りて善を修行せむには、名、天人《てんにん》に見《あらは》れむ。悪を修行せむには、名、地獄に見れむ。何を以《もち》ての故にとならば、定めて報《むくひ》を受くるが故になり、と者《のたま》へるは、其れ斯《こ》れを謂ふなり。

（邪見ある仮名《けみよう》の沙弥《しやみ》の塔の木を斫《さ》きて悪報を得し縁　第二十七　上巻）

仏教の因果応報が、その人のおこないを通じて、まさにこの世のただなかで「現報」としてあらわれてくる。『霊異記』の挿話は、それぞれ善悪に応じた報いのありようを人々に指し示す。

上巻の序に行基の事績が記されていた。行基は百済系の渡来僧であり、日本で最初にみずからの遺体を火葬した（七〇〇年）僧道昭《どうしよう》らに法相宗《ほつそう》を学んだとされる。伝説では、民衆を常に引き連れ、土木工事をしながら布教したと言われる。その行状は、朝廷の不信を招き、弾圧されている。その後、東大寺の大仏の建造に当たって協力し、大僧正に任ぜられている。

その行基を主人公とした奇譚の一つを引いておこう。

「難波の江を掘り開かしめて船津を造り、法を説き人を」教化していた行基の法会《ほうえ》には「道俗《だうぞく》貴賤《きせん》」が集まっていた。あるときの法会に、十数歳まで歩むことができず、いとまなく乳をのみ食べ続ける子供を連れた、河内の国の女人が来ていた。その子は泣き叫び、人が説法を聞くことを妨げた。行基は女人に子供を淵に棄てるように命じるが、女人は慈愛から棄てることができず、翌日もまた法会にやってきた。行基は再び棄てよと命じた。人々は行基の振る舞いをいぶかったが、女人はついに耐えきれず子を淵に棄てた。子は水に浮かび上がりながら、「あと三年こらしめのため食い潰してやりたかったのに」と恨んで言ったという。法会に戻った女人に行基は、あの子はあなたが前世での負債を返済していない、当の貸し手であったのだと告げた（中巻第三十）。

こうした奇譚を通して、前世《ぜんせ》と後世《ごせ》をつなぐ因果の連関を繰り返し説く。また、この話は、自らの因果の連鎖に取り込まれた人間（女人）の救済譚とも読み取れるものであろう。このように仏教の理法を、説話を通して説くことで、善なる行為には善果を、悪なる行為には悪果を報いとして引き受ける、いわば個としての人間の存在を浮かび上がらせていることが了解できるだろう。この人間の捉え方は、『古事記』等の神話での人間観とは明らかに異なるありようを示している。

なお、『霊異記』の説話の形式は、後の『三宝絵詞《さんぼうえことば》』（十世紀）、『法華験記《ほつけげんき》』（十一世紀）、『今昔物語集《こんじゃくものがたりしゅう》』（十二世紀）などの説話集に引きつがれ、それらの原型となった。

†神と仏

仏教の受容と展開は、古代の「近代」国家としての神社制度の確立された段階に重なっていた。日本の神も仏を尊ぶという考えから、僧が神社の祭祀を仏式で執りおこなうかたちの神宮寺《じんぐうじ》ができた。原初形態では、備後の豪族が諸神祇のために三谷寺《みたにでら》を建てたという記述が『日本霊異記』にある。気比《けひ》神宮寺《じんぐうじ》（七一五年、霊亀元年）、若狭彦《わかさひこ》神宮寺（養老年間）など、八世紀前半には各地に神宮寺が建立され、神前読経がおこなわれた。神を迷い苦しむ衆生と同じと見なし、その解脱を目指したものであった。平安時代に、より進む宮寺制《ぐうじせい》であるが、神仏習合思想や本地垂迹説《ほんじすいじゃく》のもととなるかたちが奈良時代にあらわれたと言える。宮寺制はその後、諸形態をとりながら、明治の廃仏毀釈まで続く。

法制上も神と仏の関係をうかがうことができる。「養老律令《ようろうりつりょう》」（七五七年）は「凡そ天地神祇は神祇官、皆常の典に依りて祭れ」として、季節ごとの祭り、即位、大祓、幣帛《みてぐら》の儀礼を規定している（神祇令巻六）。他方で僧尼については、規律的規定が多く、民衆の扇動、盗み、私度（自度）の禁など、生活全般の統制を図っている（僧尼令　第七）。国制の根幹を神道に置き、他方で仏教による救いを重視する。このような仏教と神道のあり方も、日本古来の心性を完全には除けなかった理由と思われる。

たとえば、律令にも規定されている「六月晦大祓《みなつきのつごもりのおほはらへ》」という国家祭祀の祝詞《のりと》は、罪を「天《あま》つ罪」と「国つ罪」と分けて、前者に水田、水路の破壊などの集団的秩序の妨害行為、後者に、殺人や近親相姦、残虐行為、自然災害、病気を挙げる。しかも国家的行事としての祓えによって、それらの罪、穢《けがれ》や災いも元に戻る、とされた（『延喜式』）。ここには、仏教の罪意識とはやや異なる、神道的な意味での罪の観念、心性があったことがうかがわれる。集団的秩序の妨害のほうが「国つ罪」に属する行為より重いと考えられていることは興味深い。

「天つ罪」として、畦放《あはな》ち、溝埋《みぞう》み、樋放《ひはな》ち、頻蒔《しきま》き（穀物の種を一度蒔いた上に重ねて蒔き、穀物の生長を害する）、串刺《くしざ》し、生《い》け剝《は》ぎ、逆剝《さかは》ぎ、屎戸《くそへ》などが、「国つ罪」として、生膚断《いきはだた》ち、死膚断《しにはだた》ち、白人《しろひと》、こくみ（背中に大きな瘤ができること）、おのが母犯せる罪、おのが子犯せる罪、母と子と犯せる罪、子と母と犯せる罪、畜《けもの》犯せる罪、昆虫《はふむし》の災《わざはひ》、高つ神の災、高つ鳥の災、畜《けもの》たふし、まじものする罪、が挙げられる。病気や災害もまた罪とされている。

仏教の伝来と浸透は、死の観念や他界観の変化をもたらしたことは確かである。近代の民俗学者・柳田國男は、仏教の千年以上の「薫染《くんせん》」にもかかわらず、基底の祖霊信仰は変わらなかったと主張する。また彼は、仏教は祖霊を孤独にしてしまったと言っているが、これは日本の思想史のなかでの、神と仏との関係という重要な問題の提起である。

5　聖徳太子の伝説

†二世界説

　日本の仏教の受容に当たって、聖徳太子はとくに重要な人物として古来尊敬を受けてきた。しかし、聖徳太子は多くの伝説で彩られた人物でもある。そのなかには、明らかに後世の創作とされるものもあるが、事実に基づくものも含まれている。聖徳太子の事績は『日本書紀』が原型となっている。一度に十人の訴えを聞き、聞き分けたという太子の叡智をめぐる伝説のほか、冠位十二階の制を定め、十七条憲法を制定したこと、あるいは三つの大乗仏典の注釈「三経義疏《さんぎようぎしよ》」(「勝鬘経《しようまんきよう》義疏」「維摩経《ゆいまぎよう》義疏」「法華《ほつけ》義疏」の三つ。六一五年までに成立。太子の撰かは疑う説もある)を著したことなどが伝えられる。

　後人が、信仰者としての太子という存在をどう受け止めたかがうかがわれるとともに、個人の問題を超えて、これらの伝説は仏教がどのようなものとして受け入れられたかを示すものでもある。

『上宮聖徳法王帝説《じょうぐうしょうとくほうおうていせつ》』という書（太子の伝記集。平安中期のものか）は、その后橘大郎女《たちばなのおおいらつめ》の逸話を伝える。すなわち后は、生前の太子が、「世間虚仮《せけんこけ》、唯仏是真《ただほとけのみこれまことなり》」と言っていたこと、死後は「天寿国《てんじゅこく》」に生まれ変わるとつねづね語っていたことを回顧し、その「天寿国」のありさまを描かせ刺繡したのが、中宮寺に残片が今も残る「天寿国曼荼羅繡帳《まんだらしゅうちょう》」であると伝える。この逸話からうかがえることは、仏教が、太子を通して、『古事記』などとも異なる、いわば二元世界の観念をもたらしたことである。この世の現実は、真実の場でないこと、真実の場はこの世界を超えたところにある、ということである。

『霊異記』は上巻第四話で、立ち居振る舞いが「僧《ほうし》」のようであった聖徳太子の事績に触れ、太子にまつわる話を書いている。巡幸に出た太子が、病んだ乞食（「かたゐ」）に出会い、着ていた衣を与えたこと、帰り際に見ると、衣だけが残っていたこと、またそれを身につけた太子を供の者がとがめると、おまえたちには理由はわかるまい、と答えたことを記している。その後乞食は死に、太子が葬るが、遺体はどこかに消え、歌が一首残されていた。景戒は、凡俗の賤しい姿に、聖人は真の姿を見抜くのだと書く。現実を超えた真なるものという捉え方は、ある点では記紀世界の神的なものとの連続性のなかにあるとも言えるが、仏教の捉える聖性は、凡人の理解を超えた完全なる知恵、という色彩で描かれている。

他方で、「十七条憲法」は、完全ならざる凡人の生き方、人間性の理解という仏教の世俗的救済性を表現している。これは官吏の心得として制定されたとされるが、仏教を基本として儒教の中国的な価値も交えて書かれている。のちに『弘仁格式《こうにんきやくしき》』の序は「上宮太子親作憲法十七条、国家制法、自慈始焉（国の制度法律はここから始まる）」と述べ、中国に倣った律令の整備は聖徳太子の十七条憲法より始まったと見ている。

二条に「篤く三宝《さんぼう》を敬へ。三宝とは仏法僧なり」とあり、仏教を根本に据えていることが分かる。第一条は、「和を以《もつ》て貴《たつと》しとす。忤《さか》ふること無きを宗《むね》とす」という有名な一節で始まる。この「和」の重視は「人みな党《たむら》あり（偏りがある）、また達《さと》るものすくなし。これを以て或いは君父《きみかぞ》に順《したが》はず。また隣里《さととなり》に違へり。」という、つい偏りがちな人性の洞察を基礎にしている。だからこそそれに続いて「上和《かみやわら》ぎ下睦《しもむつ》びて事を論《あげつら》ふに諧《かな》ふときは事理《こと》自づからに通ふ。何の事かならざらむ」とあるように、話し合うことを尊ぶことにつながる。さらに同じことは、十条の趣旨、すなわち「怒りや嫉妬を捨てよ、他人が自分と異なることを怒るな。人はそれぞれ心があり、ゆえにそれぞれ執着がある。だから、私が是とすることを彼は非とするし、その逆もある。一方が絶対的に正しいこともなく、他方が絶対的に間違っているわけでもない、人はそもそも凡夫であり、絶対的な正否を弁別できない、共に賢くもあり愚かでもあるのである。だから自分一人が真理を手にしたと思っても、人々と共におこなえ」といった凡夫観に通じる。独断を避け議論せよ、という十七条などにも、その仏教的人間理解は如実にあらわれている。

†太子信仰

聖徳太子への信仰は、その後の文学・思想に大きな意味をもつ。中世末期の動乱のなかで、数々の予言の書が出るがその主体が聖徳太子とされることや、あるいは中世説話、たとえば「小栗判官《おぐりはんがん》」の物語で、再生した小栗が療養に熊野に赴く際、太子創建と伝えられる四天王寺に立ち寄るというかたちをとっていることなどは、太子の神格化と深く結びついている。

また、浄土真宗の開祖親鸞《しんらん》の太子信仰は篤く、それは真宗寺院の、太子堂の存在にあらわれている。また、崇峻《すしゅん》天皇を殺した蘇我馬子《うまこ》に、太子が協力して政治をおこなったと見えることの真意など、慈円《じえん》の『愚管抄《ぐかんしょう》』等、後の世からその意味を議論することが、一つの論点になってもいる。

†奈良仏教とは

聖武《しょうむ》天皇は、仏教を篤く信仰し、各国に国分寺を置き、総国分寺として東大寺を建立した。東大寺の大仏は、七五二年に完成するが、大仏すなわち盧舎那仏《るしゃなぶつ》は『華厳経《けごんきょう》』の教主《きょうしゅ》であった。奈良仏教は、官僧を育てる学問仏教であったが、国家の鎮護をねがう祈禱を中心として、政治のあり方も左右する勢力として台頭する。奈良仏教の政治との深い関係は、桓武《かんむ》天皇になって、平城京を捨て都が移されるという事態の遠因となった。その後の宗教的空白を経て、平安京を舞台に新たな仏教の再興を目指し、最澄《さいちょう》さらに空海《くうかい》が登場し、平安仏教の隆盛を次の世紀は迎える。『日本霊異記』は、奈良仏教の力が平安仏教に取って代わられる平安初期(八二二年)に描かれたのであった。

奈良仏教は南都六宗を中心とするが、後の宗派とはやや異なる。六宗とは三論《さんろん》・成実《じょうじつ》・法相《ほっそう》・倶舎《くしゃ》・華厳《けごん》・律《りつ》の六つである。基本的には大乗仏教だが、倶舎・成実は小乗を学ぶものであった。倶舎は法相に、成実は三論に付属する扱いを受けた。奈良仏教の戒律に小乗の戒が混ざるのは、こうした事情にもよる。三論は「空《くう》」の哲学を説く「中論《ちゅうろん》」「十二論」「百論」を研究する宗派であり、成実は三論の付宗として空論を説く「成実論《じょうじつろん》」を学ぶ。法相は「成唯識論《じょうゆいしきろん》」による。倶舎は法相の付宗として、世親《せしん》の「倶舎論《くしゃろん》」によりアビダルマ(法)に関する論を中心に研究する派である。華厳は『華厳経』を経典とする学派である。律は僧となるための戒律を学ぶ。それぞれが、経典研究を主とする学問的宗派であり、他宗や六宗すべてを兼学することもあった。

大陸から五度の失敗の末に来日を果たし、大乗の戒律思想と授戒の儀礼を導入した鑑真《がんじん》(六八八~七六三)などの渡来僧、一方日本から大陸に学んだ玄昉《げんぼう》(?~七四六)などの学僧が知られる。日本の仏教の特徴として、戒律が守られなかったという指摘がされる。僧になるには戒律を受け、それを守らねばならない。在家の信者は、僧の集団生活の規則である律は受けず、戒のみを受ける。正式に日本に大乗の戒律を伝えたのが、鑑真であった。のち最澄は、律を廃し、大乗戒のみ授戒するようにした。

学問的伝統は中世でもなお一定の力を保ったのであった。奈良仏教では鎮護国家を祈るものとして、とくに護国的な『法華経《ほけきよう》』『最勝王経《さいしようおうきよう》』『仁王経《にんのうぎよう》』の三経が重んじられた。

6 仏教の深化——平安仏教の思想

†平安仏教の成立

平安仏教とくに天台宗は、その後の鎌倉仏教の祖師たちの学びと修行の場であった。また、真言宗の開祖空海もまた後世に大きな影響を与えた。また仏教は、貴族の精神生活にも深く関わる。その成立の意味や展開から、日本仏教とは何かの理解を深めよう。

奈良仏教は、鎮護国家を目標とし、護国を説く『法華経』『最勝王経』『仁王経』を尊重し、祈禱を主とする国家仏教であったが、他方、教理の受容史の展開・深化も見られ、学問仏教という性格ももつものであった。しかし、この国土の人々の心性への仏教の浸透という意味では、その後の日本仏教の展開の直接の源流であり、今日まで多大の影響をもっているのが、平安仏教である。

平安仏教の成立には、奈良時代末期からの政治情勢の転変が大きく関わっている。道鏡《どうきょう》とのスキャンダルを起こした称徳《しょうとく》女帝の死によって、天武《てんむ》天皇系は絶え、天智《てんじ》天皇の系統に皇位が戻り光仁《こうにん》天皇が即位した。光仁は仏教の政治との深い関係を嫌い、仏教偏重を改め、あとを継いだ桓武天皇のとき、平安京に都が移された。奈良の諸宗派は旧地にとどめ置かれ、都城を守る宗教的精神的背景の空白の意味は大きかったであろう。平安仏教の始まりは、この空白と深く結びついている。

平安仏教は、最澄（七六六〜八二二）による天台宗《てんだいしゅう》と、空海（七七四〜八三五）を開祖とする真言宗《しんごんしゅう》の二宗である。最澄と空海は、期せずして、同じ遣唐使の船で大陸に渡った（八〇四年）。最澄は正式な僧として、空海は私的な渡海であった。前節で触れたように、仏教のその時々の最新の仏教の〈選択〉的な受容という性格は、ここでも通用する。まずは天台宗だが、祖師最澄が唐に渡り、当時の隆盛であった中国天台宗の本場において最新の教学を修めそれを伝えたが、天台以外の教説も兼学する学問的体系の完成は最澄一代においてでは完成せず、次世代までかかった。

最澄は、比較的短期の留学を終え、書籍仏具を携え、翌八〇五年帰国した。帰国後、その教えを広めるとともに、新たな教義による国家的戒壇を創設する運動を始める。比較的短期の留学は、そうした意図の実現を図るということもあったのであろう。

†最澄と天台の思想

のちに伝教大師《でんぎょうだいし》と称される最澄は、もと近江国分寺の官僧であった。近江《おうみ》国で中国からの帰化人の子として生まれた。十九歳のとき、東大寺の戒壇《かいだん》で具足戒《ぐそくかい》を受けたあと、突然比叡山《ひえいざん》にこもり、十二年間の思索と修行の時を過ごすこととなる。のちに天台宗が貴族社会で果たした国家仏教的側面からのみ最澄を見てしまうと、なぜそこまで仏教に専念したかという、彼の選び取ろうとしたことの本質を見逃すことになるだろう。当時の最澄を捉えていた個人的な思いを、比叡山入山に当たって立てた『願文《がんもん》』(七八五年、二十歳の頃か)はよく示している。

愚が中の極愚《ごくぐ》、狂《おう》が中の極狂《ごくおう》、塵禿《じんとく》の有情《うじょう》、底下《ていげ》の最澄、上《かみ》は諸仏に違《い》し、中《なか》は皇法に背き、下《しも》は孝礼を闕《か》けり。謹しみて迷狂《めいおう》の心に随ひ、三二の願を発《ほっ》す。

(ここにおいて愚のなかの極愚、狂っているなかの極狂であり、うわべだけの剃髪した者であり、最低であるこの最澄は、上は諸仏の教えに反し、中は天子の法に背き、下は孝礼を欠いている。私は謹んで、迷狂の心のままに、五つの誓いを立てた。）

同じく『願文』冒頭で言う「悠々たる三界《さんがい》（欲界《よくかい》・色界《しきかい》・無色界《むしきかい》の三。世界の全体）は純《もは》ら苦にして安きこと無く、擾擾《じょうじょう》たる四生《ししょう》（胎生・湿生《しつしょう》・化生《けしょう》・卵生《らんしょう》の四つの生まれ方による分類。すべての生き物）はただ患《うれへ》にして楽しからず」（悠々としたこの世界はもっぱら苦しみのみに満ちていて、安らかなことはなく、騒がしく生きている生き物は、ただ患《うれ》えることのみで楽しいことはない）というこの世界のありようは、最澄の内面のありようでもあった。生は「苦」であり「患」である現実がある。この現状を若き最澄は、仏の「清浄《しょうじょう》」を我が身につけるまでは、「世間」に仏法を説くことをしない、また「世間人事《にんじ》の縁務《えんむ》に著《じゃく》せじ（執着しない）」等の五つの願を立て、修行に入ったのであった。彼の究極の願いは、「解脱の味、独り飲まず、安楽の果独り証せず」というように、おのれ一個の悟り（「自度」）にとどまるのではなく、「衆生《しゅじょう》」にも「成就《じょうじゅ》」させるべく（「度他」）、仏事に没頭することであった。世間の汚濁はまた最澄の自覚する自らの「極愚」と通底し、それゆえ悟りへの願いの深さは、衆生救済の願いの深さと渾然一体となり、その狂おしさのなかに、強い使命感として立ち現れてくるのであった。このような最澄の出発点こそ、奈良の旧仏教とは異なる新たな仏教の動向の始まる場であった。

最澄は、比叡山での修行ののち遣唐使に加わって、八〇四年、唐に渡った。天台大師智顗《ちぎ》の伝統を嗣《つ》ぐ天台山に赴いた最澄は、そこで教えを受けるとともに、菩薩戒《ぼさつかい》（大乗戒）を受けた。また禅林寺では禅を、龍興寺では密教の教えを受けた。多くの法具や書籍を蒐集し、翌年帰国した。この留学は、円教《えんぎょう》（『法華経』による完全な教え）、密教、大乗戒、禅を修める四種相承《ししゅそうしょう》を方向づけ、これらにその後念仏が加わって、いわゆる四宗兼学の天台法華宗に展開した。僅かな期間での帰国は、当初からの予定とはいえ、我が国に大乗戒壇を設立しようという最澄の熱意と関係していたのであろう。

元来、我が国に正式の戒壇がつくられたのは、鑑真《がんじん》の渡来による。鑑真は七五四年、東大寺において、聖武上皇・光明皇太后に菩薩戒を授け、僧に二百五十戒からなる具足戒を授けた。その後日本では、三戒壇《さんかいだん》が設置維持された（大和東大寺、下野《しもつけ》薬師寺、筑紫観世音寺）。一方本来の大乗仏教の戒律は在家・出家とも同じ戒律を受けるもので、大乗戒あるいは菩薩戒と言われた。奈良仏教では小乗の戒律とともに、僧となるための二百五十戒を受け、さらに大乗戒も受けていた。最澄の主張は、僧が僧たるには大乗の菩薩僧でなければならないとし、大乗戒のみの受戒で足りるとした。桓武天皇の知己を得た最澄は、大乗戒壇の独立を目指した。

†差別と平等

大乗戒壇を目指す運動の背景には、一乗《いちじょう》思想がある。小乗的仏教では、悟りのあり方を声聞《しょうもん》乗《じょう》と縁覚乗《えんがくじょう》と菩薩乗《ぼさつじょう》（大乗仏教で菩薩とは、仏の悟りを得る一つ前の段階にある人を指す）とに分ける。声聞乗とは釈迦の教えを直接聞き、悟る者の悟りであり、縁覚乗とは、師なくして独自に悟りを得られる者のそれである。菩薩乗とは自分の悟りだけでなく、同時に他の人をも悟りに導く者の悟り、すなわち大乗（大きな乗り物の意）である。天台の考え方では、本来の仏教から見ればこの五段階はいわば方便であり、どの段階の者でも最終的に成仏するという考え方である。

　この点では、最澄に反対する論陣を張った会津の徳一《とくいち》との論争が名高い。徳一の依る法相宗はすべてのものが自己の心の投影であるという唯識説の立場に立つ宗派だが、有情《うじょう》の悟りの可能性に先天的な「差別《しゃべつ》」を認める。衆生が悟れるか否かは、本性《ほんしょう》の違いで先天的に決定されており、声聞、縁覚、菩薩、そして、声聞にも大乗にも至れるもの、まったく仏になる可能性のないものという差別があるとする（五性各別《ごしょうかくべつ》、あるいは三乗《さんじょう》説）。

　この対立は『法華経』という経典をどう理解するかに関わるものでもあった。徳一の法相宗では、『法華経』を釈迦の真実の教えでなく、努力次第で小乗にも大乗にも至れる衆生を大乗に導くための仮の教えの経と理解する。それに対して最澄は、衆生がみな仏となりうる、本来衆生は仏である、というのが釈迦の教えであり、三乗思想はそれを説くための方便であると理解し、「平等」すなわち一乗思想をもってその真の教えとし、『法華経』を仏の永遠の悟りを示す最高の経典と見るのである。天台は、この経典の教えをさらに、「一念三千《いちねんさんぜん》」（凡夫の日常の一瞬一瞬の心〈一念〉が、仏教でいうところの全宇宙〈三千世界〉と相即し通じ合っているという論）、事理論（現象としての「事」と本体としての「理」との関係をめぐる議論）として発展させた。

菩薩戒を授ける国立戒壇設立の願いは、反対する奈良の仏教各派との論争を経て、最澄の死の直後に勅許される。

†本覚思想

最澄の天台宗は、大乗戒、密教、禅などをも包摂するものであった。きわめて融合的な性格をもつが、その後の日本仏教の発展に寄与したものは大きい。密教は、中国越州龍興寺にて順暁《じゅんぎょう》から伝授されていたが、帰国後その重要性についてあらためて認識し、空海から書籍を借り、あるいは教えを受けるなど摂取に努めたが、空海との決別などもあり一代では発展しなかった。のち弟子の円仁《えんにん》（七九四〜八六四、彼の九年にわたる唐への旅行記『入唐求法巡礼行記《にっとうぐほうじゅんれいこうき》』は名高い）・円珍《えんちん》（八一五〜八九一）の渡海によって、天台も独自の密教を習得、体系化するに至った（後述）。

天台宗はその後、顕教と密教にわたる総合的・体系的な教学を打ち立て、天台本覚《ほんがく》思想という独自の哲学的教理を深めていく。本覚思想とは、あるがままの現象世界をそのまま、仏の悟りの世界と見る思想と言える。修行の面で言えば、凡夫は凡夫のままでよいとして修行の必要性を否定するといった考え方にも通じる。あるがままの現象世界の肯定はしかし、日本天台にのみ特徴的とは必ずしも言えず、広く東アジアの仏教のもつ特質と言うこともできる。山川草木すら仏だと見る日本仏教に見られる考え方は、こうした捉え方の一面と言えるだろう。その融通無碍《ゆうづうむげ》さは近年批判の対象ともなったが、歴史的には、本覚思想は歌論や芸術論にも多くの影響を与えた。平安仏教に続いて展開する鎌倉仏教の開祖たちは、時宗《じしゅう》の一遍《いっぺん》を除いて天台の修行僧から出てくるが、その意味では、日本仏教の巨大な母胎となったと言える。

†空海

今に至るまで弘法大師《こうぼうだいし》として慕われる空海（七七四〜八三五）ほど、伝説化され親しまれている仏僧はいないであろう。ますます関心が高まる四国遍路も、もとは空海の足跡とされるものをたどるものである。それはまた、空海の、最澄と比べれば伝統的な日本の神々の世界と深いところで交歓しているとも見える思想の特質にも関わろう。

空海の若年の頃については、歴史資料、その著作『三教指帰《さんごうしいき》』（七九七）などの記述から知ることができる。それらによれば讃岐国《さぬきのくに》多度郡《たどのごおり》に、地方貴族佐伯《さえき》氏の子として生まれた。讃岐佐伯氏は、学者・宗教家を多数輩出した家系であった。自伝や伝記によれば十五歳のとき、伯父阿刀大足《あとのおおたり》に師事し儒学を学び、十八歳で大学に入る。以後の三十一歳での渡唐までの足跡は必ずしも明らかでないが、大学に遊学中は学を怠り、都会の軽薄な文化に染まり、定まらない生活をしていたようである。その空海があるとき一沙門《しゃもん》から、百万遍唱えれば、この世にある一切の経文を暗記できるという「虚空蔵求聞持法《こくうぞうぐもんじほう》」を示される。これを機に仏教に進み、四国の各地を修行したという。僧としての受戒はその後のことであるらしい。

仏教への帰依《きえ》を鮮明にした、二十四歳のときの作とされる華麗な漢文体（四六駢儷体《しろくべんれいたい》といわれる。四字および六字の対句を用いる）で書かれた『三教指帰』を引く。この書で空海は、己の修行時代を振り返る。

ここに大聖《だいしやう》の誠言《じようごん》を信じて、飛燄《ひえん》を鑽燧《さんすい》に望み、阿国大瀧嶽《あこくたいりようのたけ》にのぼり攀《よ》じ、土《と》州室戸崎《しうむろとの》に勤《ごん》念《ねん》す。谷響《ひびき》を惜まず、明星来影す。遂に乃ち朝市《ちようし》の栄華念念に之を厭い、巌藪《がんそう》の煙霞《えんか》日夕《じつせき》に之を飢《ねが》ふ。軽肥《けいひ》流水を看ては電幻《でんげん》の歎き忽《たちま》ちに起り、支離懸鶉《しいりけんじゆん》を見ては因果の哀《かなし》み休せず。目に触れて我を勧《すす》む。誰か能く風を係《つな》がむ。

（私は、これは仏陀の誠の言葉であると信じて、木を錐もみすれば火を発するという修行の成果を期待して、阿波の国の大滝岳によじ登り、土佐の室戸岬で一心不乱に修行した。その私の心に応えて、谷はこだまで応え、虚空蔵菩薩の応化《おうげ》とされる明星は、大空に姿をあらわされた。こうして私は、世俗の栄達を疎ましく思い、もやに閉ざされた山林の生活を朝夕にこいねがうようになった。都会の軽薄な文化を見ては稲妻や幻のごとき人生のはかなさへの歎きがこみ上げ、身体の不自由な者、ぼろをまとった貧しい人を見ると、どのような因果でこのようになったか、悲しみがやむことがない。目に触れるものすべてが出家のへの誘いとなって、誰が風のような私をつなぎ止めることができようか。)

八〇四年、空海は遣唐使に加わり渡海した。同じ船団のなかに最澄もいたことはすでに述べた。空海は、長安に向かうや青竜寺の恵果《けいか》に出会い、ただちに彼に認められ、金剛界《こんごうかい》・胎蔵界《たいぞうかい》の両部《りょうぶ》密教を伝授される。八〇六年に帰国すると、嵯峨天皇の知遇を得て、彼の真言密教は次第に浸透していく。密教の重要さにあとから気づき、教えを乞うてきた最澄とは、結果的に決別するまで八年間ほどの交流があったようである。宗教家としてのみならず、名筆家としての声望、満濃池《まんのういけ》の開削、最初の民衆の教育機関である綜芸種智院《しゆげいしゆちいん》の開設(八二八年以前)など、その活動の幅は広い。

これらはまた、空海の思想の質とも深く関わるだろう。『十住心論《じゆうじゆうしんろん》』『秘蔵宝鑰《ひぞうほうやく》』は、きわめて体系的な叙述だが、それは従来の仏教では排除された人間の感性的・動物的な心性からどのように上位の悟りに達するかの階梯論であるだけでなく、深い人間性の洞察をも含むものであった。

†『三教指帰』――東アジアの思想的俯瞰

空海の思想的視野が、仏教の内部の教理的差異にとどまらず、当時の東アジア世界の思想的俯瞰からの仏教教理の選択であったことは、『三教指帰《さんごうしいき》』によくあらわれている。『三教指帰』がさまざまな中国の典籍からの引用によるきわめて完成された漢文体であることは、福永光司らの研究で指摘されている。

三教とは仏教・儒教・道教を指す。この東アジアにおける有力な三つの思想傾向を、空海は単に抽象的な対立として描くだけでは終わらせない。空海は三つの思想をそれぞれ、具体的な姿形をもった人物に代表させる。先ほどの自伝部分に続き、華麗な筆致は、次のようにドラマ仕立てで展開する。

序文で空海は、多くの親しい者たちが、儒教の五常の教えや忠孝を説いて自分を諌めるが、三教のどれであれ、その一つに入るなら、忠孝に背くことはあるまい、と自らの青春の彷徨を踏まえてまず述べている。同じとき一人の甥がいた。性がねじれ、遊興賭博に興じるこの甥の姿を借り、旧家の主人兎角公《とかくこう》が、この非行はなはだしい甥、蛭牙公子《しつがこうし》への教戒を三人の客に依頼するという筋立てのドラマを空海は描く。まずは、儒教の代弁者亀毛《きぼう》先生である。いかにも儒教の学者らしい威風堂々とした亀毛先生は、雄弁に仁義の学問の重要性、栄達出世の道を説く。ついで、ぼろをまとい髪をぼうぼうに伸ばした虚亡隠士《きょぼういんし》が道教を語る。不老不死を説き神仙の妖術を説いて聞かせる。最後に髪を剃り、やせ細った仮名乞食《かめいこつじ》が登場し、広大無辺の仏教を説き、帰依を勧める。参列している者たちは、その教えに感動する、というかたちで幕を閉じる。

†『十住心論』と心の階梯

思想を具体的実相から説こうとする空海の姿勢は、他の著作、たとえば主著と言うべき『十住心論《じゅうじゅうしんろん》』（正式には『秘密曼荼羅十住心論《ひみつまんだらじゅうじゅうしんろん》』という）にも顕著である。『十住心論』は、人間の心の実相を、真言の説く最高の悟りへの垂直な上昇の軸として示している。善悪を知らない凡夫の迷心、因果を信じない愚者の妄執、すなわち「異生羝羊住心《いしょうていようじゅうしん》」という下層の心のありようから、密教の悟りの心（「秘密荘厳《ひみつしょうごん》住心」）に至る心への向上を十の段階で描いている。世間の医術は身を治療するが、この教えは心の病の治療であると冒頭で言う。心の病とは「無明」にほかならない。病の段階に応じて人は地獄・餓鬼・傍生《ぼうしょう》（畜生）・人《にん》宮《ぐう》・天宮・声聞宮・縁覚宮、菩薩宮・一道無為宮・秘密曼荼羅金剛界宮のそれぞれに定まる。第二の住心「愚童持斎《ぐどうじさい》住心」こそ、人が善に赴く「萌兆《もうちょう》」であり「因果を信じ、漸く罪福を諾《うべな》ふ」端緒の状態である。以下、顕教から密教への住心の様相が描かれ、『大日経』の教えにしたがってこの階梯を上昇するなら、人は最高の一切智を獲得すると説かれる。

ちなみに第三は、仏教以外の宗教で安らぎを得ている人の心（嬰童無《ようどうむ》畏《い》住心）、第四は、声聞乗の教えを修行した人の心（唯蘊無《ゆいうんむ》我《が》住心）、第五は縁覚乗を修行した人の心（抜業因種《ばつごういんしゅう》住心）、第六は、大乗の利他を行となす法相宗の人の心（他縁大乗住心）、第七は、三論宗の修行をなす人の心（覚心不生住心）、第八は、天台宗の修行をなす人の心（一道無為住心）、第九は、華厳宗の修行をなす人の心（極無《ごくむ》自性《じしょう》住心）、そして真言の最終段階、第十の「秘密荘厳住心」へと達する。仏教に属する第四住心から第九住心までが顕教、第十住心が密教に当たる。奈良の諸宗派や最澄の論じた一乗思想も、空海にとっては、より上位の悟りに包摂されるべき、途上の段階とされている。さらに仏教以外の立場も各段階の住心に応じたものとして体系のうちに取り込まれる。

空海の真言密教の特徴は、この体系性が人間の感性的な側面の切り捨てでなく、それを体系のうちに包み込むものであったところにある。具体的な修行として、身口《しんく》意《い》の三業《さんごう》、すなわち手に印相をむすび、口に真言を唱え、心を集中する三蜜をもって、宇宙そのものとしての仏（大日如来。毘盧《びる》遮那《しゃな》ともいう）と一体化し、この身のまま成仏する即身成仏の思想もまた、そうした感性的な側面からのものであろう。

密教はその感性的性格から、密教美術を生み出した。曼荼羅《まんだら》はよく知られているが、胎蔵界曼荼羅と金剛界曼荼羅とをあわせて両界（または両部）曼荼羅と言う。密教の教理に基づき大日如来を中央に配し、諸仏を図示したものであり、密教寺院の壇の中央に掛けられ、瞑想のための重要な仏具とされる。胎蔵界は客体すなわち理をあらわし、金剛界は主体すなわち智をあらわし、究極の真理は主客の一体、智と理の不二《ふに》である。

空海の人柄・功績は後世、日本文化に多くの影響を残すこととなった。そもそも宗教とは、聖なるものと賤なるものとの交感の場という側面を持つ。空海という人格も聖徳太子と同じように、聖と賤とを二つながら含み取る人格と、人々の目に映ったのである。

†中国仏教と天台宗・真言宗

中国への仏教の伝来と定着は、すでに記した通りである。隋唐の時代に仏教はその最盛期を迎えた。天台宗は、天台大師智顗《ちぎ》によって大成された。『法華経』を最高の仏典として、『摩訶《まか》止観《しかん》』による止観（心を定め対象を観ずる）を中心に据える。教義的には、三諦円融《さんたいえんにゆう》（空《くう》・仮《け》・中《ちゆう》の三諦の統合）、一念三千、諸法実相などがある。日本天台はその後、念仏も取り入れ、朝題目夕念仏と言われた。鎌倉の諸宗派の母胎となったのも、こうした教義・実践の幅広さによるとも言える。華厳宗は中国でも天台に対抗した宗派だが、日本でも同じであった。華厳宗は、事事無礙法界《じじむげほっかい》の教義や、『華厳経』の、一つの塵のなかに無限の世界が入っているという一即多の教義により、現実そのものが真理の出現であると説き、三界はすべて心、すなわち真如《しんによ》が生み出したものと説く。『華厳経』は盧舎那仏《るしやなぶつ》（八十華厳では毘盧遮那《びるしやな》）を中心に置くが、東大寺の大仏は盧舎那仏であった。鎮護国家などの現実肯定が中国仏教の特徴であるとすれば、日本仏教に引き継がれて見られる特徴である。

†密教とは

ここまで密教とは何かを十分説明してこなかった。改めて密教とは何かに最後に触れ、理解の助けとしたい。

密教は、大乗仏教の最後に登場する。顕教に対して密教というのは、仏が生前には説かなかった教えという意味をもつからである。インドで五世紀から七世紀に盛んとなり、十三世紀頃消滅した。密教の伝統はインドの金剛薩埵《こんごうさつた》が大日如来（これが本尊となる）の教えを受け継ぎ、龍智・金剛智（ヴァジラボーディ）を経て中国に伝わり、さらに不空・恵果を経て空海に伝わったとされる。根本経典は『大日経』と『金剛頂経』。ほかに龍樹・恵果・空海の著作も重視する。教義は人間の日常の言語を離れ、真言（サンスクリットのマントラ mantra または陀羅尼《だらに》という）、すなわち「仏の真実の語」を直接聞くことを目的とし、修行としては観想を重視し、金剛・胎蔵両部の曼荼羅《まんだら》を立て、身口意《しんくい》それぞれの行による即身成仏を説く。なおタントラ、すなわち性力《せいりき》信仰の傾向をもつ。日本の立川流《たちかわ》はその極端な一派である。

ちなみにチベット、モンゴルの仏教も密教系である。天台宗は最澄以降、密教を独自に体系化した。真言の密教が東密と称されるのに対して、台密《たいみつ》と称され、胎蔵部・金剛部に蘇悉地部《そしつじぶ》を加えて三部曼荼羅を立てる。胎蔵・金剛でも成就しない密教の修行者の悟りを成就させることを主眼とする。また釈迦と大日如来の同一等を説く。釈迦に対して大日如来を、諸仏を包括する法身仏《ほっしんぶつ》、真理そのものの身体化とするなどの特徴をもつ。台密は九九三年、比叡山を下り園城寺《おんじょうじ》に拠った円珍系（寺門派）と円仁系（山門派）に分かれ、激しく対立するようになる。

日本仏教は平安仏教によって、宗教倫理としての体系をもち、初めて民衆への浸透の手がかりを得たと言える。その開祖たちの独自の思索が、衆生救済としての大乗仏教の新たな足がかりとなり、日本の仏教と言える独自の特徴をもつことになった。京都の東北を占める比叡山の延暦寺《えんりやくじ》と、紀伊半島の高野山の金剛峯寺《こんごうぶじ》とでは、対照的な佇まいだが、ともに日本の仏教として、人々の精神生活・思想に及ぼした意味はきわめて大きい。

7　王朝の文化と思想

†国風化の意味

王朝は平仮名の発明、日記文学などで、後の日本文化の一つの核をつくり出していく。平仮名の発明は、物語文学、和歌、あるいは説話の新たな日本語での表現というジャンルを生み出した。そこに示された人生や自然の受け止め方に見られる感性のあり方は、その後の芸術・宗教にも大きな影響を与える。また王朝の盛衰のなかに、新たな時代の思想が徐々に現れてくる。

平安時代は、七九四年から鎌倉幕府の成立した一一九二年頃までの時代を指すが、その前半と後半では、大きく異なる様相を見せる。盛期は、紀元一〇〇〇年前後、すなわち『源氏物語』が書かれた頃が平安文化の精華が花開いた時期である。

そのきっかけは、八九四年（寛平六）、菅原道真の建議で遣唐使が廃止されたことであった。遣隋使のあとを受けた遣唐使は六三〇年から八九四年の廃止まで、計十八回の任命があり、実際に渡航したのは十五回に及んだ。廃止の理由は、唐の衰亡と多大な費用であった。遣唐使の廃止は、大陸からの直接的な文化の移入の道を絶つことになったが、それは、いわゆる国風文化が成熟する端緒ともなった。『万葉集』が編纂されて以降、和歌集はしばらく出なかったが、その後最初の勅撰集『古今和歌集』が編まれたのは実に百五十年後、九〇五年頃であった。国風化の良い例である。

九世紀は、なお唐風の文化の影響下にあった。奈良時代の『懐風藻』（七五一）に続く漢詩集三集が勅撰で編まれている。『凌雲集《りょううんしゅう》』一巻（八一四）、『文華秀麗集《ぶんかしゅうれいしゅう》』三巻（八一八）、『経国集《けいこくしゅう》』二十巻（八二七）である。このように王朝漢文学は、貞観～寛平期（八五九～八九八）に黄金時代を迎えるが、それ以後勅撰漢詩集は撰進されず、その役割を勅撰和歌集に譲る。そのきっかけも国風化のなかでの、言語表現の新たなかたちの模索と形成であったと言ってよい。

†平仮名の出現

本書で触れてきたこの時代までのいくつかの思想作品は、みなその表記は漢文体であった。そうした表現形式を大きく変えることになり、また思想や文学の表現を大きく変えたのが、「平仮名」の発明であった。

仮名とは漢字の一部を省略するか、草書化した場合の字体からつくられた文字である。仮名には片仮名と平仮名の二種がある。漢字の伝来まで固有の文字がなかった日本では、漢字が唯一の文字であったので、漢字を真名《まな》というのに対して、仮名《かな》という。すでに『万葉集』の歌の表記で私たちが見てきたように、漢字の意味をとらず音のみを借りて日本語を表記するものを、とくに万葉仮名という。平安時代に入り、読解のために経典や漢文に訓点を書き込むようになり、その際省略した万葉仮名が用いられるようになった（ナ〔奈〕、ウ〔宇〕、ソ〔曾〕、コ〔己〕など上画をとったもの、ス〔須〕、ル〔流〕など下画をとったもの、偏をとったイ〔伊〕、カ〔加〕、旁《つくり》をとったエ〔江〕など）。

万葉仮名は約千種ほどあったので、その画を省いてできた片仮名には種々の異体字があった。たとえば同じイのかたちでも「伊」の省画として用い「イ」と読む例もあれば、「保」の省画としてホで「イ」の音を表すこともあった。片仮名が流通するにつれて次第に字体が統一され、平安末期には異体字が少なくなり、室町時代にはほぼ今日と同形になったとされる。またその間に、片仮名を漢字に交えて仮名交じり文が書かれるようになり、たとえば『今昔物語集』は、そうした表記で書かれている。明治に至るまで、片仮名は漢字とともに用いられるのが常であった。

他方、平仮名は、万葉末期から万葉仮名を崩した草書体（大陸に由来する）として簡略化され、漢文の訓に用いられるようになった（安の草書体からできた「あ」など）。勅撰漢詩集に見られるように漢字・漢文が貴族、とりわけ男性貴族の教養の中心であったなかで、女性が自らの文章表現に使用するようになったのが始まりのようである。平安遷都後の百年ほどの間に、宮中で流通していて女手《をんなで》と言われた平仮名（平仮名という名称は江戸期のもので、当初は漢字を男手《をとこで》、平仮名を女手と呼んだ）が、次第に和歌を平仮名で書く習慣となり、『古今和歌集』が平仮名で編集されたことが、公的に認知された最初となる。『古今和歌集』の編者の一人、紀貫之が、女性を装い女手で書いた『土佐日記』（土左日記とも）は、平仮名で書かれた完成された散文としてほぼ最初の文学となる。

平安の初期から中期は、先進文化たる中国の文化政治体制の模倣から、次第に日本の固有なものへの関心が芽生えてくるときであった。大化の改新以来の律令制も、形式的には維持されたが、土地の私有はさらに進み、徐々に荘園を基盤とする藤原氏などを中心とするいわゆる摂関体制という新たな政治的枠組みへと組み替えられていった。なかでも醍醐天皇（在位八九七〜九三〇）・村上天皇（在位九四六〜九六七）の治世は「延喜《えんぎ》・天暦《てんりやく》の治」と称される政治上・文化上の画期となり、国風化も進んだ。

†平仮名の文学

『土佐（左）日記』は、土佐に国司として赴任していた紀貫之が九三四年、任期を終えて京に向かう日から始まる、五十五日にわたる航海記であり道中記である。貫之は道中の一員である女性に仮装して、日記体として書いている。必ずしも事実とは一致しない記述が指摘されており、創作という文学的意図がうかがわれる。冒頭はよく知られた一節で始まる。

をとこもすなる日記《にき》といふものを、をむな（女）もしてみむとてするなり。某年《それのとし》の十二月《しはす》の二十日《はつか》余一日《あまりひとひ》の日の戌《いぬ》のときに、門出す。その由《よし》、いさゝかにものに書きつく。ある人、県《あがた》の四年五年《よとせいつとせ》はてゝ、例の事どもみなしをへて、解由《げゆ》などとりて、すむ館《たち》より出でゝ、船にのるべきところへ渡る。（解由——解由状。後任者が書く事務の引き継ぎ完了の確認書）

日記は本来男が書くものであった。と同時に日記は現在と違い、公事や行事の備忘とその故実などを後日に参照するためのものという意味を持っていた。日記を女手で書くという意図はそうした従来の日記とは異なる内容を盛り込むことにある。経由する土地で繰り返される送別の場面では、漢詩もうたわれていることが描かれるが、筆者は女を装う以上、それは載せず、その場で詠まれた和歌のみを記している。描写は、道中に見聞した情景、接した土地の人間の風儀に向かう。同時に全編を流れているのは、任地で亡くした女児の思い出と悲しみの記憶である。自己の感慨を率直に描くその筆致は、漢詩漢文とは違う細やかな日常の心のありようを描く、新たな日記文学の誕生を告げるものである。

男の日記には公事《くじ》（政務や儀式）が伴っている。『土佐日記』ではそのことは主題にならない。

しかし、忘れてはならないのは、この『土佐日記』でも、背後には、任地を去るに当たっての事務手続き、公的な送別という表の世界がうかがえることである。表の漢字文化とその裏の独自の表現世界としての仮名文化という、この二重性こそが、この期に限らず国風化以降の日本の思想文化の大きな特徴となる。

†和歌の隆盛

そのことは紀貫之も編者の一人であった『古今和歌集』にあらわれる。日本の花鳥風月の見方の原型をつくったとされるこの歌集には、巻頭に紀貫之による仮名序が、巻末に紀淑望《きのよしもち》による真名序がつく。「夫《そ》れ和歌は、其の根を心地《しんち》に託《つ》け、其の華を詞林《しりん》に発《ひら》くものなり」と始まる真名序は、『白氏文集《はくしもんじゅう》』などの引用によって、和歌の六義《りくぎ》=風・賦・比・興・雅・頌《しょう》を述べ、『万葉集』以来の和歌の歴史を叙述する。それに対して、仮名序は「やまと歌は、人の心を種として、万《よろづ》の言の葉とぞ成れりける。世中に在る人、事、業《わざ》、繁きものなれば、心に思ふ事を、見るもの、聞くものに付けて、言ひ出《いだ》せるなり。花に鳴く鶯《うぐいす》、水に住む蛙《かはづ》の声をきけば、生きとし生けるもの、いづれか、歌を詠まざりける」と和歌の重要性を述べ、和歌の効用として、「力をも入れずして、天地を動かし、目に見えぬ鬼神《きじん》をも哀れと思はせ、男女の仲をも和らげ、猛き武人《もののふ》の心をも慰むるは、歌なり」という定義を記している。そして同じく和歌の歴史を振り返り、とくに当代の優れた読み手を顕彰する。

『土佐日記』での公的場と私的場の二重性とは異なり、ここでは和歌が、勅撰という公的な政治的場面を背景にしつつ、それとは別種の情の私的な表現の手段であるというかたちで、明確に位置づけられている。『古今和歌集』は、四季・恋を中核とする題材・構成から、王朝的歌風を確立したものとされるが、その後、短い間に、『後撰和歌集』(九五五年推定)、『拾遺和歌集』(一〇〇五〜六年、推定)と勅撰歌集が立て続けに編集されていく端緒となる。

年の内に春はきにけりひとゝせを去年《こぞ》とやいはむ今年とやいはむ

(在原元方　巻一　春歌上　一)

袖ひちてむすびし水のこほれるを春立つけふの風やとくらむ

(紀貫之　同　二)

久方の光のどけき春の日にしづ心なく花の散るらむ

(紀友則　巻二　春歌下　八四)

など古今集の歌は、長らく王朝風詠歌の規範とされる。また仮名序は、これ以降、歌論の重要な典拠となる。

†物語の成立

仮名文学の定着は物語というジャンルの発達をもたらす。『竹取物語』は『源氏物語』の絵合巻に「物語の出で来はじめの親なる竹取の翁」とあることからも、現存最古の作り物語りであると見なされる。作り物語のいっそう高度な完成は『源氏物語』の出現による。世界的にも長大な物語は、光源氏を主とする前・中半と、一転して光源氏の正妻の不倫によって生まれた薫の物語（宇治十帖と言われる）とからなる。幼くして母を喪った光源氏は、父・桐壺天皇の美しい后・藤壺に苦しい恋をする。この恋から東宮が生まれるが、この不倫は全編に大きな影を投げかける。その後の多くの女性との交情も、この出来事、またこうした光源氏のまさにやむをえない「宿世《すくせ》」の因果でもあった。人間のやむをえざる傾きと限界性を仏教の前世の因果と見ることは、後半になるにつれ、いっそう切実さを増す。

物語は、貴族社会の政治的暗闘などを直接には書かず、光源氏と女性との交情を中心に、季節のうつろい、人々の風儀、振る舞い、その心情を、折々の和歌の贈答などを配しつつ、細やかに写し取っていく。その繊細な筆致は後世、本居宣長がこの物語を「もののあはれを知る」ものである、とその本質を性格づけることにつながった。宣長は、この物語からできるだけ、仏教の色を少なく理解しようとするが、物語が深く仏教的な世界観に彩られていることは忘れてはならない。主人公の光源氏の出生と育ちが後々にまで影響を与えるという、因果の物語であった。

『源氏物語』は、作者紫式部も意識しているように〈創作〉されたものである。その点で、同じ式部の日記『紫式部日記』は、女官として宮中に勤めた生身の当時の女性の目を通して、その関わっていた社会、そのなかでの女性の生き方、作者の感性がまさに活写されている。

†貴族の生活と思想――『紫式部日記』より

私たちは紫式部の日記（一〇〇八～一〇一〇年の記事を含む）を通して、密教が形式化しその力を失っていったという教科書などの説明の実体をうかがうことができる。前節で紹介した天台宗や真言宗はともに「密教」化し、それに基づく行事、加持祈禱《かじきとう》などによって、平安貴族の生活に大きく影響をもつことになった。その密教のあり方は、国家的な行事から、たとえば昇進といった個人的な事柄、現世の利益を祈ることにまで関わっていた。

『源氏物語』の作者として名高かった紫式部は、一条天皇の后、中宮彰子《ちゆうぐうしようし》に仕えていた。中宮彰子の父は、藤原道長である。日記の大部分は、中宮彰子の皇子出産の場面に関わっている。冒頭近く、時は九月十日の明け方の描写である。

十日の、まだほのぼのとするに、御《おん》しつらひかはる。白き御帳《みちよう》（貴人の寝所。畳を二枚並べ四隅に帷子《かたびら》をかける）に移らせたまふ。殿《との》よりはじめたてまつりて、君達《きんだち》・四位五位ども、たちさわぎて、御帳のかたびらかけ、御座《おまし》ども持てちがふほど、いとさわがし。（十日のまだほんのり明け初める頃、御座所が模様替えになる。中宮は白い御帳台にお移りになる。道長をはじめ、ご子息たちや四位五位の貴族が、慌しく御帳台に絹をかけたり、敷物などを持ち運んだりして、大変落ち着かない）

こうした状況のなかで、興味深い記述が続く。起き臥し過ごしている彰子のかたわらでは、「御物怪《おんもののけ》どもかりうつし」それが限りなく罵っているというのである。出産に祟る物の怪《け》を中宮から離し憑坐《よりまし》に追い立て移し、それに向かって、「月頃、そこらさぶらひつる殿のうち」の僧だけでなく「山々寺々」から呼んできた験者《げんざ》、「世にあるかぎり」の陰陽師《おんやうじ》が、物の怪を退治すべく声をあげ祈禱をしている。また南の間には高貴な僧正《そうじよう》、僧都《そうづ》が幾重にも座って祈願の声をあげている。また寺々に「御誦経《みずきよう》」の使者が次々に派遣される。

何とも騒々しい出産間際のありさまだが、当時の仏教の果たす役割をよく示す場面と言えよう。この出産で男児が誕生すれば、それは将来の天皇となる公算が大きく、道長の栄華がそれによって確定するか否かの、きわめて大切な場面であった。このような折々に仏僧、陰陽師が祈禱に動員された。貴族の迷信深さは様々な文学からもうかがえるが、また彼らの心を占めていたのが、自らの貴族としての栄達であった。

同じ頃、紫式部とともにその学識を喧伝されていたのが清少納言であった。清少納言は、同じく一条天皇の皇后定子《ていし》に仕えていた。彰子が一条天皇の御子を出産したことは、運命を分ける。

†自負・憂愁・ためらい

『紫式部日記』を引いた以上、その内容をいま少し見ておこう。紫式部という一女官の心のありように着目してみよう。次は、初めて一条天皇が誕生した皇子に会いに、道長の土御門《つちみかど》邸に行幸する直前の場面である。

行幸《みゆき》近くなりぬとて、殿《との》のうちをいよいよつくりみがかせたまふ。世におもしろき菊の根をたづねつつ、掘りてまゐる。色々うつろひたるも、黄なるが見どころあるも、さまざまに植ゑたてたるも、朝霧の絶え間に見わたしたるは、げに老《おい》もしぞきぬべき心地するに、なぞや……。

行幸を迎えるために、世に珍しい菊を植えたてたのを見る式部の心は突然転調する。式部は続ける。まして思い悩むことがせめてもう少し軽い身の上であったなら、あえて風流めかして若々しく振る舞って、この無常な世を過ごしているであろうに、素晴らしいことや面白いことを見たり聞いたりするにつけ、ただただ日頃思っている方向に引き寄せられるばかりで、歎きが増すのが実に苦しい。「思ってもかいはない。罪障も深いことだ」と、ぼんやりしていると水の上に水鳥が屈託もなく遊んでいるのが見える。式部は歌を詠む。

水鳥を水の上とやよそに見ん　われも浮きたる世をすぐしつつ

自らの境地を「罪も深《ふか》なり」と表現する式部の境地を、いま少し追っておきたい。

紫式部は他方で、優秀な女官であった。豊かな教養を買われて貴人との接受を担当し、外交の役割をも担う。美的な感受性やセンスにも、他人にひけをとらない自負を垣間見せる。『源氏物語』に「才《ざえ》」（ないし「からごころ」）と「大和魂《やまとだましい》」の対比が出てくるが（「少女」の巻）、才は漢学の知識才能であるのに対して、大和魂は日常的・実務的なことを処理する知恵才覚を意味した。その意味で式部は才、大和魂ともに優れていたのであろう。彼女の自負が際立ったかたちでいろいろな箇所に出てくるが、その一つが清少納言へのライバル心をむき出しにした批判であろう。

清少納言こそ、したり顔にいみじう侍りける人。さばかりさかしだち真字《まな》（漢字）書きちらして侍るほども、よく見れば、まだいとたへぬこと多かり。

しかしまた宮中は女性として生きづらい面もあったのであろう。日記には女性論と見なせる部分がある。式部の議論は、できるだけ目立たぬようにすること、仮に少々目立つタイプである場合、その人柄が素直なら許されるが、一旦目をつけられると、立ち行くその後ろ姿にも目をつけられることになると述べている。同僚の女官への批判の舌鋒は鋭い。

†浄土信仰の胎動

先ほど「罪」という表現に目を留めた。彼女の惹かれるものが何であったのかは後半で明かされる。それは当時徐々に広まっていた、浄土信仰への傾きであった。

式部は、父が兄に漢籍を教えたとき、覚えの悪い兄と比較し、式部が男であったならと残念がったことを記している。現世での漢才をも含めた諸事を有能に成し遂げる能力と自負がありながら、自分のいる場所が本来の場所ではないという思いの深さは、しかし、阿弥陀信仰にも一直線に入ることには向かわない。現世の生活と信仰への傾きとの間で揺れ動くためらい、その「たゆたい」のなかに安住していることを正直に書いている。

「世のいとはしきことは、すべて露ばかり心もとまらずなりにてはべれば、聖《ひじり》にならむに、懈《け》怠《たい》すべうもはべらず（怠けるようなことはございません）」。しかしながら「ただひたみちにそむきても、雲にのぼらぬほどのたゆたふべきやうなむはべるべかなる（一途に出家しても、阿弥陀の来迎《らいごう》までは気持ちがぐらつくようなことがありそうです）。それにやすらひはべるなり（そのためらいに安住しているのです）」。

そしてこの優柔さを「罪深き人」として、「さきの世」（前世からの宿命）による自己の限界性と捉えているのである。

このように紫式部の日記からは、旧仏教が、個人の救いとはすでに無縁になっていたこと、その間を縫うように浄土信仰が貴族の心を捉えていたことがわかる。

†政治の思想――日本律令の成立とその変質

『土佐日記』で表から陰にまわり、『源氏物語』や『紫式部日記』でも、正面から描かれることのない実務的な公事に関わることを見ておきたい。

大化の改新は、唐の政治制度、法体系の継承のきっかけとなった。七世紀後半から八世紀初頭は日本律令の形成期であった。天智天皇による近江令《おうみりょう》、天武天皇による浄御原令《きよみはらりょう》の編纂を経て、文武《もんむ》天皇のとき大宝律令が成立し、元正《げんしょう》天皇のとき養老律令が編纂施行された。大宝律令は散逸したが、『続日本紀』の記述から成立の背景がうかがえる。養老律令は一部散失しているが、逸文からそのほぼ全体が再構成されている。

『弘仁格式《こうにんきやくしき》』の序に「上宮太子親作憲法十七条、国家制法、自慈始焉」とあり、国家の制度は聖徳太子より始まったとしているが、律令の体系的な摂取は大化の改新に置くことができよう（井上光貞）。

律令は律と令から成る。律は刑罰の規定であり、令は官位、官制、職員の規程、神祇、僧尼、あるいは税の規程などいわゆる行政法を規定しているが、私法に当たるものも含んでいた。その後、公家の慣習法、さらには武家法もまた律令の影響下にできたと言える。何よりも、律令の無効性が公然と宣言されたことはなく、明治維新が古代律令体制への復古という側面をもっていた（太政官制や職制）ように、律令は後世に重要な意味をもった。

律令の精神は、十七条憲法から始まり、大化の改新によってさらに鮮明になる公地公民制であった。その精神が三世一身法《さんぜいつしんほう》（七二三）や墾田永年私財法《こんでんえいねんしざいほう》（七四三）によって次第に骨抜きになったことは、よく知られている通りである。平安時代になると格式《きやくしき》が律令に代わるものとして法典化した。格《きやく》は律令の修正法であり、式は律令・格の施行細則という位置づけとなる。これは三代格式と称される。このほか天皇の詔勅《しょうちょく》もまた、政治思想を知る手がかりとなる。

菅原道真を抜擢し、後の世から寛平の治と称えられる宇多《うだ》天皇が譲位に当たって子の醍醐天皇に与えた「寛平御遺誡《かんぴょうのごゆいかい》」(八九七)は公事儀式、任官叙位に当たっての心構え、人物評からなる書である。これは統治のあり方を知る上でのよき史料である。子の醍醐天皇が臣下に意見を徴したときに応じた三善清行《みよしきよゆき》の『意見十二箇条』(九一四)は、僧侶の腐敗、口分田《くぶんでん》の配分の公正、御節の舞妓の用や医が華美になっていることの改善などを上申している。律令体制が摂関制に変質し、崩壊する直前の政情をよく伝える。

摂関期の政治の内側を知るには、藤原道長の『御堂関白記《みどうかんぱくき》』(九九八〜一〇二一)が格好の史料である。

†恵信僧都源信と浄土信仰

紫式部や道長の頃、都では浄土信仰が人々の心を惹きつけていた。それは源信《げんしん》によるところが大きい。ここでは源信の、短いものであるが仮名で書かれた『横川法語《よかわほうご》』を引いておきたい。

夫《それ》一切衆生三悪道《さんあくどう》(六道のうち畜生・餓鬼・地獄)をのがれて、人間に生る《うまる》こと、大なるよろこびなり。身はいやしくとも畜生におとらんや。家まづしくとも餓鬼にはまさるべし。心におもふことかなはずとも、地獄の苦しみにはくらぶべからず。世のすみうきはいとふたよりなく、人かずならぬ身のいやしきは、菩提(悟りの智慧)をねがふしるべなり。このゆゑに人間に生まるる事をよろこぶべし。

信心あさくとも本願（阿弥陀仏が法蔵菩薩であったとき立てた四十八の願を言う）ふかきゆゑに、頼まばかならず往生す。念仏もの憂《う》けれども、唱《となふ》ればさだめて来迎（臨終に浄土から阿弥陀仏が迎えにくること）にあづかる功徳《くどく》莫大なり。此ゆえに本願にあふことをよろこぶべし。

次の言葉は紫式部に直接向けられたものではないが、彼女の「たゆた」うあり方に向けて語られたかのようである。源信は、妄念に取り込まれた優柔不断は、凡夫の避けられない心のありようであり、妄念を抱いたまま念仏に精進せよと説く。

又、妄念はもとより凡夫の地体なり。妄念の外に別の心もなきなり。臨終の時までは、一向に妄念の凡夫にてあるべきとこころえて念仏すれば、来迎《らいごう》にあづかりて蓮台にのるときこそ、妄念をひるがへしてさとりの心とはなれ。妄念のうちより申し出したる念仏は、濁《にごり》にしまぬ蓮《はちす》のごとくにして決定往生《けつじようおうじよう》うたがひ有るべからず。妄念をいとはずして信心のあさきをなげきて、こころざしを深くして常に名号《みようごう》を唱ふべし。

恵心僧都《えしんそうず》源信《げんしん》（九四二〜一〇一七）は比叡山の僧であった。のちに一乗思想の可否をめぐる法相宗との宗論に決着をつけるなど（『一乗要決《いちじようようけつ》』）、その学識・才能は世に名高かった。九八五年に『往生要集《おうじようようしゆう》』（全十章三巻）を著して、浄土信仰を理論的に整備した。それはあくまでも天台の教学のなかのものではあったが、密教的な呪術や学問には満足せず、自己と他者の救済を願って、阿弥陀仏への信心を中心とする浄土思想を体系化した。『往生要集』序文は「濁世《じよくせ》末代《まつだい》」にあって、「念仏」（浄土教）こそ、誰もが帰依すべき教えであること、従来の顕密の教えの実行は「理智精進の人」には困難ではないが、自分のような「頑魯《がんろ》の者」は往生極楽からはほど遠いので、「念仏の一門」に依拠し経論をまとめたと述べる。『往生要集』は宋にも伝えられ中国での名声が高まった。

念仏そのものは、円仁が帰国して以来、天台の修行へと組み込まれていた。十世紀の「市聖《いちのひじり》」と言われた私度僧空也《くうや》（九〇三〜七二、出身等は不明）は、阿弥陀念仏を唱えながら各地を巡歴し土木工事などをして伝道に努めた。知的な源信とは対照的な布教だったと言われる。あるいは慶滋保胤《よししげのやすたね》（?〜一〇〇二）の、念仏結社勧学会《かんがくえ》（僧俗が参加する法会。白居易の影響で、法華経講・念仏・作詩をおこなう文人趣味的な集まりを主催した）などの動きがすでにあり、浄土信仰は少しずつ浸透していた（『日本往生極楽記』『池亭記《ちていき》』）。直接には九八八年に横川首《しゆ》楞厳院《りようごん》の僧を中心に結成された二十五三昧衆《ざんまいしゆ》が、比叡山での念仏修行の始まりになり、源信もこれに参加していた。

浄土信仰・阿弥陀信仰は、阿弥陀仏がまだ法蔵菩薩であったとき、真の悟りを得たときに衆生を救えないなら悟りは要らないなどの四十八の願を立てたという仏教伝説により、阿弥陀仏を信じ、阿弥陀の浄土への往生を信じるものである。源信においては観仏すなわち仏を思念することが念仏をとなえることとともに重視されたが、その後の法然らによる浄土信仰では、中国の浄土教の善導《ぜんどう》らによって大成された称名《しょうみょう》念仏、すなわち口で南無阿弥陀仏と名号《みょうごう》を唱えることが修行の中心となっていた。

紫式部も藤原道長も阿弥陀信仰に入っていた。これほどまでに紀元一〇〇〇年前後の貴族社会に浸透したのは、末法思想の影響も無視できない。釈迦入滅後、正法《しょうぼう》（教・行・証が正しくおこなわれる時代）・像法《ぞうぼう》（教・行のみになる時代）そして末法《まっぽう》の三つの時代区分を経て、仏の教・行・証（教え・修行・悟り）が、それぞれ消滅するとされた。日本では、一〇五二年（永承七）に「教」のみがかろうじて残る末法の世が到来するという説が広く信じられた。道長の栄華の時代、すでに地方では、貴族とは異なる風習・人間像を体現した武士が台頭し、関東の平将門の乱など、荘園制による摂関体制に徐々にほころびが生じていた。時代の不安が、浄土思想の隆盛に確実に反映しているのである。

第二章 中世

親鸞（右）と道元

1　歴史物語・中世歴史書の思想——貴族の栄華と武士の登場

†武士の登場

　貴族が栄華を誇っていた頃、地方では武士という新たな存在が独自の生の様式をもって登場してきた。ここでは、平安中期からの武士を主人公とする歴史の展開のなかで、過ぎし栄華の懐古にひたる、あるいは新たな武士の登場の歴史的必然などを考察する思想的作品を中心に見ておこう。

　古来、国の武力を担う集団は存在した。武士がどのような契機によって登場したかについては、歴史学からいくつかの説が示されている。武士が中央の政治に影響を与える勢力となったのは、平安中期、荘園という土地私有が進み、律令体制がいっそう緩んだ頃、国司などの中央からの権力に対抗する勢力として台頭したことによる。他方で、律令に基づく官としての国司の側も武士化し、各地に武士団が成立する。のちには武士は中央で貴族を警護する役割をもつようになり、次第に桓武《かんむ》平氏と清和《せいわ》源氏に大きく統合されていく。そうした武士の力を中央にまで知らしめた早い例が、九三五年に一族の内訌《ないこう》をきっかけに関東で起きた平将門《たいらのまさかど》の乱であった。彼は新皇《しんのう》と称して独立した権力を試みたが、九四〇年には敗死した。その後も藤原純友《ふじわらのすみとも》の乱（九三九）などが起こる。

摂関体制の絶頂期にも国司と地方豪族との争いは絶えなかったが、一〇五一年の前九年の役《えき》（陸奥の安部氏による乱）以後、武士の関係する争乱はいっそう頻繁になった。その後、平清盛が実質的に権力を握るや、源平入り乱れての争乱が起こる。あとで見る『愚管抄』には、保元の乱（一一五六）以後「武者《むさ》の世」になったとあるが、それは争乱が都を舞台に起きたことによるのであり、実際には、すでに貴族の栄華の背後に、武士は確実に地歩を固めていたのであった。

†栄華の記憶――『大鏡』と四鏡

貴族の栄華がその終焉に近づいた頃、その栄華の記憶を描く物語群が登場する。まずは『栄《えい》華《が》物語』である。この作品は、正編三十巻（一〇二八～三七年の成立か）と続編十巻（一〇九二年以降の成立）から成る。正編は女性、赤染衛門《あかぞめえもん》を筆者と見るのが有力だが、続編は不詳である。宇多天皇から堀河天皇（白河上皇の院政期）までの十五代二百年の歴史を仮名文で描いている。ついで『大鏡』『水鏡』『増鏡』『今鏡』の四鏡《しきょう》と言われる作品が続く。「世継《よつぎ》物語」とも言われる『大鏡』の成立は、白河院政期（十一世紀後半から十二世紀前半）と見られる。内容は、一〇二五年に紫野《むらさきの》の雲林院《うりん》でおこなわれた菩提講で、文徳天皇から後一条天皇までの十四代の歴史を、百九十歳の大宅世継《おおやけのよつぎ》と百八十歳の夏山繁樹《なつやまのしげき》が語り、三十歳ほどの若侍が批評を加え、さらにそれを〈筆者〉が筆録したかたちとなっている。最も大きな主題は藤原道長の栄華であり、それに天皇紀・藤原氏の列伝（摂関二十代）、藤原氏の物語（鎌足《かまたり》以下十三代）、種々物語（昔物語）が続く。

先行する『栄華物語』がおそらく女性の手になったであろうと推定されるのは、公事の手引きとされたとはいえ、叙述が宮廷の内部や京都のなかのことに限られ、国家的な大事件等には触れられなかったことによる。それに対して『大鏡』は正史を思わせる書きぶりをとっている。しかし実際の内容は、道長を中心とする栄華の由来を明らかにしつつ、和泉式部のこと、『蜻蛉日記』の作者のことなど、貴族生活の内側をうわさ話などの裏面を含め物語化するものであった。

語り部たる人物の尋常ならざる年齢は、過ぎ去った栄華を思い出とともに懐しむあまりの心情を示している。翁は、道長の栄華を微に入り細を穿《うが》って語る。道長の四人の女子、彰子《しょうし》、妍子《けんし》、威子《いし》さらに嬉子《きし》が后となったこと、二人の男子、頼通《よりみち》、教通《のりみち》の出世を語る。また道長の胆力を称え、「ことにふれてあそばせる詩・和歌など」の趣向は、白居易《はくきょい》、柿本人麻呂、凡河内《おおしこうち》躬恒《みつね》、紀貫之《きのつらゆき》さえ思いつかなかっただろうと言う。あるいは「春日の行幸」の際の道長は、人々から「仏みたてまつりたらむ」(道長上)と言われ、仏とさえ見られたと賛美する。

藤原氏の歴代の寺院建立も賛美の対象である。なかでも出家した道長による無量寿院《むりようじゆいん》(一〇二〇年落慶、のちの法成寺《ほうじようじ》)の建立は、そのどれをも圧して「極楽浄土のこのよにあらはれけるとみえたり」というほど素晴らしいものであった。道長の出家後の事績もまた現世の栄華として『大鏡』は描く。

栄華のただなかになおいるかのような描きぶりの『大鏡』であるが、栄華を支える制度やその歴史にはほとんど関心を示さない。その傾向はあとに続く鏡物語にも共通するが、それらは栄華がすでに遠く去ったという意識が徐々に深まっていくことで、『大鏡』とはまた色あいを異にする。

『今鏡』(「続世継」などとも言われる)は、長谷寺詣でから大和古寺巡礼に出た作者が、『大鏡』の語り部であった大宅世継の孫という老女から、後一条天皇から高倉天皇に至る百四十六年間の物語を聞くというかたちをとる。院政期への賛美、和歌文学への関心、隠者の意識のあらわれなど、この物語特有のものとして注目される。

『水鏡』(平安末期から鎌倉初期の成立。藤原忠親《ただちか》の作とも言われる)では、『大鏡』に倣い、仙人が語った、神武から仁明《にんみよう》天皇までの見聞を修行者が聞き、さらに老女が修行者から聞き書きしたという趣向がとられている。冒頭では、末法思想をさらに大きな仏教的な時間の循環（成《じよう》住壊空《じゆうえくう》の循環と遠大な時間のサイクルを説く四劫《しこう》観）のなかに対象化し、克服しようというモチーフが語られている。栄華がすでに遠く去ったという意識、末法の切実な認識は、『大鏡』と色合いを異にする。

『増鏡』は四鏡の最後を飾るもので、一三三八年から七六年の成立とされる。すでに室町期に入った時期の作品だが、老人からの聞き書きのかたちで、後鳥羽天皇の誕生から、後醍醐天皇の隠岐《おき》からの還幸《かんこう》までを描く。鏡物語の趣向を受け継ぎつつ、まさに中世期のただなかの貴族社会の内側の追憶となっている。

2 『愚管抄』と『平家物語』

†王法と仏法

『愚管抄《ぐかんしよう》』は鏡物語とは明らかに一線を画す、自覚化された歴史意識の書であり哲学的考察の書でもある。後世に「道理物語」と称されたのも故がある。歴史学でも、重要な史料としての価値を認められてきたが、ここでは、この作品の思想的骨格を中心に見ておきたい。

著者慈円は、九条兼実《くじようかねざね》の実弟であり、三度にわたり天台の座主《ざす》を務めた実力者であった。貴族社会の内側にいながら、彼は源頼朝とも親しく、一説にはこの書によって、武力による鎌倉方への反乱を企てていた後鳥羽上皇を諫めようとしたとも言われる。その説によれば成立は承《じよう》久《きゆう》の乱（一二二一年〈承久三年〉）の直前、一二二〇年とされる。

慈円は幼少にして両親を亡くし、兄の九条兼実《くじようかねざね》を親代わりとして宗教界に入った。折しも延暦寺は学僧と堂衆《どうしゆ》との対立の深刻化したときであるが、千日入堂の行を成就させるなど修行に励み、一時は隠棲（出家すること自体、隠棲と言えるが、中世期は出家したあとさらに隠棲するという形態をとることで、より純粋な仏法の修行に専念することが一つのかたちであった。寺院自体の世俗化が背景にあろう）の意志を固めたこともあった。しかし鎌倉政権の誕生は、もともと源頼朝と親しい関係にあった九条兼実を政治の表舞台に立たせることになる。一方慈円も天台座主となり後鳥羽院の護持僧《ごじそう》を務め、政治（王法《おうぼう》＝現実の政治秩序。王法・仏法と対にして使われる）に深く関与することとなる。

「武者《むさ》の世」の到来を歴史の必然と捉え、公武の宥和を唱える『愚管抄』の見方は、こうした一門のあり方とも関わった。慈円はこの書を反幕勢力の中心にいた後鳥羽上皇の翻意を願って書いたともされるが、王法と仏法との究極の一致を信じつつ、政治への積極的な関与と、仏法の静寂さとの狭間こそ、この書に示された思索の根源の場所であったと言える。

『愚管抄』を慈円はあえて口語や俗語、直接話法を交え、しかも「真名ノ文字」（漢字漢文）でなく「偏《ひとえ》ニ仮名ニテ」書いたという。それは漢籍に通じる者たちが日本の歴史に無知なことを思い、仮名こそ「ヤマトコトバノ本體」であること、僧俗貴賤を問わず心得て欲しい「国ノ風俗」の変遷を書くにふさわしい文体だからという（巻二末尾）。この書きぶりは卑近滑稽に見えるだろうが、生々しい歴史を描くためにとった方法であること、もし必要があるなら、他の内外典の原典に当たってみてほしいとも言う。このような方法的にきわめて自覚的な叙述であるからこそ、国風文化の残照のなかで、新たな時代の息吹をも描き切った思想作品となったと言えるだろう。

『愚管抄』七巻は、内容から三部に分かれる。巻一・巻二は皇帝年代記、巻三から巻六までが神武天皇から承久の乱直前までの歴史叙述、そして巻七の経世論及び歴史哲学的部分である。

三巻から六巻までが具体的歴史叙述だが、その大半が「日本国ノ乱逆《ランゲキ》」の始まりである「保元ノ乱」以後に費やされる。乱の前年に生まれた慈円にとって、その時代はまさに末法の時代であった。先行する歴史叙述の作品は、「ヨキ事」だけを記述していると見る慈円は、時運の下降を示す諸々の「悪シキ事」にも密着しつつ時代を描いていく。事実への密着はしかし、滅びへの共感的な没入ではない。なぜなら慈円の見るところ、悪しき事々の生起のうちにもなお、再び世を隆盛に向かわしめる道理が顕わに存在するからである。そのためにも歴史の始源から正しく見ていかねばならない。

†事にあらわれる道理

慈円は著述に先立って、両三度にわたり奇夢を見たという。その体験を通して歴史への思索がより深まった。摂関体制の栄華を描く『大鏡』などの歴史物語が、見果てぬ夢の追求であったとするなら、『愚管抄』は夢見によって、幻想を持たずに生々しい現実に目を向けたと言える。いかに混乱し錯綜していても、事実は確かな意味をもっている。それを慈円は「事の道理」「物の道理」と表現する。これは事が理と相即するという天台教学からの見解であり、天台事理論の応用哲学とも言えよう。巻三の冒頭を見ておこう。

慈円は「年ニソヘ日ニソヘテハ、物ノ道理ヲノミ思《おもひ》ツヾケテ、老ノネザメヲモナグサメツヽ、イトヾ、年モカタブキマカルマヽニ、世中《よのなか》モヒサシクミテ侍レバ、昔ヨリウツリマカル道理モアハレニオボエテ」と、執筆の意図を明らかにする。神武以降「百王」（末法思想と相まって広まった、百王で国が滅ぶという見方）までと言われる歴史が「スデニノコリスクナク、八十四代ニモ成リニケルナカ」で「保元ノ乱」が生じたこと、この間の歴史を描いたものは「世継ガモノガタリ」（『大鏡』）などがあるがそれも書き継がれていないこと、いくらかはあると聞くが未見であること、しかしそれらはみな「タヾヨキ事ヲノミシルサン」としたものであり、「保元以後ノコトハミナ乱世」であるから「ワロキ事ニテノミアランズルヲハバカリテ、人モ申《まうし》ヲカヌニヤ」と考えられるとし、慈円自身は「世ノウツリカハリオトロヘクダルコトハリ、ヒトスヂヲ申サバヤト」考え続けてきたが、考えたことがまことにもっともだとのみ思われたので、「コレヲ思《おもひ》ツヾクル心ヲモヤスメント」書き付けることにしたというのである。

『愚管抄』の思想的骨格をつくっているのはその理法観である。慈円は「道理」という用語を駆使する。道理という語は百三十八回使われている。後世に「道理物語」と称されたゆえんである。本来仏教語である道理は、中世には一種の流行語であった。『大鏡』には「いみじき非《ひ》道事《どうのこと》も山階寺《やましなでら》にかかりぬれば、又ともかくも人ものいはず山階道理とつけておきつ」という用法があるが、私的集団の慣習（外部から見ればその押しつけであるが）という性格をもつ。武家法である『貞永式目《じょうえいしきもく》』も道理を使用するが、それは武家集団の習俗、慣習の規範化と言ってよい。中世的世界の諸集団の対立抗争と、それを調停する役割を果たす「道理」のあり方をうかがわせる。

『愚管抄』の「道理」は、歴史の経過のうちに漸次生起する多様な事実とともに現れ、事に即して多様な意味をもつ道理群として描かれる。これらの道理は確かな歴史的連続性を持ち、しかし新しい事態に沿って具体的内容を作り替えていく。現実の公家と幕府の協調も、道理の変容の範囲内のことである。すなわち、武内宿禰《たけうちのすくね》が最初に大臣に就任したことが「臣下イデクベキ道理」の始まりであり、その後藤原鎌足の天皇補佐の事実によって、鎌足の子孫が後見することが定まり、さらに藤原良房《よしふさ》の摂政就任が「藤原北家《ほっけ》」が摂政となる道理の現れとするなどである。このように道理が、摂関体制を追認する道理となっていることは否めない。

しかしまたその道理は、武士が出てきた以上は、公家と武士との協調を正当化する道理へと姿を変える。「武士ガ世」を慈円が認知するのも、武士が摂関に協力して天皇を補佐する「今」にふさわしい道理と捉えられるからである。対立する利害のなかであくまでも「オホヤケ道理」を追求する姿勢に、自己の出自をも相対化する『愚管抄』の特質がある。歴史は善悪交々《こもごも》のことを生起させ、しかも次第に悪を増大させてきたが、他方、よき道理に導かれた人間の事蹟も厳然とある。

†歴史下降の必然と超越的存在

ところで『愚管抄』では、歴史事実にあらわれた「事ノ道理」とは異質な、人為を超えた歴史の必然をも道理と呼ぶ。それは「劫初劫末《こうしよこうまつ》ノ道理」と言われ、この仏教の四劫《しこう》観という時間の意識を背景にした道理によって、歴史は「中間《ちゅうげん》」の興亡の循環を経つつ、全体として下りゆくものとされる。この長大な宇宙規模の時間系の生成と壊滅と比べれば、正法から末法の時代は、生成と壊滅のサイクルのなかのほんの一時の下降の局面と言ってよい。こうして末法意識は『愚管抄』では、壮大な宇宙的時間のなかの「中間」のときの問題として相対化され、克服されるべきものとしている。

また『愚管抄』では歴史に関わる超越的存在を「冥衆《みょうしゅ》」と表現する。「事ノ道理」が人間に示されるのもこの冥衆が、権化《ごんげ》（たとえば聖徳太子）として人間のかたちをとって歴史のなかで道理（冥ノ道理）を教えるからである。しかし、この冥衆も「劫初劫末ノ時運」に抗しては「利生」をもたらすことはできない。あくまでも「善ニ帰セン」とする人間の倫理的営為があってのみ、その「利生《りしょう》」は有効になる。

> 大方上下ノ人ノ運命モ三世《さんぜ》（過去・現在・未来）ノ時運モ、法爾自然《ほうにじねん》ニ移リユク事ナレバ、イミジクカヤウニ思ヒアハスルモ、イハレズト思フ人モアルベケレド、三世ニ因果ノ道理ト云物ヲヒシトオキツレバ、ソノ道理ト法爾ノ時運トノモトヨリヒシトツクリ合セシメテ、ナガレクダリモエノボル事ニテ侍《はべる》ナリ　（巻五）

なお「冥ノ道理」を支える冥衆の本体は、仏よりも神（「宗廟社稷《そうびょうしゃしょく》ノ神」）が優位であると見なせるところも『愚管抄』で考えるべきことである。慈円の歌「まことには神そ仏のみちしるべ、跡を垂《た》るとはなにゆゑぞいふ」（『拾玉集』）は、この国の制度的な骨格は神がつくったこと（神こそが仏のみちしるべであること）、仏はその制度を守ろうとする存在である、という彼の日本の歴史の見方とつながっている。本地垂迹《ほんじすいじゃく》という視点から見れば、いわゆる反本地垂迹的な歴史観、理法観をもっていたことがうかがわれる。

†中世人としての慈円

慈円は、後鳥羽院とは祈禱や和歌を通じて密接な関係にあった。自身も歌人として『千載《せんざい》集《しゅう》』『新古今集』に多数入集している。また親鸞は慈円のもとで出家しており、『徒然草』は、『平家物語』の作者とされる信濃前司《しなののぜんじ》行長《ゆきなが》を援助していたのが慈円であったと伝える。

また法然《ほうねん》は、慈円の兄、九条兼実の請いで『選択本願念仏集《せんちゃくほんがんねんぶつしゅう》』を書いた。その兄の念仏への傾斜について、『愚管抄』は何も触れない。慈円は一方で、武士という新たな人間像には共感的である。東大寺の再建なった折の行事に参列した頼朝の武士たちが、風雨のなか、主人を待つ姿を感動的に描いている。中世人・慈円の姿勢を感じさせる。

†平家物語――諸行無常

前節で、『平家物語』が信濃前司行長なるものの手になるものだと『徒然草』が伝えていたことに触れた。しかし現在では、これは定説ではない。作者は未詳である。源平の合戦の直後から記録伝承が次第に生まれ、琵琶法師によってつくり上げ練り上げられたものと考えるのが妥当であろう。伝本についてもいくつかあり、それは語り本と読み本の二系列に分けられるなど、諸系統がある。原型がどのようなものであったかはなお明確でない。『平家物語』はいわゆる「軍記物」と言われる系列に属する。『保元《ほうげん》物語』『平治物語』『承久記《じようきゆうき》』そして室町期の『太平記』などの系列に入る。

『平家物語』は、保元の乱などを通じて台頭した平家一門が、その絶頂から、ついに都落ちし、最後は壇ノ浦にて源氏によって滅亡するまでの物語である。冒頭はあまりにも有名である。

祇園精舎《ぎおんしようじや》の鐘の声、諸行無常《しよぎようむじよう》の響あり。沙羅双樹《さらそうじゆ》の花の色、盛者必衰《じようしやひつすい》の理《ことわり》を顕はす。奢れる者久しからず、ただ春の夜の夢の如し。猛《たけ》き人も遂には滅びぬ。偏《ひとえ》に風の前の塵に同じ。

……

この一節からも、いわゆる無常観の表現として知られるが、『平家物語』の無常は、戦闘者たる武士がその運命をどのように受け止めたかと関わっている。それは貴族世界の「宿世《すくせ》」という自らの人生の限界性や儚さへの捉え方とは異なり、身に迫る事柄を、敗北であれ、死であれ、正面から受け止める姿勢である。

この物語には怨親《おんしん》平等の思想が流れていると言われる。確かに、どの人物の描き方にもその栄華と没落を「あはれ」と受け止める主調が流れている。これは、琵琶法師によって広く民衆に受け止められたときの受け手の情の反映でもあろう。「灌頂巻《かんじようかん》」では平家の生き残った女院(清盛の娘徳子。建礼門院)が平家一門の菩提を弔い、自らも成仏する姿を描く。『平家物語』そのものが、鎮魂の物語であった。これは思想史を流れる、敗者に向ける思想の一つのあらわれでもある。

3 『神皇正統記』——正理と歴史

†神国日本

「大日本《おほやまと》は神国《かみのくに》なり」という一文で書き始められる『神皇正統記《じんのうしようとうき》』(以下『正統記』)は、皇位の継承が天照太神《あまてらすおおみかみ》の定めの通り、天皇家「一種姓《いちしゆしよう》」のなかでのみおこなわれてきたという「正統《しようとう》」の観念、また皇位が、まま傍流に伝わることがあっても結局は有徳の皇族に継がれてきたという「正理《しょうり》」の観念を、神代からの日本の歴史のなかから導き出す。南北朝の対立のなかで、南朝の後村上天皇の正統性を説き、読む者に南朝への忠誠を喚起させようとしたこの書は、『新葉和歌集』とともに南朝・吉野朝の産み落とした王朝文化の最後の残照とも言える。

著者北畠親房《きたばたけちかふさ》は一二九三年、北畠師重《もろしげ》の子として生まれた。後醍醐天皇の信任あつく、世良《よよし》親王の養育を任せられたが、親王が亡くなり、三十八歳で出家した。倒幕計画が漏れ、後醍醐天皇が隠岐に流されるのはその翌年のことであった。後醍醐が帰京し、建武の中興の際は、出家の姿のまま馳せ参じ、義良《のりよし》親王を奉じ、陸奥へ向かい東国の経営を図った。この間に『正統記』を書き上げたという。

いくつかの伝本の奥書や前書に、「或る童蒙《どうもう》（子供）」に示すために書いたという一節がある。童蒙とは、十二歳で即位した後村上とも、親房が東国で南朝への荷担を説得していた結城親朝《ゆうきちかとも》であるとも言われる。対象が誰であれ広範な読者を獲得したことは確かで、そのなかには北朝の人々もいた。本文の加筆・削除・変更などを加えられた伝本の存在がそれを示している。『続神皇正統記』はその一例である。

蒙古襲来という対外危機は、神国日本という観念を中世世界のなかで展開させた。冒頭の一節は、その時代思潮と深く関わるが、『神皇正統記』の特徴は、神話を、連綿と続く皇位継承に連続させることである。日本が神国たるのは天祖《あまつみおや》たる国常立尊《くにのとこたちのみこと》が基を開き、ついで天照太神が自らの子孫に統を伝えることを定めたのに由来する。したがって、神から人皇に至る皇位継承が、「一種姓」のうちに限られ乱れることがなく、それゆえ当時の普遍世界である唐土《もろこし》、天竺に優位する神の国であるとする。

後醍醐の薨去《こうきょ》の報に接した際の親房の切々とした描写はよく知られるが、こうした天皇との篤い情誼《じょうぎ》は、それを継ぐ後村上天皇の正統性の訴えにつながる。だが一種姓の内に皇位継承があったことが正統性の根拠なら、それは南朝に限らず北朝にも当たる。『正統記』の正統とは「一種姓の中においてもおのづから傍より伝給しすら猶正にかへる道」があることで支えられる。その歴史叙述は、一時の運で皇位を継承した傍流と、皇位継承の正しき流れを弁別することにある。

†正統と正理

正統とは単に血統の連綿性という事実によるだけではない。「不徳の子孫」が祖先の功績を無にし、断絶するのもまた歴史の理である。「我国は王種のかはることはなけれども、政みだれぬれば暦数ひさしからず」というように、正統性は「民のうれへ」を安んずる帝徳の有無をもう一つの原理とする。このように正理とは、皇位が結局は有徳の皇族に継承されてきたという認定と深く関わることとなる。

「天地の始は今日を始とす」とは『正統記』のなかの一節である。『正統記』の正統性の論理を突きつめると現に皇位継承が正統かどうかは、当事者によってではなく、後世に判断を仰ぐしかないこととなる。『正統記』はその論理的な陥穽を、現在このときの倫理性に転化させることで乗り越えようとする。

「世に現在し給へ」る三種の神器、鏡・玉・剣のそれぞれは、正直・慈悲・知恵の徳の本源とされるが、そのさらに究極的な徳は、心に一物も蓄えない無私性にある。「天地あり、君臣あり、善悪の報影の如」くあるという歴史の意識も、未来に向けての実践のなかでは、状況への無私なる関わりへと飛躍する。

†後世への影響

『愚管抄』と同じく、『正統記』には時代の下降意識が表現されている。光孝《こうこう》天皇より後を「中古」と見て、今や末代であると見る下降史観は、藤原氏による摂関体制の崩壊に対応している。その意味でも国風文化の残映的作品である。だがそのなかにも、新しい時代への確かなまなざしが存在する。男は農業に従事し、女子は紡績に従事し、自己のため人のためになることが「人倫の大本《おおもと》」であると説くような生活・風俗へのまなざしは、むしろ近世的ですらある。

神話世界に遡及しながら、伊勢神道にも通じ、近世的なものに向けて中世歴史思想を解き放っていった作品と言える。また、中世の仏教世界の精神性が、緩やかに神道的な現世性に転換していく期の作品とも言える。

作品を通じて、著者の品位ある孤高の姿勢は印象深い。だがある種のきわめて深い事実を掘り起こしたことで、本書は政治的正統論の基となった。よって後世への影響は深い。一方、『愚管抄』はその骨組みがきわめて仏教的であり、中世以後思想的な後継者をもてずに終わった。近世では悲《ひ》憤慷慨《ふんこうがい》の書か、あるいは経世論として読まれる。その歴史哲学的な側面に改めて注目が集まったのは、近代になってからであった。

それに対して『神皇正統記』は大きな影響をもった。近世、水戸藩での『大日本史』編纂の中で高く評価され、それを契機に神典の扱いを受ける。山鹿《やまが》素《そ》行《こう》、頼山陽《らいさんよう》、新井白石らの儒者、歴史家はもちろん、その他にもたびたび引照された。明治以降は教科書に使われ、天皇制国家の思想として利用された。だがこうした見方が『正統記』を必ずしも正しく理解したものでないことは、国家主義宣揚の側の手によってすら改竄されたことで明らかである。

なお、以上見たほか、中世の歴史書としては、神武天皇から堀河天皇までを、仏教関係の事柄を中心に編年体（漢文）で記した『扶《ふ》桑略記《そうりやつき》』（皇円《こうえん》、平安末期）、歴史物語としては『太平記』（一三七一頃、作者不詳）などがある。『太平記』は南北朝の争乱を和漢混交文で描く軍記物である。室町期から、講釈師（太平記読《よみ》）によって節をつけて朗読された。江戸時代初期にも民間で盛んとなった。

次に多くの歴史書、史論が書かれるのは江戸時代である。『読史余論《とくしよろん》』(一七一二、新井白石)、『大勢三転考《たいせいさんてんこう》』(一八四八、伊達千広《だてちひろ》)など、武家の立場からのこれらの作品は、中世のものと多くの点で異なった時代区分と立場をとって歴史を描いている。

†伊勢神道

なお、『神皇正統記』の思想的背景に、鎌倉期に形成され南北朝期に大成された伊勢神道がある。奈良時代の神宮寺や神前納経は、神を仏教の救済の対象と見るものであった。平安時代に、仏や菩薩が仮の姿をとって日本に神として出現したという神仏習合のかたち(本地垂迹説)があらわれる。「権現《ごんげん》」とは仏・菩薩が権《かり》に現れたという意味である。こうして次第に個々の仏と神との対応関係ができた。たとえば天照大神が大日如来の垂迹とされるなどである。武士に広く信仰された八幡神《やはたのかみ》は、もと応神天皇の垂迹とされるが、中世では、本地を阿弥陀仏、あるいは釈迦仏と見るようになる。

平安時代にすでに、神道を仏教理論で理論づける山王《さんのう》神道(天台)、いわゆる両部《りょうぶ》神道(真言)が現れ、鎌倉時代にいっそう広まった。

伊勢神道は、密教の理論で神祇を位置づける両部神道に拠りながら、伊勢神宮の外宮《げぐう》の神官

（禰宜《ねぎ》）度会《わたらい》氏が、天照大神を祀る内宮《ないぐう》に対して豊受《とようけ》大神を祀る外宮の地位を高めようとして唱えた。内宮を胎蔵界、外宮を金剛界と見て、陰陽五行説《いんようごぎょうせつ》によって、外宮を水徳の神、内宮の天照大神を日すなわち火の徳とし、水徳の火徳への優位を説くことなどに、その意図があらわれている。伊勢神道は、神を本地、仏を垂迹と見る反本地垂迹的傾向をもつ。伊勢両宮のうち外宮（豊受大神宮《だいじんぐう》）は祭神が食物・生産を司る神であるので、農耕・生産の守護神であることを強調する。度会《わたらい》神道、外宮神道とも言う。

伊勢神道の理論が依拠するのは、いわゆる「神道五部書」と言われる一群の書物である。すなわち『天照坐伊勢二所皇太神宮御鎮座次第記《あまてらしますいせにしょこうたいじんぐうごちんざしだいき》』『伊勢二所皇太神御鎮座伝記《いせにしょこうたいじんごちんざでんき》』『豊受皇太神御鎮座本紀《とようけこうたいじんごちんざほんぎ》』『造伊勢二所太神宮宝基本記《ぞういせにしょだいじんぐうほうきほんぎ》』『倭姫命世記《やまとひめのみことせいき》』（『倭姫命世記』は江戸初期には伊勢神宮で一旦失われるが、一六六九年に伊勢神道中興の祖、度会延佳《わたらいのぶよし》によって見出された）である。鎌倉初期から鎌倉中期までに成立し、古代の書として仮託された書（偽書）であるが、これらは伊勢神道の経典とされた。伊勢神宮や祭神の由来、祭祀・禁忌などが説かれている。これら創作された経典と理論を通して、伊勢神道は、「心は即ち神明の舎《みあらか》」とし、「正直」の重要性を説くなど、神道の内面化を進めた。大成者度会家行《わたらいいえゆき》（一二五六?〜一三五一?）は北畠親房と親交があった。

なお南北朝期には天台宗の慈遍《じへん》（生年等不詳。卜部《うらべ》家の出で兼好法師の兄弟と言われる）が、本覚思想、陰陽五行説によって開闢と神祇《じんぎ》を説くことで、伊勢神道を理論化し、反本地垂迹説を展開した（『旧事本紀玄義《くじほんぎげんぎ》』など）。これらの神道は室町末期に吉田神道に引き継がれていった。

4 浄土教と鎌倉仏教の思想

†鎌倉の新仏教――浄土信仰と法然

平安末期から鎌倉時代、時あたかも末法の時代の意識が広まり、僧院すら闘争に関わるという時代において、天台の修行僧のなかから、仏法のあるべき姿を思索し、教化に尽くす仏教者たちが輩出した。

以下では念仏・禅・題目という余計な飾りを切り捨てた行を中心とする仏教の新しい動向と、その背景となる祖師たちの思想を見ていく。

平安時代の浄土信仰の隆盛は、宗教的には末法の到来、政治的には源平の争乱という時代を経てますます盛んになった。

仏教の特徴として、大乗の僧は自らの信を求めて思索するとともに、同時に菩薩僧として世のため人のための教化に力を尽くすことを本分とする。鎌倉仏教の祖師たちの姿はまさにその菩薩僧のそれである。

浄土信仰・浄土思想は、一〇五二年（永承七）に末法の世が到来するという説（入末法説）により、そして、時を同じくして始まる社会的な動揺とあいまって、末法の人間の機根のありようへの不信をもとに急速に広まった。鎌倉仏教という一群のいわば宗教上の改革は、まずは浄土思想から始まる。

鎌倉仏教の口火を切ったのは法然《ほうねん》（一一三三～一二一二）であった。美作《みまさか》（岡山県）の生まれで、九歳のとき父を夜盗に殺される。瀕死の父は仇討ちは無意味であると説いたという。十三歳で比叡山にのぼり、十五歳で出家した。十八歳のとき、黒谷《くろだに》の叡空《えいくう》の弟子となり、法然坊源空《ほうねんぼうげんくう》と名を変える。その後南都その他を訪ね、仏法の真髄を探し求めた。二十年近い彷徨ののち、四十三歳のとき、善導《ぜんどう》の『観無量寿経疏《しょ》』にある「一心名号阿弥陀名号」の文により悟り、専修《せんじゅ》念仏に帰依した。その後東山の吉水《よしみず》に拠を置き、貴賤に浄土念仏を説いた。

†『選択本願念仏集』

九条兼実の請いを受けて書いたとされる、法然の『選択本願念仏集《せんちゃくほんがんねんぶつしゅう》』（一一九八、真宗系では「せんじゃく」と読み慣わす）は、もともと日本仏教の持っていた、様々な立場を比較考量しつつ一つを選び取る〈選択《せんちゃく》〉という姿勢と、他方で他の立場をも捨てず受容し、自らのなかに包摂するという姿勢とが二つながらに共存し得るという傾向のなかでは、純粋性を求める運動として稀有なものである。中国仏教に由来する「教相判釈《きょうそうはんじゃく》」(多数の大小乗経典の内容、成立時を弁別し経典の価値づけをすること)は、自らの依拠する経典・信の立場の他宗に対する優位を説くが、また異なる立場も摂して棄てないという融通性をもっていた。そうした伝統のなかで法然の取った立場は、むしろ旧仏教を端的に切り捨てる明確なものであった。他の鎌倉仏教の祖師たちにも共通するが、簡明直截な姿勢は、武士の世という新たな人間像の立ちあらわれてきた時代の反映とも言えるだろう。

法然自身は、天台宗の枠を超えて新たな宗派形成のもくろみをもっていたわけではない。しかし念仏が、末法思想もあいまって、天台だけでなく三論宗などの奈良の仏教にまで及んでいたという情勢のなかで、兼学や併修としてでなく、純粋に念仏に専念するように説くことで、新たな仏教のあり方を明確に打ち出した。

『選択本願念仏集』冒頭で「南無阿弥陀仏　往生の業には念仏を先とす」と一句を掲げる。以下、内外の経典を配し、「当今は末法、現にこれ五濁悪世《ごじょくあくせ》」であり、かく末法のときには浄土信仰でしか悟りに入れないとし、「選択」によって仏法の教えの諸系列から、阿弥陀信仰を選び取り、称名《しょうみょう》念仏にすべてをかける信仰を純粋に選び取る次第を述べるものである。

†称名念仏という行

以下、法然は、中国の道綽《どうしやく》禅師の『安楽集』に依りながら論を進める。道綽は隋唐の時代の僧で、浄土教の祖師である。はじめ禅に帰依するが、六〇九年曇鸞《どんらん》（北魏から北斉時代の僧。浄土五祖の第一とされる。『浄土論註』がある）の碑文を見て、浄土教に回心した。

法然は問う。一切衆生は仏性をもつのに、今なお迷いを出ないのはなぜか。そして、聖道と往生浄土の二つの道のうち聖道が「今の時、証し難し」とする一文を受け、「当今は末法、現にこれ五濁悪世《ごじよくあくせ》」の今は浄土信仰でしか、悟りに入れないときであるという。「選択」によって教えの系列から、阿弥陀信仰をとり、称名念仏にすべてをかける信仰を純粋に選び取るのである。

大乗小乗の区別から始め、法相宗（現象と本体を肯定する）・三論宗（現象界・本体界を空と見る）・華厳宗（一乗の立場を取り、一即一切の教義に立つ）・天台宗（円教と自らを位置づけ包摂的な教えを説く）・真言宗（顕密を総合する）の諸宗派、中国の達磨宗《だるましゆう》（禅）を批判的に振り返り、道綽禅師の浄土宗こそが、これら聖道門と浄土門の「一切を摂す」完全な教えであるとする。往生浄土門は三経と一論を中心とする。それは『無量寿経』『観無量寿経』『阿弥陀経』のいわゆる浄土三部経、一論とは天親《てんじん》（世親《せしん》とも。ガンダーラ地方のひと。四〇〇頃〜四八〇。ヴァスバンドゥの漢語訳名。最初小乗仏教に拠ったが大乗にかわり唯識思想を確立した）の『往生論』である。法然の「選択」は図のように表せる。

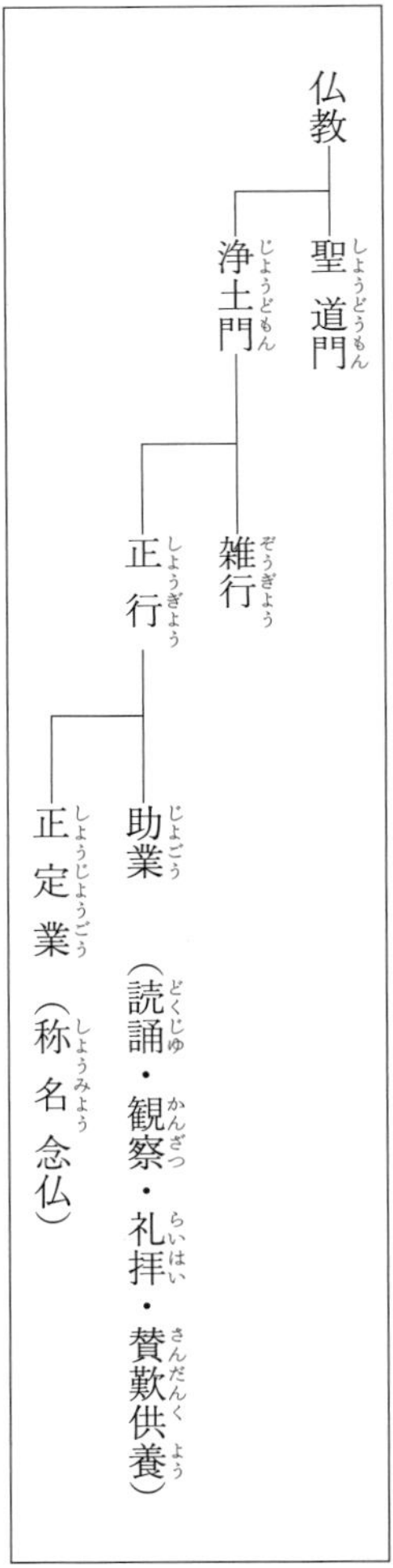

聖道門ではなく、浄土門をとり、雑行《ぞうぎょう》を捨て、正行《しょうぎょう》、それも助業《じょごう》は捨て、正定業《しょうじょうごう》である称名念仏をとらねばならない、というのが法然の提示する「選択」であった。

『観無量寿経』から法然は「三心」を引き強調する。衆生が浄土に生まれたいのなら、三種類の心を発する必要がある。至誠心《しじょうしん》（真実の心）、深心《じんしん》（深く信じる心）、廻向発願心《えこうほつがんしん》（成し遂げた善行すべてを振り向けて往生を願う心）の三つである。

諸仏にはそれぞれ願があるが、阿弥陀仏が法蔵菩薩であったときに世自在王仏《せじざいおうぶつ》に向かって立てた四十八の願には、とりわけ深い意味があるとするのが浄土教の理解である。法蔵は才徳があり、意志は強く聡明であった。法蔵は世自在王仏の示された国土を知り、願を発したのである。それはたとえば「(世尊よ)たとえ私が仏になることができたとしても、私の仏国土(浄土)に地獄界・餓鬼界・畜生界におちいる者があるようなら、私は正覚《しょうがく》(完全な悟り・仏となること)を得ることがありませんように」(第一願)というようなかたちで示される四十八の願である。願のなかでも第十八願が重要とされる。いろいろな国土に迎えられるには布施や持戒や精進や禅定《ぜんじょう》をその条件とするが、阿弥陀は、十八願によって、念仏のみを選び取られたことを鮮明にしているからである。

たとひ我仏《われぶつ》を得たらむに、十方《じっぽう》の衆生、心を至し信楽《しんぎょう》して、我が国に生ぜむと欲して、ないし十念せむに、もし生ぜずといはば正覚を取らじ。

(〔世尊よ〕もし私が仏となることができたとき、生を受けたすべての人が真心から信じ喜び私の国に生まれたいとのぞんで、ないし〔法然は一生涯の意に解する〕十遍でも念仏したのに、もし浄土に生まれることがないなら私は正覚を得ることがありませんよう。)

前節で見た源信では、阿弥陀仏の世界を観想する観仏が主であった。法然では、名号を口で唱えること、すなわち称名念仏こそが行の中心となる。「選択」とは、選び取るとともに、棄てることでもあると法然は言う。こうして法然によって、包摂的な立場を離れ、純粋で簡明な信のあり方を強く主張する鎌倉仏教が始まるのである。

†親鸞——絶対他力の信仰

親鸞（一一七三〜一二六二）は京都日野の中級貴族の子として生まれた。九歳で比叡山に入り、堂僧として二〇年近くを過ごした。二十九歳のとき、山を降り、六角堂にこもり聖徳太子の夢告を得て、当時京都東山で布教をしていた法然の門に入る。夢告については、「聖徳太子の文」を唱えると観音が現れ、「行者、宿報ありて設《も》し女犯せば、我、玉女の身と成りて犯ぜられむ。一生の間、能く荘厳して、臨終に引導して極楽に生ぜしむ」と伝えられているのを指すとする見解などがある。

その後の活動は必ずしもはっきりしないが、度重なる旧仏教側からの念仏停止の訴えと迫害のなか、ついにある事件をきっかけに、後鳥羽上皇の怒りを買い、法然の二人の弟子は死罪となり、法然をはじめ四人が流罪となる。法然は土佐へ、親鸞は越後へと流されることとなった。勅許後も越後に留まっていたが、その後常陸（茨城）に移り、布教を続けた。一二三五年頃、京都に帰る。主著『教行信証《きょうぎょうしんしょう》』はその時期の著作である。越後の時期に妻帯するなど、「愚《ぐ》禿《とく》」と名乗り、在家の仏者として新しい仏教のかたちを拓いた。

親鸞の名前を現代に私たちが知っているのは、その言行録『歎異抄《たんにしょう》』によるところが大きい。これは近代まで秘本の扱いを受けていたものであり、それだけで親鸞の全貌を知ることは無理だが、日本思想史上重要な書となっている。『教行信証』が親鸞の主著であるが、しかし内在的な論理では『歎異抄』と『教行信証』はよく通じた面があり、その意味での思想史的意味はいささかも減じることがない。

†悪人正機説

『歎異抄』は唯円《ゆいえん》という弟子の筆記したものとされる。『歎異抄』を名高いものとしているのは、いわゆる悪人正機《しょうき》説である。

「善人なほもて往生をとぐ、いはんや悪人をや。しかるを、世のひとつねにいはく、悪人なほ往生す。いかんにいはんや善人をや、と。この条、一旦そのいはれあるににたれども、本《ほん》願他力《がんたりき》の意趣にそむけり。そのゆへは、自力作善の人は、ひとへに他力をたのむこゝろかけたるあひだ、弥陀の本願にあらず。しかれども、自分のこゝろをひるがへして、他力をたのみたてまつれば、真実報土《しんじつほうど》の往生をとぐるなり。煩悩具足《ぼんのうぐそく》のわれらは、いづれの行にても生死をはなるゝことあるべからざるを哀《あはれみ》たまひて、願をおこしたまふ本意、悪人成仏のためなれば、他力をたのみたてまつる悪人、もとも往生の正因《しょういん》なり。よりて善人だにこそ往生すれ、まして悪人は」、と仰さふらひき。

(『歎異抄』第三章)

常識に反する言をその信仰のすべてをぶつけるように親鸞は説明したと描かれる。親鸞によれば、阿弥陀の願は、その他の道では往生の種さえ得られない、煩悩に浸され、徹底的に無力で限界に閉ざされた我々衆生のためであった。少々の自力性を残し、自らを救えるという自信をもつ者とは本来無縁の願であった。善人とは、少しでも自力性を誇りうる質をもった人間である。だとすれば、その可能性をいささかももたない悪人こそ、弥陀の本願にかなうのである。

念仏こそ、こうした人間を往生に導く唯一の道であった。しかし親鸞によれば、その念仏さえ、こちらからの行為ではない。「念仏は行者のために非行非善《ひぎょうひぜん》なり。我はからひにて行ずるにあらざれば、非行といふ」というものであり、あるいは「我はからひにてつくる善にもあらざれば、非善といふ」とする。なぜならひとえに「他力」による、すなわち阿弥陀のなす業であり力によることであるから「非行非善」なのだ、と言う(第八章)。

親鸞の「地獄も一定《いちじょう》(たしかに)すみかぞかし」という罪業の深さへの自覚は、念仏すら阿弥陀という広大な力から催されるものであるという絶対他力の思想に昇華する。自分は弟子を一人も持たない、あるいは、父母の回向に念仏したことはない、といった『歎異抄』の思想はそこに連なる。自己の無力は他者救済の無力でもある。このことは、聖道（浄土以外の仏道）の慈悲を浄土の慈悲と比較した第四章に述べられる。すなわち、聖道は慈悲によってものをあわれみ育くむ、と教える。しかし苦難にある他者を、現実に思う通りにすくい取ることはほとんどありえない。対して浄土の慈悲は、急いで仏となり、そのうえで大慈大悲により思う通り衆生を救済することだという。貫徹しない生中《なまなか》の慈悲と比べ、念仏こそ、一貫した大慈大悲心なのであるとする。

†往相の廻向・還相の廻向

『教行信証』（原漢文）では、さらに深められた親鸞の信仰のあり方を見ることができる。『教行信証』はその題の通り、内外の浄土教典や論を引用しつつ、教・行・信・証（さとり）のそれぞれを説き及んだものである。教巻冒頭に「謹んで浄土真宗を按ずるに、二種の廻向《えこう》あり。一つには往相《おうそう》、二つには還相《げんそう》なり。往相の廻向について真実の教行信証あり」とある。すなわち本書は、衆生救済の願いをもち、ともどもに阿弥陀如来の浄土への往生を願うこと＝往相の廻向を弁証するものであるという。曇鸞の『往生論註』の議論にある、廻向の二種の議論を下敷きに詳細に論じている。

親鸞は阿弥陀経の四十八願《しじゆうはちがん》を独特に解釈する。これは十八願をもってその精髄と見た法然の理論をさらに展開したものであり、そこには親鸞の「三願転入《さんがんてんにゅう》」と言われる信仰体験が描かれる。三願とは、十八願、十九願、二十願のことである。すでに掲げた十八願を除いて、次に示しておく。

〈第十九願〉

たとひ、われ仏となるをえんとき、十方の衆生、菩提心を発《おこ》し、もろもろの功徳《くどく》を修め、至心に願を発し、わが国に生れんと欲せば、寿《いのち》の終る時に臨みて、仮令《もし》、大衆《だいしゅ》とともに囲繞《いにょう》して、その人の前に現ぜずんば、正覚を取らじ。

(たとえ私がほとけとなることができたとしても、すべての衆生が、正しい悟りを得たいという心をおこし、もろもろの功徳を修し、心から願を立てて、私の国土(浄土)に生まれたいと願ったなら、臨終の時を迎えたとき、もしもすべての比丘衆《びくしゅう》とともに、取り囲んでその人の前に現れないなら、正覚は得ることがありませんよう)

〈第二十願〉

たとひ、われ仏となるをえんとき、十方の衆生、わが名号を聞きて、念をわが国に係《か》け、もろもろの徳本を植えて、至心に廻向《えこう》して、わが国に生れんと欲《おも》はんに、果遂《かすい》せずんば、正覚を取らじ。
(たとえ私がほとけとなることができたとき、すべての衆生が、私の名前を聞いて、思いを私の国土にかけ功徳を立て、心から功徳を仏にさし向け、私の国土に生まれたいと願ったのに、果たせなければ、私は、正覚を得ることがありませんよう)

親鸞によれば、第十九願は、なお自力の諸行をなす立場であり、第二十願は、諸行を離れ念仏を修するが、しかしなお自力の念仏に留まる段階である。そして、「たとひ我仏を得たらむに、十方の衆生、心を至し信楽して、我が国に生ぜむと欲して、ないし十念せむに、もし生ぜずといはば正覚を取らじ」という十八願にこそ自力を離れ、他力に帰依するという真実が示される(化身土巻《けしんどのまき》)。第十九願、第二十願による廻向は化土《けど》に往生することを説く。浄土の中には報土《ほうど》(行為の報いによって得られた浄土)と化土(衆生のため仮にあらわれた浄土)があるというのが、道綽・善導の理解であるが、源信・法然・親鸞もそう理解している。

この自力を捨てての本願への帰依を親鸞は「横超《おうちょう》」と呼び、「竪超《じゅちょう》」はすなわち自力の修行によってただちに仏となる教えとして、浄土真宗を横超とし、竪超を華厳・天台・真言などを指すとしている。

†絶対他力

晩年の親鸞の他力への帰依は、「自然法爾《じねんほうに》」の強調となる。それもありのままということではなく、「自然《じねん》といふは、自はおのづからといふ。行者のはからひにあらず、然といふはしからしむるといふことばなり。しからしむといふは行者のはからひにあらず。如来のちからにてあるがゆゑに法爾といふ」（『末燈鈔《まつとうしよう》』）というように、あくまでの阿弥陀の「はからひ」（他力）のありようであった。絶対他力と謂われるゆえんである。

親鸞は自らの信仰の根拠についてこう言う。「弥陀の本願まことにおはしまさば、釈尊の説教、虚言なるべからず」。釈尊の教えが本当なら、善導の御釈《おんしやく》も、法然の仰せも、そらごとであろうか。法然の仰せがまことなら、親鸞のいうことも嘘とは言えないのではないか、と自らの信心のありようを述べている。

法然は「一枚起請文《きしようもん》」で、自らの説く称名念仏を「もろこし我がてう（朝）に、もろ〳〵の智者達のさたし申さるゝ、観念の念にも非ず」と言い、自分は南無阿弥陀仏と疑いもたず声に出し往生を願うほかに、「別の子細候はず」と記している。鎌倉時代は、一方で神国思想が高まるときでもある。しかし浄土教に限らず鎌倉仏教の祖師たちは、軽々と国境を越え、真の仏法を求めていたことがわかる。

親鸞の思想は近代に入り、また評価が高まる。真宗の西洋哲学による近代的理解のみならず、たとえば哲学者三木清の親鸞への傾斜のように、知識人に及ぼし続けた影響は大きい。

なお浄土教の系列には、「称《とな》ふれば、仏もわれもなかりけり、南無阿弥陀仏南無阿弥陀仏」という言葉で名高い一遍(一二三九~一二八九)がいる。踊りながら念仏を唱える「踊り念仏」はあまりに熱狂的な運動ゆえ激しい非難を浴びるが、その後の芸能などに多くの影響を残すことになった。

†道元——修証一等

道元(一二〇〇~一二五三)は、その華麗な文体でよく知られる。主著『正法眼蔵《しょうぼうげんぞう》』(七十五巻本、十二巻本、六十巻本、その他がある。晩年まで改稿していたのは十二巻本。今日では十二巻本と重複しない七十五巻本と十二巻本とをセットとしてその真髄を理解しようとするが、異論もある)は難解な哲学的言語として名高い。

道元の父は内大臣久我通親《こがみちちか》、母は前摂政関白松殿基房《まつどのもとふさ》の娘であった。兄証空《しょうくう》は法然に師事している。三歳で父を亡くし、八歳で母を亡くす。一二一二年、比叡山で出家。のち天台を去り、建仁寺の栄西(日本の臨済宗の祖師)の法嗣、明全《みょうぜん》から大陸禅を学ぶ。一二二三年に入宋する。天童山の如浄《にょじょう》に出会い、そのもとで修行し、一二二五年「身心脱落《しんしんだつらく》」を体験し大悟したと伝えられる。修行の途上の道元を悩ませたことは人間がすべて仏の可能性をもつなら(「本来本仏性《ほんぶつしょう》、天然自性心《じしょうしん》」あるいは『涅槃経』の「一切衆生悉有仏性《しつうぶつしょう》」)、なぜさらに修行を必要とし悟りを求めるのか、ということであった。当時の天台宗は前に見たように本覚思想がはやり、人間は生来悟った存在であるという考え方をとっていた。

弟子建撕《けんぜい》による行状記『建撕記《けんぜいき》』に言う。「顕密の二教ともに談ず。『本来本仏性、天然自性心』と。もしかくのごとくならば、即ち三世の諸仏、なにに依つてか更に発心《ほっしん》して菩提を求むるや」。その答えを求めるうちに、禅の学問を究める必要に思い至った。栄西に学んだあと、一二二三年、宋に渡り曹洞禅を修めてくる。道元は弘法大師に憧れていたことを語っている。

その主著『正法眼蔵』は、仮名で書かれているが、その思想表現を、当代の中国語を利用して果たしたことには確かに共通点があろう。宋の時代は俗語が発達した時代であった。道元の文章にも、口語体の影響がある。また自身が意識していたかはともかく、中国語を配した文章が、ときに逆の意味をもつことがあることも指摘されている。それはまた、言語的に固定された常識的な世界の捉え方を、言語によって内側から破壊する意図によるものかもしれない。

物事は、何事かの意味をもつ。私たちはそのことを普段余り疑わない。道元の参禅はまさにものの固定した意味を覆し、固定的な世界を固定的に捉える私たちのあり方を、根底から揺さぶることを目指している。

しかし、それは、現前の現象を仮として排するものではない。道元の世界の捉え方は、むしろ現象世界をそのまま容認する天台の思想にも通じるものだという解釈さえ成り立つ。今ここに展開している現象世界を悟りの世界とし、それを「現成公案《げんじようこうあん》」と言っていると解せる（「現成公案」）。

時に仏者は、眼前の現実を仮象と断じ、真実はここにはないとする。道元は言う。「法性《ほつしよう》」（真如《しんによ》・不変の本性）が今の森羅万象《しんらばんしよう》ではないのだというのは邪計であると。しかしまた、森羅万象と「法性」が、「同異」であるか、「離即」であるかについては、それを超越しているのだと言うべきである。森羅万象が「法性」であるとは、「本覚」的思想とは異なることも確かで、現実肯定にはならない。『正法眼蔵』から、一例を挙げよう。

おほよそ山水をみること、種類にしたがひて不同あり。いはゆる水をみるに、瓔珞《ようらく》（玉や貴金属で編んだ首飾り）とみるものあり。しかあれども、瓔珞をみずとみるにはあらず、われらがなにとみるかたちを、かれが水とすらん。かれが瓔珞はわれ水とみる。水を妙華《みようか》とみるあり。しかあれど、花を水ともちゐるにはあらず。鬼は水をもて猛火とみる、膿血《のうけち》とみる。竜魚は宮殿《ぐうでん》とみる、楼台とみる。あるいは七宝摩尼珠《しつぽうまにしゆ》とみる、あるいは樹林牆壁《じゆりんしようへき》とみる、あるいは清浄解脱《しようじようげだち》の法性とみる、あるいは真実人体とみる、あるいは身相心性《しんそうしんしよう》とみる。人間これを水とみる、殺活《しやかつ》の因縁なり。すでに随類《ずいるい》の所見不同なり、しばらくこれを疑着すべし。
（「山水経」）

試みに玉城《たまき》康四郎《こうしろう》による訳を掲げる（『日本の名著7　道元』中央公論社）。「およそ山や水を見る場合は、境界の種類にしたがって見方が違っている。天上では、水を瓔珞と見るものがある。しかし瓔珞を水と見るのではない。天上で水と見るのは、われわれにとってはなんの場合であろうか。天上で瓔珞と見るのは、われわれは水と見ている。また、天上では、水を花と見るものがある。しかし花を水として用いるのではない。……これに対して、人間はこれを水と見るのである。水と見るのも、そう見ないのも、それぞれの境界の因縁によるものである」

人が水を水と見ていることが因縁であると言う。水もたしかに魚から見れば、われわれが言う「水」ではないであろう。しかしこうした相対化は、固定した眼前の事物の見方を相対化することだけが目的ではない。「即心是仏」で言うように、「心とは山河大地なり、日月星辰なり。しかあれども、この道取するところ、すすめば不足あり、しりぞくればあまれり。山河大地心は、山河大地のみなり。さらに波浪なし、風煙なし。日月星辰心は、日月星辰のみなり。さらにきりなし、かすみなし。……即心是仏、不染汚即心是仏なり」と心はそのままで、世界であると捉えているが、そう捉えることで心が、ここよりほかに真実を求めていく傾きを超えることができる、と見たからであろう。

道元にとっては、日々刻々が修行であった。「弁道話」でいう。「夫れ修証はひとつにあらずとおもへる、すなはち外道《げどう》の見なり。仏法には、修証これ一等なり」（修行と悟りが一つでないという見解は、外道のものである。仏法では、修行と悟りは等しいのだ）と。

道元は、既成仏教の圧迫もあり、越前に永平寺を建て根本道場として、「只管打坐《しかんたざ》」を実践する。「身心脱落」を求め、参禅（修）そのものがさとり（証）であるとする「修証一如」を本旨とする。また禅林の規矩《きく》として新たに「百丈清規《ひやくじようしんぎ》」に帰り、また永平寺に定まって以降は、出家主義を強調した。臨済禅の公案《こうあん》を棄てることを説いたのも、只管打坐の徹底から来たものであった。その教団の厳しい修行ならびに道元の姿を、弟子懐弉《えじよう》の『正法眼蔵随聞記《しようぼうげんぞうずいもんき》』は今に生き生きと伝える。

道元の思想は、鎌倉仏教のなかでは、自力的な仏法を主張するものであった。

なお、禅には道元が若年にその宗風に接した栄西（一一四一～一二一五）がいた。二十八歳のとき、四十七歳のときの二度入宋している。比叡山の弾圧を受けるが、鎌倉幕府の帰依を受けた最初の禅僧となった。公案《こうあん》（師が弟子を試み導くために与える問題・問答）を悟りへの階梯とする。密教の祈禱を取り入れるなど、折衷的な面もあった。朝廷による栄西の禅宗禁止の宣旨に反論する『興禅護国論』（一一九八）がある。

†日蓮――『法華経』の行者と題目

現代の新宗教のなかで、日蓮宗に属するものはかなりの部分を占める。それには祖師日蓮（一二二二〜八二）のありようが関わっているだろう。日蓮とはどのような人物であり、どのような仏教思想を説いたのであろうか。

日蓮は、安房小湊《あわこみなと》の漁師の家に生まれた。数人の漁夫を使う「釣人権頭《つりびとごんのかみ》」という中級漁民の家であった。生涯彼は自らの出自を「貧窮下賤《びんぐうげせん》」と言い、「旃陀羅《せんだら》」（天竺の身分制の中での不可触賤民）と称した。十二歳で房総の天台宗清澄寺に預けられ、十六歳で受戒・出家し是聖坊蓮長《ぜしょうぼうれんちょう》と名乗った。最初鎌倉で浄土宗を学ぶが、比叡山に上り、横川で十二年間の修行の時を過ごす。すでに見たように、承久の乱が彼の生まれる一年前の一二二一年に起こっている。鎌倉では権力をめぐる闘争が続いていたその頃、鎌倉仏教の祖師たちが相次いで生まれている。三十二歳のとき清澄寺に戻った彼は、日蓮と名乗り、「南無妙法蓮華経」の題目を唱え、『法華経』の行者としての道を歩き始めた。

日蓮の教えを振り返るとき、大きく二つの要素がある。一つは末法の時代意識の強烈な自覚であり、他方では『法華経』への熱烈な帰依であったが、その二つは密接につながっていた。念仏を否定し、『法華経』への帰依を説いて寺を去った日蓮は、鎌倉で布教を始めた。時あたかも天変地異が続き、それを背景に著したのがとくに法然批判を意図した『立正安国論』である。日蓮は、『法華経』による正しい仏法を立て、世俗世界を安らかな国とするという意を込めた。天変地異の原因は菩薩や善神が日本を捨て去ったことによる。外国の侵略は避けられないだろう。念仏者の主張は『法華経』を誹謗するものである。念仏者を排除するなら安泰となるであろう、という趣旨を込めて、北条時頼に献上したものであった。この事件で、日蓮は伊豆伊東に流された。

日蓮の『法華経』への帰依について見ておこう。再三見てきたように『法華経』は天台宗の主要経典である。日蓮の理解では、釈迦仏が方便を捨て、真実の教説を語ったものである。従来の教えでは救われがたい声聞乗や縁覚乗が救われることが説かれているとしてきた。また『法華経』の仏は歴史的な存在としてのそれでなく、永遠の昔から完全な智を獲得して、真理を説いている久遠仏《くおんぶつ》である。『法華経』の一字一字が仏である。ただ『法華経』にはそれを受持し、読誦する菩薩、守る菩薩が描かれていない。経の半ばで地中から四人の菩薩が涌き出てくるが、この四菩薩（上行《じょうぎょう》菩薩・無辺行菩薩・浄行《じょうぎょう》菩薩・安立《あんりゅう》菩薩）が衆生に題目を授けたのであり、「南無妙法蓮華経」の題目にこそ『法華経』の精神は完全に含まれている。この五字（「妙法蓮華経」）を守っていけば、釈迦仏は因と果の二つの功徳を与えてくれる。われわれは『法華経』の教えを実践する行者とならねばならない。

『法華経』への帰依には、天台智顗《ちぎ》による「一念三千」の思想がある。『観心本尊抄』等で、「一心に十法界を具す。一法界にまた十法界を具すれば百法界なり。一界に三十法界の世間を具すれば、百法界にすなわち三千種の世間を具す。この三千は一念の心に在り。もし心なくんば、すべてはなし。いささかでも心あれば、すなわち、三千を具《ぐ》す」と説明される教義である。仏ばかりでなく衆生の内心にも仏界がそなわり、三千世界を具している。行者の唱える題目は、この一念三千の実践にほかならない。

†他宗の批判——四箇格言

日蓮の再度の北条時頼への呈上は受け入れられず、滝の口で処刑されかけたが、奇瑞が起こり死を免れたとされる。その後、佐渡に流された。

一二七四年(文永一一)、蒙古が襲来した。対馬などには被害があったが、九州本土への蒙古の攻撃は、大風によって頓挫し撤退した。日蓮はこうした国難の原因を『法華経』を信じない仏者のあり方にあるとする。その他宗批判は日本の仏教の歴史の中でも珍しい激しさを伴うものであった。「真言亡国《しんごんぼうこく》、禅天魔《ぜんてんま》、念仏無間《ねんぶつむげん》、律国賊《りつこくぞく》」を「四箇格言《しかかくげん》」と言う。真言・禅・律宗を非難し、念仏は無間地獄に堕ちると言う。

佐渡からの帰還後、日蓮は身延山に隠棲した。日蓮から見れば、『法華経』の行者が迫害を受けるのは『法華経』に予言されたことである。『法華経』の行者は、後生には釈迦の常在する霊山浄土《りようぜんじようど》に生まれ、仏となり父母を導くことが約束される。

明治のキリスト者内村鑑三に『代表的日本人』という著書がある。内村は、西郷隆盛・上杉鷹山《ようざん》・二宮尊徳・中江藤樹とともに日蓮を挙げ、「彼の独走と独立とによって、仏教を日本の宗教たらしめたのである」と賞賛し、「争闘性を差引きし日蓮は、我等の理想的宗教家である」と評しているが、日蓮の純粋な憂国の感情を、明治期の宗教的日本人としてあるべき姿とみたのであろう。あるいは熱心な日蓮宗の信者であった宮沢賢治の詩『春と修羅』には、一念三千の世界観の詩的形象化を見ることができる。

以上のように鎌倉仏教は、多彩な展開を見せ、自らは天台にのぼらなかったもののその師が天台の出であった一遍を含め、天台を母胎とし、かつその包摂性や融合性を脱し、簡明直截純粋な仏法を立て、その修行と布教に打ち込んだ。日本の思想の歴史に一大画期をもたらしたのであった。

なおこうした鎌倉の新仏教の運動に対して、旧仏教の側でも教学の展開は活発であった。叡《えい》尊《そん》（一二〇一～九〇）や忍性《にんしよう》（一二一七～一三〇三）らが、戒律の復興と慈善事業によって仏教の再興を試みた。叡尊は真言律宗の祖師であり、戒律と真言とを結びつけ、奈良西大寺を中心に菩薩僧としての社会救済活動をした。忍性はその高弟であった。また、明恵《みようえ》（一一七三～一二三二）は華厳に依りながら教化につとめた。法然批判の『摧邪輪《ざいじゃりん》』、自らの夢を綴った『夢《ゆめ》記《のき》』が名高い。

5 芸道論と室町文化

†室町期と思想・文化

中世中期にあたる南北朝から室町時代の思想、および芸能の思想的背景を見ておこう。この時期は、前後の時代のような、スケールの大きい思想家を輩出してはいない。しかし、この時期に完成した文化や芸道は、現在の私たちの美の意識を今も規定している。

朝廷が北朝と南朝に分かれて対立した南北朝時代・室町時代とは、一般に織豊《しょくほう》政権の成立時期を中世の終期と見る見方から言えば、中世の後期に当たる。なかでも室町期は、その絢爛たる文化と比べ、個人の名を冠される思想では、あまり大きなものが出た時代ではない。かわって建築物や絵画などの芸術、あるいは花道、茶道、能、狂言、庭園など、日本文化に今も伝わる様々なジャンルが成立した時期である。

この時代は公家的なものと武家的なものが融合した時代である。また、一三六七年に異民族支配の元朝が滅び、明朝が始まり、半島・大陸との人物・海商等交流もさらに繁くなり、元（一二六〇～一三六八）に滅ぼされた宋・南宋（九六〇～一二七九）、そして明などの、唐土《もろこし》の学問文物への愛好が再び高まる時期でもある。

本節では、そうした多様なジャンル、背景にも目を配りながら、思想の概略を見ていく。

†中世歌論の美意識——和歌と幽玄

室町期の文化や芸術にあらわれた思想に目を向けるに当たって、中世の芸術思想全般に、大きな影響をあたえた歌論という領域について簡単に触れておきたい。幽玄、「もののあはれ」等の中世美学の概念が日本の美と言われる。鎌倉時代に置かれるべきだが、室町にまで及ぶその王朝の美学をまずは検討し、中世的世界から近世の美的見方を考えておきたい。室町期の様々なジャンルの規範に関わっているからである。

すでに触れたように、歌論は、日本思想史のなかで哲学的とも言うべき独特なジャンルを創って近世に及ぶ。歌論の提示した理念が他の芸術に影響を与えた。ここで時代を一旦遡るが、院政期に活躍した藤原俊成《ふじわらのとしなり》（「しゅんぜい」とも。一一一四～一二〇四）に触れる。『千載和歌集《せんざい》』を撰進したが、幽玄体という歌風により、古典的歌風とその後『新古今集』との架橋を果たしたとされる。ここでは、俊成の歌論『古来風躰抄《こらいふうていしょう》』（一一九七、建久八年）に触れておく。

「やまとうた」（和歌）はすでに見たように『古事記』にその古層が現れるが、まとまったものとしては『万葉集』が最初である。歌の形式は短歌に限らずいくつかの形式があったこともすでに触れた。『万葉集』以降、漢詩の隆盛に見るように漢風が文化の中心であった時代を挟んで、間を置いて最初の勅撰集『古今集』が成立する（九〇五）。『古今集』にもいくつかの形式の歌があるが、五七五七七の短歌が典型となった。『古今集』には仮名序と真名序（漢文序）がついている。「からうた」（漢詩）に対する「やまとうた」（和歌）をめぐる自己意識は、つとに『古今集』序、とりわけ紀貫之による「仮名序」のかたちで示された。唐風の文化の影響の中で始まった平安朝の遷移のなかで、一方で漢詩の詩論を参照し、その規範にも逸脱しないことを確認しながら（『詩経』の六義）、それを和風に受け止め和歌の本質を論じる。王朝社会で流行した歌合《うたあわせ》（歌人が左右二組に分かれ、詠んだ歌の優劣を競う）、そしてその優劣を判じる判詞《はんのことば》が、歌の優劣、善美を論じる歌論の表現を生んだと言えよう。『古今集』は、国風文化の生成を背景とした和歌集であり、歌論の成立の端緒であった。その後藤原公任《ふじわらのきんとう》の余情の論などの歌論が多く出る。

院政期に、この『古今』の序の精神に立ち返りつつ、和歌の変遷と本質を論じるという歌論を開くとともに、新たな歌風を拓いたのが、俊成であった。歌人、歌合の判者としても確立した名声をもち『千載集』を編んだことで知られる。歌論『古来風躰抄』の初撰本は式子内親王《しょくしないしんのう》の求めに応じて奉ったものである。この書は、和歌の歴史を「万葉から始、古今、後拾遺集」に至るまで振り返り、歌が「時世《ときよ》の移りゆくに従ひて、姿も詞《ことば》もあらたまりゆく有様」の「はしぐ〳〵」を記す、とその趣旨を言う。さらに自ら選んだ秀歌を参考に掲げている。和歌の伝統を振り返るというかたちで、「心」と「姿」、「詞」のありよう、すなわち古からの「風躰」の変化として捉えていくというこの歌論の伝統の意識、歴史意識のかたちは、その後の歌論に限らぬ芸術論の一つの骨格となり、中世から近世へと連綿として続いてゆく。必須とされる和歌の教養とは、自らの位置を、伝統のなかに意識的に定位する、そうした知と感性のありようのことでもあった。

『古来風躰抄』は『古今集』の序の歌の定義「人の心を種として、よろづの言《こと》の葉となりにければ、春の花をたづね、秋のもみぢを見ても、歌といふものなからましかば、色をも香をも知る人もなく、何をかは、もとの心ともすべき」を最初に掲げている。その議論から、特徴的なところを二点挙げておく。その一つは、歌が春の花、秋のもみぢといった自然、花鳥風月の情趣のいっそうの深い味わい方であると捉えるところである。花鳥風月は歌という手段をもたない限り、具象化も対象化もできない。

二つ目には、仏教的な彩りである。和歌の変遷自体が和歌の真の意味を開示することであり、歌論は、天台止観が仏法の生成と法の伝来を説くことと同様のものだと説く。歌のような、仏教から見ると嘘偽りに見えるものこそ、これを縁とする仏教の法、煩悩即菩提の真義、すなわち正反対のものが円融し不二と見える仏の智をあらわしている、という。実際、俊成は、歌の歴史的由来を、単に歌集を対照するだけでなく、仏教史に重要な役割を演じた聖徳太子、行基、空海、最澄の歌を掲げ、その成立の次第を描いており、仏法と歌は密接に結びついたものとされる。

この歌論の「（錦《にしき》縫い物のごときものとは異なるが）歌はたゞ読み上げもし、詠じもしたるに、何《なに》となく艶《えん》にもあはれにも聞ゆる事のあるなるべし」（『古来風躰抄』）という一節は、俊成の歌観を示すものとしてよく知られている。この書では、「幽玄」という言葉は出てこないが、のちにこの部分が「艶にも幽玄にも」と置き換えられて「幽玄」の概念が提示される。幽玄は、『古今集』真名序ですでに現れているものであり、もともと漢語の「幽玄」が、「あはれ」等の先行する美意識を含みとって、新たな意味をまとった価値語として和歌論の中心概念になっていく。「言葉にしがたい密やかで深い情趣」という意味をもち、ときに具象化され王朝的美意識を具体的に含意するなどの諸相をもちながら、この中世の美的理念は、他の芸術領域へ広がるとともに、変容しつつ近世へと続いていく。

幽玄をもって和歌の、さらには和歌と密接に結びついた芸能思想の核心と見る中世の美意識は、「有心体《うしんてい》」を説いた藤原定家《ふじわらのさだいえ》（「ていか」とも。一一六二〜一二四一）でさらに深められる。父俊成から歌の指導を受け十代で歌合に臨むほどの才能を見せた。西行法師《さいぎょう》や平忠度《たいらのただのり》らとの交友があった。十八歳のときに源平の争乱が起きたが「世上乱逆追討耳ニ満ツト雖《いえど》モ、之ヲ注ゼズ。紅旗征戎《こうきせいじゅう》吾ガ事ニ非ズ」という十八歳から五十六年間書き継いだ彼の日記『明月記』の一節は、彼の芸術至上主義を言いあらわした言葉としてよく知られている。定家の『近代秀歌』『毎月抄《まいげつしょう》』などの歌論は、より斬新な当代の意識と感覚を示している。

定家は言う。紀貫之は「ことばつよくすがたおもしろき」歌を好んだ。しかし、時代が降り、「心卑しく」なった当世は、「すがたことばのおもむき」を求める必要がある。その際、ことばは古い時代のことばを用いつつ、それにこめるこころに新しさを求める。「ことばはふるきをしたひ、こゝろはあたらしきをもと」めることこそ、あるべき姿だと言う。具体的には「寛《かん》平《ぴょう》以往の歌にならう」ことでおのずから良き歌ができると言う。

定家は『新古今集』『新勅撰和歌集』の撰者である。有名な古歌からその句を自作に取り入れる本歌取りの作法は、『新古今集』から広まり鎌倉期にさらに盛んになるが、これは定家の趣旨に適うものであった。言葉の選びと続き柄を重視するその歌風は、技巧的なものとなり、いわゆる新古今調が隆盛となる。

定家は亡父の言葉を受けながら、「うたのもとの姿」として十体《じってい》を挙げ、そのなかで「有心体」を高く評価する『毎月抄』あるいは「定家卿消息」。無心に対する有心とは、こころとことばを二つながら表現するものという意味合いである。定家が有心の一つのかたちが幽玄であると言っているように、その意味は広い。「和国の風」である和歌について「万葉よりこのかたの勅撰をしづかにご覧ぜよ、かはりゆき候ける姿を心得よ」と諭し、個々の歌にとらわれず歌の興廃を大きく俯瞰し、万葉風の「古体」は「稽古の後」とせよ、等々を教える。初心、練磨、稽古の強調には、道としての歌論の原型ができると言ってよい。『近代秀歌』などでは、

「春立と　いふばかりにや　みよしの丶　山も霞て　今朝はみゆらん」ほか良き歌の例を掲げ、定家自身が撰した「百人一首」に入る歌のいくつかを例示する。本歌取りをめぐる論や有心は、もとの歌の切実な実況性からはすでに遠い詠み手が、仮構に立ちながら、どのように実なるものとして共感を呼ぶ歌とするかという和歌の本質に関わると言える。

これらの歌論は、中世から近世にかけて繰り返し読まれ、引証されることで、古典的地位を獲得した。このあと触れる鴨長明《かものちようめい》は実作者であるとともに歌論があり、『徒然草』もまた王朝的美意識を賛美することで、こうした歌論の流れをくむ。室町期に入っては、二条良基《にじようよしもと》の連歌の理論書、さらには能の世阿弥の芸能論などへ、中世美意識はかたちを変えつつ受け継がれていく。わび、さび、芭蕉の俳句の理念も、この流れのなかに成立する。

さらに近世国学の歌論は、中世歌論のもつ仏教的色彩を次第に脱構築して形成される。本居

宣長の歌論では、当代のものは古今的な歌を詠もうとして、結果は新古今的となると言うが、くだって富士谷御杖《ふじたにみつえ》では、詠み手の切実な実況性を謳うことが和歌の本質だとして、「百人一首」の大半を歌として価値なしとするなどである。

†『徒然草』と無常観

『徒然草』は無常観を表現したエッセイ的な文学として世に名高いものである。吉田兼好《よしだけんこう》（一二八三？〜一三五〇？）本名卜部兼好《うらべのかねよし》は鎌倉末期から南北朝時代の歌人として知られている。最初、宇多天皇に仕えていたが、のち出家。双岡《ならびがおか》に住まいしていたと伝えられる。兼好法師の『徒然草』（一三三〇〜三一頃か）の成立は鎌倉時代だが、室町的な感性の成立という意味では、室町の初頭を飾るものとして扱うにふさわしいだろう。ここでは、無常というよく使われる言葉の意味をこの作品に沿って見ておきたい。仏僧もしばしば人生と世界のあり方を「無常」という言葉で語っていた。仏教の説く理法であるとともに、無常は人の世の移ろいやすさをあらわす言葉として、また、その最も象徴的な出来事として死の必然的でありかつ不意の到来、という意味で使われてきた。

日本の思想の流れを見ると、死の到来を誰にでもある当たり前のことだとし、だからこそ生の前では取り立てて問題にすべきでないという論じ方が、このあと次第に近世に向けて主題化されたのであるが、この『徒然草』にもその萌しがあることを見ておきたい。

無常が、仏教の世界把握の根幹をなす無常観から、次第に情的な無常感へと変質したとされる事態は、すでに無常観のなかに含まれていたとも言えるのである。

『徒然草』の無常とは、世にあるすべてのものの栄枯盛衰であり、不定ながら必ずや誰にでも到来する生老病死である（四九段）。端的には「命を終《を》ふる大事」（一三四段）、即ち死の到来の不定性である。その到来の不定さ自体は普遍的であるがゆえに「変化《へんげ》の理《ことわり》」（七四段）、いわば法則として受け止めるべきものである。

しかし、この理は、眼前に展開する光景（無常を忘却した「世の中」や人のありよう。たとえば祭見物をしながら木の上で居眠りをする僧など）を超えて、あるいは、その外に実体的に把握できるものではない。無常の光景を目のあたりにしながら、見透かすようにその背後にいわば想起されるべきものと言えよう。兼好は、無常であるから、「世に従」い、「人に交はる」ことは無意味だと説き、「諸縁」を投げ捨て、「縁を離れて身を閑《しづ》かにし、事にあづからずして心を安くせんこそ」（七五段）楽しみだと、人情世界にからめとられず、かつとらわれないで仏道の修行に入ることをすすめる。「生活《しょうかつ》・人事《にんじ》・技能・学問等の諸縁を止《や》めよ」と『摩訶止観《まかしかん》』を引く。

だが、そのことは、それはひたすら世を捨てることにはただちには結びつかない。『徒然草』

は、「まことの人」あるいは「賢人」を人間のあり方の理想と見るが、まことの人とは、俗にあり、無常の光景のただなかに生きつつ、己の生を規律化するというあり方をとる人間のことである。俗にあり続ける限り、名利、欲望から完全には離れられないので、それを節制するというかたちで生きることになる。二一七段ではさる大金持ち（「有《う》徳《とく》の人」）の教えを紹介しているが、その金持ちは人間の用心として、かりそめにも「無常」を感じてはならない、すべての欲望を叶えてはならない、金を「奴《やっこ》」のように使ってはならない、正直であれ、宴飲《えんいん》・声《せい》色《しょく》（酒盛りや、美声を聞き美しい容色を楽しむこと）を事とするな、住まいを飾るな、そうすれば永遠に心安らかに楽しめる、などを挙げている、と兼好は言う。そして、この「無常を観ずるな」と説く長者の教えについて、これは無常を知った生き方と同じであると評している。

†無常を知る

無常を知るとは、現世に一定の距離を置くことであるが、「よき」あり方もこの世でのことである以上、現世へのこだわりの否定と一定程度の肯定との、二重の意識のなかで、むしろ「何事も入りたゝぬさましたる」（何事にも深く関与しない）ようにあるいは「なほざりに」（あっさりと、ほどほどに、深く心にとどめず。一三七段）住まうことが理想となる。

こうした無常の両義性は、『徒然草』では、全編での旺盛な世俗への関心に結びつき、無常の世と一見「なづむ」、あるいは執着するかのような印象を与えることになる。兼好自身、最小限必要なものは食べもの・着るもの・住まい・医療・薬であると言っているが、「なづむ」ところに成立するものを『徒然草』流の美意識と呼ぶとすると、その関心を貫いているものは、規律化されることによってかたちをとる生活の簡素な美への関心と言えるだろう。有職故実へ並々ならぬ関心を寄せることも、よき時代の復古や尚古というよりは、それを想起することで、自己の生活を規律化することのなかに意義があると考えたためと言える。すなわち、兼好にとっての世俗なる世間とは、深く心に留めることなく、まだ心に留めぬというかたちで、規律されていくべき場所だということになる。

こうしたかたちでの世間への関心は、それを取り囲む花鳥風月的な自然への態度と深く関わる。自然の空間も無常と無縁ではない。死の到来の不定性と比べれば、自然にはなお「序《ついで》」(順序・秩序)(一五五段)がある。仏教的世界観の中では、無常は本来、有情世間《うじょうせけん》(命あるもの)の壊滅と、器世間《きせけん》(器としての物質的宇宙)の壊滅との双方の必然を意味し含意するとされるが、花鳥風月の愛好は、有情と器との境にある、いわば〈環境〉世界の相対的な恒常性への愛着と言えよう。この中世隠者の無常の器としての宇宙空間全体の構造は、その世界理解のなかで明示されているものではない。しかし、たとえば次のような一節はそれを垣間見せている。

人は天地の霊なり。天地は限る所なし。人の性《しょう》、何ぞ異ならん。寛大にして極まらざる時は、喜怒これに障らずして、物のために煩《わずら》はず。（二一一段）

（天地がゆったりとおおらかで限りがないときは、喜怒の感情も本性のさまたげとはならず、物にわずらわされることがない）

無常の世間は、限りない天地＝宇宙空間を背景に、相対的には恒常的なる自然、そしてそれらに囲饒《いにょう》された世間という空間に至る、不可視から可視、闇から可視の明るみにまでのグラデーションの一番の近景として、浮かび立つように成り立っている。

人の視線は、無常なる世間の内にあり、「序《ついで》」ある自然から一定の慰籍《いしゃ》を受けながら、その背景に壊滅を予定された無常なる世界・虚無の空間の広がりを透視する、そして、そしてその深奥に、無常を出来する無常ならざるもの（「理」）を見極めようとする。無常のただなかでの生活は、仏道の修行であれ、日常的な他者との関わりの仕方にであれ、一定の規律を生む。規律ある無欲の「反無常」の福者は、一八〇度まわって無常を知る知者と同じ地平にあることになる。

†自然の慰藉と無常

　中世後期の無常には、不定の時の到来を説く一方、その時の直線的な到来が、季節のめぐりなど循環的な時間に和らげられるという側面がある。その循環のなかで、時と空間は相即し、否むしろ、時は空間の広がりの内に収束し、時の無常は、無常のなかで一定の常なる「序《ついで》」あるものとしての自然への親近に和らげられる。これは同じく無常の文学とされる『方丈記』（一二一二、鴨長明）などでもうかがうことができる。大火・大地震・尋常でない飢饉の年を描き、「主《あるじ》とすみかと、無常を争ふさま、いはゞあさがほの露に異ならず」と無常を描きつつ、「春は藤波を見」「夏は郭公《ほととぎす》を聞く」庵《いおり》、「絲竹《しちく》・花月を友」とする閑寂への執着を「（仏の教えからは）こうしてこの草庵を愛しているのも、罪となる行いなのだ」と意識しながらなおそれに執着すると書いて、自然の空間は無常に対せられる（『方丈記』）。

　これらは必ずしも自覚的な思想の表現というかたちでは示されず、兼好の場合も文学的な表現をとっている。このことは、大きく見ると、東アジアでの無常という問題ともつながっている。蘇東坡《そとうば》（蘇軾《そしょく》＝北宋の詩人、一〇三六〜一一〇一）の「前赤壁の賦《せきへきのふ》」（一〇八二）には、「造物者の無盡蔵」に対して、無常を相対化し、無常こそ「常」なることだという視点が示されている。朱子学的世界理解の前哨とも言えるが、日本思想史においては道元などの例を除けば、仏教のなかでは明確な世界理解の問題としては表面に主題化されてはこなかった。

道元は『正法眼蔵』「渓声山色」で東坡居士蘇軾《とうばこじそしょく》を称え、蘇東坡が谷川の水音を聞いて悟道した際につくった偈《げ》（経典中で詩句の形式をとり、教理や仏・菩薩をほめ称えた言葉）について触れている。すべて恒常的実体はなくそれは時間的限定を受けている。一枝の梅に宇宙の全時空が凝集するという道元の考えにも、時間を空間に分節してゆくかのような方向がうかがえる。単に日本の思想に限定されない、東アジアの自然空間の捉え方という広範な問題に関わることであろう。

こうした方向での無常の緩やかな消去とともに、それと並行するように人倫的関係こそが重要だという思想の傾向が打ち出されてくる。室町中期から末期には、いわば生活への関心が高まり、さらにその後、朱子学との関係のなかで、近世思想においてようやく主題となっていく。

†世阿弥と能の思想

『徒然草』の世界は、あれほどまでに強烈だった仏教の来世志向から、徐々に現実的関心に人々のまなざしの向かう中世後期への過渡期の思想の方向を示している。同時にこの動乱期を過ごす者が、古典的規矩を常に振り返りつつ、自らの生のかたちを求めていたことが分かる。

次にこの期の芸道とそれをめぐる思想の完成体を垣間見せてくれる世阿弥の芸術論を見てお

く。世阿弥は南北朝の争いの続く一三六三年申楽《さるがく》の一座を率いる観阿弥《かんあみ》の子として生まれた。三代将軍足利義満の寵愛を受け、申楽の能を大成させた。現代の我々は、江戸時代に武家の式楽《しきがく》となり能と呼ばれるようになった以降のものを通して見ているが、もともと申楽は古来からの物まね的芸能など多様な芸能を母体として、そのなかから、次第に楽劇と滑稽なせりふ劇(狂言)に分かれたものである。楽劇も最初は田楽《でんがく》と猿(申)楽があったが、田楽が衰え、申楽の能が中心となった。世阿弥の時代は、各地に寺社に付属して多くの座があり、彼は大和四座と言われる申楽の流派の一つ結崎座《ゆうざきざ》を率いていた。なお現在の五流の能の流派は(観世・宝生・金剛・金春・喜多)、江戸時代にできた喜多流を除くと、この時代の大和四座《やまとしざ》を起源とする。世阿弥は将軍義教《よしのり》によって七十二歳のとき、佐渡に配流されたが最晩年に帰京、一四四三年に亡くなった。多くの作品、および芸道論(『世阿弥十六部集』)を残している。

†『風姿花伝』

その世阿弥が三十七、八歳のとき著したと言われる『風姿花伝《ふうしかでん》』の序を見てみよう。

それ申楽延年《さるがくえんねん》のことわざ、その源を尋ぬるに、あるいは仏在所(仏の住むところ=天竺)より起こり、あるいは神代より伝はるといへども、時移り、代隔《よへだ》たりぬれば、その風をまなぶ力、及びがたし。近比《ちかごろ》万人のもてあそぶところは、推古天皇の御宇に、聖徳太子、秦河勝《はだのかわかつ》に仰せて、かつは天下安全のため、かつは諸人快楽《けらく》のため、六十六番の遊宴をなして、中楽と号せしより以来《このかた》、代々《よよ》の人、風月《ふげつ》の景を仮《か》つて、この遊びのなかだちとせり。その後、かの河勝の遠孫《ゑんそん》、この芸を相続ぎて、春日《かすが》・日吉《ひえ》の神職たり。よつて和州・江州(有力な座があった大和。近江をさす。その他の座は近畿一円にあった)のともがら、両社の神事に随ふこと、今に盛んなり。

されば古きをまなび、新しきを賞するうちにも全く風流をよこしまにすることなかれ。ただ言葉卑しからずして、姿幽玄ならんを、受けたる達人とは申すべきをや。まづこの道に至らんと思はん者は、非道を行《ぎよう》ずべからず。ただし歌道は風月延年の飾りなれば、もつともこれを用ふべし。

およそ若年より以来、見聞き及ぶところの稽古の条々、大概注し置くところなり。

一、好色・博奕《ばくえき》・大酒《おおざけ》、三重戒。これ、古人の掟なり。

一、稽古は強かれ、情識《じょうしき》(かたくなさ)はなかれ、となり。

世阿弥はこのように申楽の歴史的由来を描くが、その細かな史実の実否はともかく、彼が新たな申楽の能を切り拓くに当たって、その基底にあるものを過去からの伝統、古のありように遡及しつつ模索したという、その点に着目しておきたい。演じられる演目は、現代に題材を採ったものもあるが、故事に題材を採り、古歌を正しく踏まえて詞章をつくり上げているものが多い。

能は、詞《ことば》（せりふと謡《うたひ》）、音曲、所作、舞からなる総合的な舞台芸術である。当時は、各地の座が、神社の祭礼の際に、ときに数座が対抗戦のようにそれぞれの演目を演じ、競争したと言われる。見る観客を意識しつつ、稽古の肝要な事柄を説き進める『風姿花伝』は、具体的でありつつ高度に抽象化されてもおり、きわめて緊張感みなぎる芸道思想となっている。

†時分の花・離見の見

とくに知られているのが、「花」という言葉で語られる役者の年齢に応じた稽古のあり方であろう。

世阿弥は、七歳の頃よりの稽古のあり方から始め、十二、三歳の頃を「時分《じぶん》の花」であって「まことの花」ではないとして、稽古の置きどころを説く。さらに十七、八歳での身体的変わり目に応じた稽古のあり方、全盛期に向かう入り口としての二十四、五歳、全盛期の三十四、五歳の稽古のあり方、花も失われる四十四、五歳のあり方、もはや手立てがないがまことの花をすでに得ているなら「老骨にのこりし花」はあるだろうと評される五十歳過ぎのあり方、とそれぞれの修練のあり方を論じていく。

花という表現によって、その場限りの賞賛を求めるこの芸能の即興性を、極限までに芸術的に高める工夫を論じていると言えるだろう。能は世阿弥によれば「衆人愛敬《しゆうじんあいぎよう》」という観客のまなざしと演者の内的な緊張との間に成り立つものである。役者の主観性（「我見《がけん》」）が際立っては、衆人を感嘆させられず、衆人の意により添うなら、演技は破綻する。その微妙な関係のはざまに成立するものを世阿弥は「花」と呼び、役者の意識を「離見の見」（自分を一歩離れたところから自己を観察する見識）と呼ぶ。

能もまた他の芸能と同じく「幽玄」を「上果《じようか》」（最上の芸位）とする。この幽玄の強調は、俊成以来の中世和歌論との深い結びつきから出てきているが、世阿弥の場合、身体の幽玄、詞の幽玄、舞の幽玄とより具体的な場面にまで拡張され、公家の佇まいのように「ただ美しく柔和なる体、幽玄の本体」とされる（『花鏡《かきよう》』）。

能のいわゆる詞章は、決して長いものではない。見開きで印刷すれば、長くても三、四頁でおさまる詞章だが、それは『古事記』『日本書紀』から始まり、歴代の和歌集、あるいは中国古典からの物語・言葉を踏まえて、それをまた自由に地の文に溶け込ませるようにつくり上げられている。世阿弥も意識しているように、それまでの芸能の集大成であるという性格は、詞章自体のもつ思想の意味とも重なる。受け手としての民衆やその後庇護者になっていった上流階級の人々が、どのように登場人物の喜怒哀楽を受け取り、共感したかを含みとっているからである。それは作品の登場人物が、歴史上の人物であろうと、一般の人の運命であろうと、変わりはない。申楽の能の様式もさりながら、詞章そのものが思想史的研究の対象となりうるのもそうした点からである。

†「井筒」から

世阿弥作とされる作品から「井筒《いづつ》」を取り上げておこう。「井筒」は夢幻能《むげんのう》と言われる、世阿弥の創作になるという形式を踏む。前半で登場した主人公（シテ）が後半で、その本来の姿で登場する（後《のち》ジテ）。なお、能ではワキはシテの相手となる脇役を、ツレはシテやワキの同行者をあらわす。アイは間狂言の略で、進行役として登場する役を指す。

「井筒」は『伊勢物語』（第二十三段）を下敷きにしている。ワキは諸国一見の僧、在原寺に立ち寄り在原業平《ありわらのなりひら》夫婦を偲び弔おうとする。「「風吹けば沖つ白波龍田山（夜半にや君がひとりゆくらん）」と詠《えい》じけんも、この所にてのことなるべし」（『伊勢物語』二十三段の歌）とはこの僧のせりふでである。そこに里の女（前シテ）が現れ、仏法への帰依を述べる（「頼む仏の御手《みて》の糸　導き給へ法《のり》の声」）。ワキの僧が古塚に回向する女の素性を問うと「昔男」と言われた業平を懐かしむ風情を見せる（「跡なつかしき気色かな　跡なつかしき気色かな」地謡）。女は『伊勢物語』の歌にちなんで（「筒井《つつい》筒《づつ》井筒にかけしまろが丈　生《お》ひにけらしな　妹見ざる間に」〈筒井筒の丈と背比べをした私の背丈は、もう大きくなったよ、あなたと逢わないうちに――新潮日本古典集成「謡曲集上」の訳〉。返し歌に「くらべこし振り分け髪も肩過ぎぬ　きみならずしてたれかあぐべき」〈あなたと比べてきた私の髪も、もう肩を過ぎるほど伸びました。あなた以外の誰のために髪を上げましょうか〉）、業平と紀有常《きのありつね》の娘の幼い日に芽生えた純愛とその成就を物語り、契りを交わしたあと、一度他の女に心移した業平が妻の「（風吹けば沖つ白波龍田山）夜半には君が……」の歌で心を戻した次第を語る。そして自分は井筒の女と言われた紀有常の娘であると名乗って井筒の陰に消える。その後里の男（アイ）が僧の質問に業平と井筒の女とのことを物語り、弔いを勧める。僧は夢に見ることを期待して寝るが、その夢に業平の形見の衣を着た有常の娘（後ジテ）が現れ、業平への一途の愛を、思慕の情を表現する舞で示し、自分の姿を井筒に映して業平を偲ぶ姿を見せる。僧の夢は終わり、目覚める。

　このように『伊勢物語』の故事とその古歌を忠実に踏まえながら、縁語、懸詞《かけことば》を駆使しつつ、その情趣をいまの情景に重ね、あるいは故事の現場に立ち戻りつつ、男女の愛の深さ、一途さという人の情のまことを舞台の上に現成させる。これは世阿弥自身の作だが、彼の作品に限らず、素材も文芸だけでなく、広く中世世界の伝承、中国の故事などにわたり、シテの心情も怨みや名残、怒り、悲しみと多様である。『平家物語』の語りなどにも通ずるが、そこに人間のありようと心情への深い洞察が詞章にもあらわれる。

能は、「序破急《じょはきゅう》」ということを尊ぶ。序破急はいちいちの演技の緩急であり作品内の緩急であるとともに、また一日の興行の構成の緩急でもあると世阿弥は言う。また、中楽の能は、その物まねの要素の点では、同じ流れから出た狂言と組み合わせて演じられた。狂言はいわば現代劇であり、これも人間の滑稽さだけではない、深い人間洞察を含む。たとえば「月見座頭《つきみざとう》」という作品は、たまたま月見に出た座頭と出会った男とが、最初は和気藹々に酒を交わすが、最後は男が座頭をしたたかに打擲《ちようちやく》して去っていくという筋の狂言である。

古典劇としての能と、現代劇としての狂言の組み合わせとの絶妙な取り合わせもまた興味深い。断片的な感情の発露が、それぞれの演目のうちに受け止められ、そして一日の興行の全体の構成としても一定のまとまりをつけつつ、完結していく。

†鎮魂の形式

古式では神の能から始まり、すべての興行が終わったあと（五番の能を、間に狂言をはさみながら演ずるのが通例だが、世阿弥の時代には、それ以上を演ずることもあったようである）、地謡《じうたい》が「高砂」の終わりの一節「千秋楽には民を撫《な》で。万歳楽《まんざいがく》には命を延ぶ。相生《あひおひ》の松風。颯々《さつさつ》の声（さあっと吹く風の音）を楽しむ」（『千秋楽』を奏しては民の安寧を願い、『万歳楽』を舞って君の長寿を祈念する。相生の松に吹く風は音を立て、人々はその音を楽しむ）と謡いしめる。人間の情の深さを知り己のこととして味わった観客に「めでたさ」を改めて謡い上げ、幕を閉じる。

多くの作品に見られるように、この芸能は、特定の個人に仮託して、満たされぬ孤絶した情と魂の鎮魂を果たすという役割をもっていたとされる。僧はワキとして鎮魂に参与するが、能という芸能が既成の宗教とは別のかたちをとって、同じ働きをしていると言えよう。能狂言にかぎらず、芸術芸能には、いわゆる神が登場人物になる作品が多い。中世鎌倉期からの神仏習合の発達の一つのあらわれでもあろう。

そして能は鎮魂の終わりに、ハレの今日の日、永続するこの世の安寧を言祝《ことほ》ぎ祈念する。室町の将軍に愛好された申楽の能は、信長・秀吉にも好まれ、徳川時代になると武士の「式楽」としての位置を確立する。大和四座に源流をもつ四流に喜多流が加わった五流は、明治維新により武家の庇護を失うが、独自の努力を続け今に伝わっている。今も日本の精神史を考える格好の材料であることには変わりない。

†歌論と連歌論

世阿弥の能楽論の「幽玄」とはもともと歌論のなかから出てきたものである。先に述べた通り、藤原俊成が歌合《うたあわせ》の判詞《はんのことば》に用いたことで、重要な歌学歌論の用語となったのであった。その内容は一義的に定めがたいが、もの寂しい美しさ、優艶な美、余情の美を示すだけでなく、対象に深く浸透する表現態度なども含む。俊成の子、藤原定家は「有心《うしん》」(思慮情緒がこめられたの意)を掲げたが、これも幽玄との関わりをもつと言える。

幽玄は、正徹《しょうてつ》の歌論(『正徹物語』一四四八〜五〇頃)、二条良基・心敬《しんけい》の連歌論、世阿弥の能楽論などを経て、室町的な花やかな美へと変化していった。今に至るまで日本文化の美の理念の一つである。なお、室町期は、広範な文化の解放とともに、口伝《くでん》・秘伝《ひでん》という形式が残ったことも無視できない。とくに「古今伝授」という『古今集』解釈の秘伝化の隆盛もこの時代の特徴である。「古今伝授」とは『古今集』の難読の歌の解釈などを秘伝として伝えるものである。平安末期から鎌倉期に、和歌の権威者の家の伝えとして起こり、その後二条家・京極家・冷泉家などがその担い手となる。室町期に二条家の東常縁《とうのつねより》が連歌師宗祇に伝え、その流れが正統となる。江戸期の国学は古今伝授の無意味さを批判するかたちで始まる。学問思想が秘伝から公開の道を歩むのも徳川時代を待たねばならない。

連歌は一定の規則の下に、和歌の上の句と下の句を別々の人が詠み合う歌の形式である。鎌倉時代もおこなわれていたが、末期から南北朝に盛んになった。連歌の隆盛は、ほぼ中楽能の興隆・完成期と重なって進んだ。代表的な歌人に二条良基がいる。『菟玖波集《つくばしゅう》』(一三五七)は二条良基が撰した連歌集である。その後連歌師と呼ばれる人々により、広く普及し貴人武人のたしなみとなった。一四九五年には『新撰菟玖波集』が編まれている。

†水墨画・庭園・茶の湯・花

雪舟《せっしゅう》（一四二〇〜一五〇六?）は、相国寺で修行した禅僧であり水墨画家として名高い。大内氏の庇護を受け、その後、中国（明）に渡り、中国の画法を学んだ。中国風の水墨画であり、画題は山水画が中心だが、花鳥画や肖像画が残る。宋・元から明代の浙《せっ》派の画風を学び、日本独自の水墨画風を確立したとされる。庭園についても雪舟作と伝えられるものが残る。室町時代は多くの庭園がつくられたが、その多くは、多分に禅味を重視するものであった。

古来庭園は重要であった。平安時代に成立した『作庭記』は院政期に書かれた秘伝書であるが、理念を異にする中世以降も重視され、後世にまで影響を及ぼした。橘俊綱《たちばなのとしつな》（一〇二三〜九四）の作とされる。貴族の作庭を見聞し体験したことを、当時の口伝などをまとめた記録より編集したものである。寝殿造系庭園の形態と意匠に関して、全体の地割りから石、池、中島、滝、遣水《やりみず》、泉、樹などについて実践的に記述している。また作庭上の禁忌についての記載がある。作庭に当たっては「生得の山水」を思わせるようにという自然順応の考え方をとりつつ、自由な意匠を尊重している。

『作庭記』は平安初期の寝殿造りの庭をめぐる書だが、平安中期（十世紀）以後は、住まいの中に堂を建て、あるいは仏寺が別荘としての機能も果たし、浄土庭園が主流となった。藤原道長の法成寺《ほうじょうじ》、頼通の平等院などが代表である。

ついで十二世紀の末には、宋より禅宗が伝えられた。それとともに喫茶の風や、禅宗寺院の様式や庭園がもたらされたが、庭園は十三世紀頃より、日本風に受け止められ変容し、定着するようになった。この中心人物が夢窓国師《むそうこくし》（夢窓疎石《そせき》、一二七五〜一三五一）であった。夢窓国師は自然を愛好し、各地に名園をつくった。なかでも西芳寺《さいほうじ》（苔寺《こけでら》）の庭が、禅宗の世界観で構成された傑作とされる。十五世紀の後半より京都、堺の町衆の間から茶の湯が流行したが、茶庭は茶道の精神に適うような田園的情趣を表現の主題とし盛んとなった。

連歌・茶の湯・いけばな（立花《たてはな》、「りっか」ともいう。花道は茶道と同じく江戸時代の命名）・能は、和歌の教養を仲立ちとし、禅の濃厚な雰囲気をまといながら、相互に連関していた。茶では、わび茶の開祖であり連歌師でもあった、村田珠光《しゅこう》の口伝『珠光心の文』がある。茶の湯はその後千利休《せんのりきゅう》によって大成された。花については、一五二三年頃から四三年頃までに活躍した立花の名手で池坊《いけのぼう》の流れの大成者でもある池坊専応《せんおう》の口伝を記述した、いけばなの伝書『専応口伝』などがある。

†民間の芸能と歌謡集

その他、室町期を飾るものとして、御伽草子（「浦島太郎」など）、神仏混淆の説話集『神道集』、語り物の説話、説経節（「小栗判官」「かるかや」）などがあり、隆盛となっていた。『閑吟《かんぎん》集《しゆう》』（一五一八）などの民間のはやり歌も当時の人々の精神史を知る上で欠かせないテキストである。流行歌「小歌《こうた》」を中心に田楽や狂言歌謡など、三百十一首収録している。「一期《いちご》は夢よたゞ狂へ」など独特な無常の感覚と現世と人生の刹那性をうたう。

また禅僧一休宗純《いっきゅうそうじゅん》の風狂（禅宗で重視される、仏教本来の戒律などを逸した行動）、能狂言にも登場する婆娑羅《ばさら》（人目を驚かすような派手な格好及び人）など、既成の秩序を踏みはずす人の姿など、この時代の多様な人間のあり方は、今も興味深い。

†五山の思想と文学

五山（何回か改定があるが、最終的には、天竜寺、相国寺、建仁寺、東福寺、万寿寺。鎌倉は、建長寺、円覚寺、寿福寺、浄智寺、浄妙寺）とは鎌倉末期から、南宋の制度に倣って、鎌倉・京都にそれぞれ五つの臨済宗の禅寺を選び、格式を与えたものである。これらの禅林では、漢文学が盛んにおこなわれ、法語・偈《げ》だけでなく詩文・随筆・日記などが書かれた。義堂周信《ぎどうしゆうしん》、絶海《ぜつかい》中津《ちゆうしん》、あるいは一休宗純らが名高い。

しかし鎌倉末期以降、一時中断していた大陸との往来が盛んになる。室町に入ると明の建国により、勘合貿易などの隆盛もあり交流がさらに活発化する。そうした背景のもと、禅僧は外交の場面でも活躍する。学問的には、南宋で勃興した朱子学（宋学）が、禅林で受容される。一休宗純が入寺した紫野大徳寺《むらさきのだいとくじ》は、当初五山の一つであったが、のち十刹《じっさつ》となり、さらに一休入寺の頃は、十刹の位を捨てていた。禅僧の雰囲気は、次章で触れるルイス・フロイスの『日本史』にうかがえる。江戸時代初期の儒者は、多く五山禅僧（藤原惺窩《せいか》ら）または五山の雰囲気の中で育てられた人々（林羅山《はやしらざん》ら）であった。

室町期は偉大な思想家が輩出する、という時代ではなかった。しかしその背後で、五山の禅僧の間での儒教の新動向であった宋学・朱子学の知識など、次代につながる学問思想の息吹が確実に感じられ始めていた。

次章はキリシタンの思想から始める。キリシタンの到来の時期は、なお中世的な雰囲気の残る時期であった。それと同時に近世的なものが立ち上がる時期でもあった。キリシタンすなわちカトリック・キリスト教自体が、西洋の中世的なものを残しつつ近世的な新たなものをまとっていた。中世の章ではなく、近世思想の章の冒頭で見ていきたい。

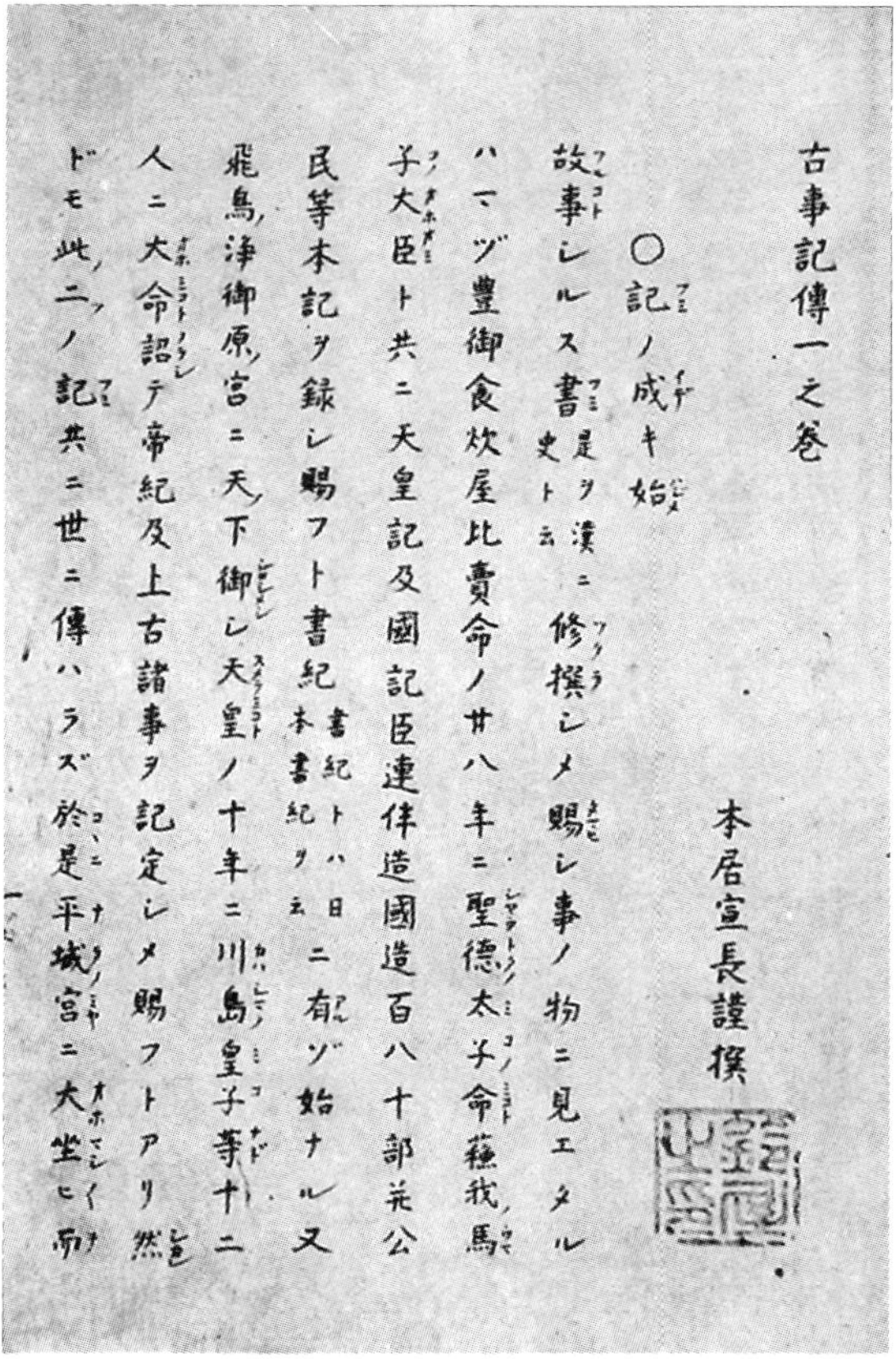
古事記傳一之巻

本居宣長謹撰

○記《フミ》ノ成キ始

故事《フルコト》シルス書《フミ》是ヲ漢ニ史トモ云修撰シメ賜シ事ノ物ニ見エタル
ハマヅ豊御食炊屋比賣命ノ廿八年ニ聖徳太子命蘇我ノ馬
子大臣ト共ニ天皇記及國記臣連伴造國造百八十部并公
民等本記ヲ録シ賜フト書紀書紀トハ日本書紀ヲ云ニ有ヅ始ナル又
飛鳥浄御原ノ宮ニ天ノ下御シシ天皇ノ十年ニ川島皇子等十二
人ニ大命詔テ帝紀及上古諸事ヲ記定シメ賜フトアリ然
ドモ此ノ二ノ記共ニ世ニ傳ハラズ於是平城ノ宮ニ大坐シ而

『古事記伝』一之巻、本居宣長自筆再稿本

1　キリシタンの伝来とその思想

†キリスト教の東アジアへの到達

近世=徳川時代は新しい知と学問が、様々に展開した時代である。

この章ではまずは、その前史となり、近世思想に陰としての影響をもったキリシタンの宗教思想、また近世の学問のなかで官学的な役割を担った朱子学の興隆と、その思想を考えてみたい。キリシタンの受容から禁教までの時期は、思想史的には、近世儒教の学問的成立期と重なる。

キリスト教の日本への伝来は、フランシスコ・ザビエルが鹿児島に上陸した一五四九年のことである。ザビエルが日本を目指したのは、マラッカで出会った日本人ヤジロウの知性に感銘を受けたことによるという。ヨーロッパでのプロテスタントによる宗教改革は、ローマ・カトリック側の危機感を呼び、各地に布教活動を展開し、教圏はインド・マラッカに及んだ。イエズス会（一五三四年、騎士を出自とするイグナチオ・デ・ロヨラがパリ大学で六名の同志と結成）はとくに積極的で、極東の島国まで布教を企てた。中国においては、イタリア人イエズス会士、マテオ・リッチ（中国名利瑪竇《りまとう》）が一五八二年にマカオに至り中国大陸に入ることに成功し、明末におけるキリスト教布教の先駆けとなった（「天主教」と称される）。ちなみに朝鮮へは文禄・慶長の役に際して一人のイエズス会士が渡ったというが、本格的な受容は十八世紀の後半になる。この時期のキリスト教および信徒を、切支丹・吉利支丹、耶蘇《やそ》、あるいは「きりしたん」等々と称することは周知の通りである（本書では、表記をキリシタンに統一する）。その後ザビエルは日本を離れるが、宣教師と日本人信者のキリシタンの信仰は、一六三九年の幕府による鎖国の完成に至るまで、ほぼ百年間にわたり日本に影響を与えた。

キリシタンは、当初の曲折を経た困難な時代から、一五九〇年代には、急激に勢力を伸ばした。各地に学校や教会を建て、印刷の機械技術、音楽・芸術・天文学などの学問をもたらした。時あたかも安土桃山の開放的な文化が花開いていた時期であったことが幸いしたと言えよう。もちろん日本の伝来の文化・宗教と摩擦がなかったわけではない。キリシタンと伝統との齟齬《そご》は、東インド管区の巡察使として、一五七九年のアレッサンドロ・ヴァリニャーノ（『日本巡察記』がある）が来日したことを契機として、伝統の行き過ぎた否定を是正する布教姿勢に転じた。九〇年代の隆盛はそうした転換にもよる。

†キリシタンの教義

現在のキリスト教はいくつかの教派（ローマ・カトリック、プロテスタント諸派・英国国教会、東方正教会など）があり、教義は若干の異同がある。旧約および新約の聖書（諸書）に信仰は依拠する。ほぼ共有される教義には、三位一体の神という神概念がある。父なる神、そのひとり子イエス・キリスト、聖霊という三つのペルソナ（位格）をもちながら一体の神とされる。

ユダヤの地における、処女マリアの懐妊による神の子キリストの誕生から布教、ローマ治政下でのキリストの受難と十字架上の死、死からの復活によって啓示された罪の贖いによって、人類の始祖の罪による堕罪から救済される道が示された、とする。人間は信仰によって救済され、永遠の命を得るが、それぞれの罪に応じて裁きを受ける（私審判）。世の終末には、神が再臨し改めて人は審判を受ける（公審判）。

伝来したキリシタンは、カトリックであるため、母マリアの聖性を認め、神への「御《おん》とりなし手」であること、教会が認定した諸聖人もまた神と人間のとりなし手として、祈りの対象となる。また死後の世界としては地獄と天国のほか、魂の浄化の場としての煉獄が置かれる。ルターの宗教改革が、「聖書のみ」を信仰の源泉とする立場を闡明《せんめい》にしたことに対して、カトリックは教会の伝統にもとづく聖書解釈や典礼を教義に取り入れている。またプロテスタントの

「万民祭司（全信徒祭司）」を教理とする立場に対して、一般信徒を教導する教会の制度において、ローマ教皇と、教皇によって叙任された聖職者の階層（司教・司祭・助祭）を、神の秘蹟による職制と見なすなどの特色を持っている。

†デウスと神

キリスト教と異教の接触にあらわれた象徴的な事柄の一つが、その信仰する超越的存在（神）の呼称である。一神教の神と日本の神道の神々が同じように考えられないということは宣教師たちの早くからの認識であった（ゲオルク・シュールハンマー『イエズス会宣教師が見た日本の神々』）。カミをあくまでも日本の固有の信仰の神々の名称と見なした上で、自らの超越的存在を日本人に受け入れられやすいように、ザビエルは初期には密教の大日如来の「大日」を使った。しかし仏教徒の間で誤解を生み、とくに真言宗からの反撃を受けたため、のちには「デウス」と原語（ラテン語）で呼ぶようになった。信徒間では「天道」「天主」という呼称も使われたが、キリシタン版の書籍印刷が始まる一五九〇年代に原語主義が徹底された。

この神の名称に見られるように、キリシタンの伝来は、単に翻訳の問題に限らず、日本の宗教的伝統と新しい異教の宗教性との、比較文化的・比較思想的な接触あるいは対決の様相をうかがわせる出来事であった。キリシタン教義書では、愛は「（ご）大切」と訳されるなど、仏教語や日常語と原語との微妙な混在が見られる。死後の生を「後生《ごしよう》」と呼び、あるいは救済を「解脱《げだつ》」とするなど、日常語となっていた仏教の用語を使い、時に応じて原語を交えるなどの工夫が見られる。一五九〇年代の教義書『どちりいな－きりしたん』(「どちりいな」はdoctorine、教義。「どちりな」とも)の序を引く。

御主、ぜず－きりしとと御在世の間、御弟子《みでし》達に教へをき玉《たま》ふ事の内に、とり分《わき》教へ玉ふ事は、汝等《なんだち》に教へけるごとく、一切人間に後生を扶《たす》かる道の真の掟を弘めよとの御事也。是即学者達の宣ふごとく、三《みつ》の事に極まる也。一《ひとつ》には、信じ奉るべき事、二《ふたつ》には、頼《たの》もしく存じ奉るべき事、三には、身持《みもち》を以て勤むべき事、是也。信じ奉るべき事とは、ひいですの善にあたる事也。(中略)

是によて理《ことはり》をすみやかに弁《わきま》へんが為に、師弟子の問答となして連ぬる者也。されば、此どちりいなは一切のきりしたんの為に、安心決定《あんじんけつじよう》の一道なれば、誰しも是を知り、弁《わきま》へん事専《せん》要《よう》也。然《しかる》にをひては、迷ひの闇をのがれ、真の光りにもとづくべし。

(『どちりいな－きりしたん』)

師と弟子との問答形式のなかで展開する教理説明では、「後生」「安心決定」など、仏教語を自らの教えの説明として使っている。また、キリスト教では、神に対する三元徳とされる信仰・希望・愛には、「信じ奉る」「頼しく存じ奉る」「身持を以て勤むべき」といったこなれた日常語が当てられる。一方で、重要な言葉は、「ひいです」（信仰）のように、ラテン語あるいはポルトガル語の原語を示す方法をとっている。前述の三位一体は、原語を用い、「真《まこと》のでうすは御一体の外、御座《おはし》まさず。是即《これすなはち》ぱあてれ（父）・ひいりよ（子）・すぴりつ－さんと（聖霊）にて御座ます事を各々《をのをの》きりしたん弁《わきま》へ、信じ奉らで叶《かな》はざる事也。三のぺるさうな（位格）にて御座ますといへ共、たゞ御一体のでうす也」と説かれる。

そうしたなかでも現代の私たちの関心を引くものに、「愛」がある。この『どちりいな』では、愛の善の行為としての「カリダアデ」（愛）の実践は、「大切」と訳される。全体では、現在の愛に当たるものを「大切」という日本語であらわしている。その場合、「ご大切」を神の愛、神への愛の意味で使い、「大切」を隣人愛、同胞愛、夫婦愛に当て、使い分けている。同時に「大切」を愛欲や利己的自己愛の意味でも使うなど（「諸悪の根源となる身の大切」『聖パシヨンの観念』（キリシタンに流布した修養書））、現代の私たちの使う「愛」の広い意味を覆うように、用語に関しては教義との関係を見極めた、きわめて繊細な使い分けをしている。

これらは一例だが、その他「自由」（意思の自由）の使い方など、翻訳語の由来が近代語との関係で説かれることが多いなか、キリシタン時代の翻訳の歴史はさらにその淵源を照らすものと言えよう。キリシタンは、布教に当たっては洗礼に至る信徒に、最低限の教義の知解を求めるなど、教義を重視するこの宗教の特徴を伝えている。

†無の宗教とキリシタン

ここでは日本の思想史という観点からのキリシタンを見ておきたい。

一五五一年の山口での神父トーレスらによる布教の様子は、人々の伝統的宗教性とキリシタンとの問題を示している。人々はキリシタン伝来以前に亡くなった近親者の救済の可能性を尋ねるが、伴天連《バテレン》(神父を意味するポルトガル語 padre に由来する)の不可とする返答に、泣き悲しんだと伝える(小澤萬記「山口の討論」、小堀桂一郎編『東西の思想闘争』所収)。キリシタンの教えは、こうした庶民の伝統的心性にぶつかるかたちで広まったが、また、教義ないし世界観にも及ぶ対決でもあった。

理論的な側面で、キリシタンとまずぶつかったのは仏教であった。仏教側からキリシタンの教義のいくつかへの攻撃があったが、宣教師ルイス・フロイスらは、「霊魂不滅」の問題こそ、布教にとって重要なことと考えていたらしい。一五六九年の、信長の面前でのフロイス、ロレンソ了斎(隻眼の琵琶法師であったが、山口でフランシスコ・ザビエルより受洗し、最初の日本人イエズス会イルマンとなった。一五二六〜九二)と仏教僧日乗上人との宗論《しゅうろん》(教義をめぐる討論)でも、仏教側から一番反撃を受けたのが、霊魂不滅の問題であったからである。フロイスは日本人は、霊魂不滅の反対者であるらしいという感想を述べている。広く民衆に浸透した輪廻観や、中世浄土信仰の普及という点から見れば、キリスト教の教義のうち、霊魂の不滅、天国と地獄、来世の賞罰、という教え自体は、日本人に受け入れやすかったと見るのが普通であろう。それが強い抵抗を受けたということの理由として、和辻哲郎は、最初に宣教師が接触したのが、仏教の空《くう》の哲学を信奉する禅僧たちであったこと、信長の叡山焼き討ちに見られるように、新興の武士たちの間での迷信排除の態度のあらわれ、などを挙げている（『日本倫理思想史』下）。

前章でも見たように、室町末期から江戸時代初期にかけて、彼岸的信仰が薄れ、迷信を排除しようとする傾向が強まったことは確かである。室町時代の歌謡集『閑吟集』（一五一八）などにあらわれた感性は、この世のはかないながらも手応えのある人情のなかで、感情を完結させようとする精神的傾向を見ることができるし、江戸初期の雑書《ざつしょ》などでも、都市の日常を描いたものには、行事としての寺社の祭り、ご開帳の人気、人々の参集などを描きながら、お参りする信心に関して「この世のことまで」（この世限りのこと）と割り切る心性を描いている（戸《と》田《だ》茂睡《もすい》『梨本書《なしのもとのしょ》』など）。

日本の宗教事情と日本人の宗教的心性との関わりを具体的に示す格好の資料に、ルイス・フロイスの『日本史』がある。ルイス・フロイス（一五三二～一五九七）は、一五六三年に来日したポルトガル人のイエズス会士である。著書としてほかに『日欧文化比較』(一五八五)『日本二十六聖人殉教記』(一五九七)などの報告書、書簡が残っている。一度のマカオへの帰任を除き、一五九七年に亡くなるまで日本に滞在した。報告書として書かれた『日本史』は、信長や秀吉との出会いなど、キリシタン史の重要な出来事を記述している。

全体的には禅的な風景、無神論的風景が覆う日本の状況や各宗派と人々のありようが生き生きと描かれている。信長について「偶像を見下げる」態度を示したこと、「若干の点で、禅宗の見解に従い、霊魂の不滅、来世の賞罰などないとみなした」と記述している(『完訳 フロイス日本史』全十二巻、中公文庫版、第二巻、以下引用はこの『日本史』による)。

†宗派の具体的在り方へのまなざしと宗論

フロイスは次のように記している。たとえば、天台宗は「都では大いなる勢力を有していた。彼らは富裕で名望もあり、そこには三千人の仏僧がいた。それゆえ彼らは一同から畏敬されていた」が、その比叡山の大泉坊という老僧は、「人間は懐妊される以前、その起源は無」であったように、死んで同じく「無に帰する」と言い、「幾人かの雄弁な説教師がうわべだけの言葉と大いなる弁舌をふるって、まるで来世があるかのように民衆を確信させるように詭弁を弄しているのを耳にしても、それらはすべて無知な人々を欺く瞞着、仮言、方便だとご承知ありたい。それゆえ、拙僧には貴殿らの教えは真実であり、はなはだ適切で理にかなった証明に立脚したものと思われる」と述べたと描かれている（『日本史』第一巻、以下同じ）。

真言宗の仏僧たちについては、キリシタンの説く「デウスなるものは、自分たちが敬っている大日（如来）とまさに同一のもので、その相違は言葉の上だけのことだ」と言ったことを伝え、宗派の東寺《とうじ》についてフロイスは「同僧院は尊大ぶった印象を与えている。内部には庭と称せられるはなはだ美しい緑の庭園がある。……」とその豪壮さを描く。

あるいはまた禅宗の臨済《りんざい》の「紫野僧院」については、数人の禅宗の僧侶が、公家を装って訪ねてきたことを記し、彼ら禅僧が「『我が心、有にも非ず、非有にも非ず、往くこともなく、来ることもなく、留められもせず』。自分は生前何であったか、現在何であるか、そして死後何になるかを明らかに知っている。したがって私は自分の救いについて必要なことを聞きにきているのではなく、暇つぶしに……」と言いつつ教えを聞きに来ている様子や、彼ら禅宗の人々が、自分たちが「ホンブン」と称し黙想によって考察する混沌（カオス）はキリシタンのデウスと同じものだ、と言ったことを描いている。大徳寺の仏僧について「日本のもっとも高貴な人々に属し、高位のもの、また貴族であってもっとも尊敬されている」と記し、彼らの実際の生活を、「同所で互いにごく近くに住むことである。彼らは自らの霊魂の救済のこととか来世のことには気をつかわず、現世ではひたすら自らの幸福、慰安、娯楽を求めている」と評し、彼らは「互いの家屋の優雅さ、清潔さ、また庭園の技巧に秀でることに専心する」とフロイスは見立てる。

また民衆に力のあった法華については、町の法華宗の信者は、「かならずや伴天連を説伏しようと決心し、三日間引き続いて彼と宗論を開始した」と記す。さらに浄土系の信徒についても記述される。同宗徒たちは阿弥陀を拝み、「半時間も数珠を持って跪き、両手を挙げ、見せかけ得る限り最大限の敬虔な態度を示した。小さな鐘が鳴り、人々はそれを聞くと皆、大きく、感動した声で、また数名は涙をためて、中断することなく「南無阿弥陀仏」と唱えた」と描かれる。信徒は「現世のことに無頓着となり、自らの霊魂の救いということに専心している老人たちは、信心の業として、死んだり力尽き果ててしまうまで」「阿弥陀の名を……呼び続ける」。その他、神道についても、京都祇園の祭り、住吉大明神の祭礼などを描き、その活発な動きに触れ、当時の宗教的な状況を映し出している。

†知的な人々の群像

フロイスの『日本史』が私たちの関心を引くのは、こうした当時の宗派の動きのなか、それらの教義に通じながら、醒めた目で眺め、相対主義的な知的態度をとっている教養ある人々が存在すること、そして、彼らがキリシタンに関心を寄せ、帰依する様子が描かれていることである。フロイスは「我らにとって日本のこのように異なった宗派や相反する諸見解があることは大いに有利なことであった。……もし総ての日本人が一致して唯一の宗旨に団結していたとしたならば、我らの教えを彼らに受け入れさせることはきわめて困難であったろう」と書いている。

フロイスの『日本史』では、人々の個人的な宗派選択が比較的自由であったことをうかがわせるが、それは布教初期のザビエルの書簡からも見てとれる。ザビエルは「日本では男も女も、あるいは夫も妻も子供もそれぞれの意志に基づいて、それぞれの宗派に帰依する自由を有している」と興味深い報告を残している（五野井隆史『日本キリスト教史』）。

諸宗派に通じた教養人であるとともに、そのどれにも満足はできず、それらに相対主義的態度をとりながら、宗教的情操を持つ者たちが存在していた。そのなかで初期中期のキリシタン改宗者となった例として、フロイスは一人の医師に触れている。彼は若狭の生まれで、養方軒パウロと称し、日本の言葉に長じていた。彼は生来善良であり、自らの霊魂を救うことに熱心であったので、キリシタンとなった後、妻子をかの地方に残して下《しも》（九州）に赴き、司祭たちの伴侶として過ごした。イエズス会が『日本文典』や、非常に膨大な辞書を編纂できたのは、イエズス会員となった彼の協力によるところが大きかった。その間、異教徒に説くためのキリシタンの教理書が完成したのも、彼の協力があったからで、彼は宣教師たちに、自分が精通していた日本の諸宗派や故事について知識（アンティグイダーデス）を授けた（『日本史』第一巻）。

あるいは山田ショウ《ママ》左衛門という人物は、日本の諸宗派に精通しており、それら宗派の一つの中に心の平安を見出したいと切に望んでいた。しかし彼は、天台については同派の振る舞いに満足できず、浄土は笑うべきもの、学識に価しないと思われ、真言については、「大日」はキリシタンの説く「第一質料」（神）に似ているが信者とはならず、神道や禅宗は来世の生命には無関心であり、四大（物質を作り上げる地・水・火・風の四元素）に加え第五番目の本質を「無」と名づけている、と見ていた。彼は、フロイスの説くキリスト教の教え、すなわち「第五の本質は古代で「天」と呼んだものであるが、なお創られた元素である。デウスは最高の本質の完全なる者である。見えず滅びない実体すなわち理性的霊魂が人間にあたえられている」という教えによって、改宗を決断したという（同）。

†キリシタンと日本思想

そうした知識人のなかにハビアン（一五六五〜一六二一）がいた。彼はもともと、京都臨済宗大徳寺の僧であった。一五八三年京都で受洗し、日本人イエズス会士となった。不干斎《ふかんさい》と称したが、のち棄教した。一六〇二年林羅山と論争した記録が残っている。護教論書『妙貞問《みょうていもん》答《どう》』、棄教後の反キリシタン書『破提宇子《はだいうす》』がある。入信から棄教にいたるプロセスに大いに関心をそそられる人物である。キリシタンが日本の思想にもたらそうとしたものを知るために、この不干斎ハビアンが一六〇五年に著した『妙貞問答』を見ておこう（チーリスク『きりしたん要理』の本文による）。

『妙貞問答』は、尼の姿をした妙秀という寡婦が、キリシタンを奉ずる幽貞というこれまた尼に、その宗旨を尋ね問答するという趣向をとった書物である。キリシタンの教えが一般信徒にどう受け止められたかを知る手がかりが失われたなか、イエズス会士とはいえ、日本人としての作者の受け止め方をうかがえるという意味で、重要な文献である。妙秀自身、浄土宗の信者であり夫は儒者であったという設定になっており、キリシタン宣教師より、最もその教義に関心を持たれた宗派の信徒と設定されている。

上巻は、仏教一般と仏教各派の教説と、それに対するキリシタンの教えによる反論を中心とするが、その核心は、仏教の宇宙観、世界観がいかに荒唐無稽であるか、その荒唐無稽な世界観は後生の助けにはならない、というところにある。中巻では儒教・仏教・道教の三教と神道の教義、それらとキリシタンの比較が議論される。儒教・仏教・道教の「万物ノ根源」のとらえ方（太極・陰陽、虚無、無為自然）が取り上げられ、それらはどれも「作者」（創造主）をもたないとして、幽貞はキリシタンの優位を説く。神道については、その諸流を分類した上で、創世神話をもっぱら取り上げ、男女神の交合による神々や海山草木の産出という神話は理《ことわり》なきことし、菅原道真への信仰は人間を神としたものだとその根源性を否定し、「現世《げんぜ》安穏《あんのん》」も「後生善所《ごしょうぜんしょ》」も得られるはずがなく、それを得るには「此《この》天地ニ主在《あるじまし》マス事」「天地万像《まんぞう》ノ御作《ごさく》者《しゃ》」を知る必要があると論じる。

キリシタンの宗旨は以上を踏まえて、下巻に描かれる。キリシタンの教えに傾いた妙秀に幽貞が「宗旨」を説き、疑問にも答えるというかたちをとっている。他のキリシタン教義書に対して力点の置き方は異なる。ここでは、命をすべて等価と見る仏教に対して、動物・禽獣と人間の命の違いが問題として取り上げられている。

万物（「万像」）は世界の創造主の「作」になるものである。存在するものは、四つの元素（「四大《しだい》」。地・水・火・風。アリストテレス以来の中世自然神学における四大説）からできている。四大から創られたのが、四種の存在、すなわち人間、禽獣、草木、そしてその他の無機的存在である。そのなかで、人間だけが物の理を知り是非を論ずる「アニマ・ラショナル」（理性魂）を有し、そして唯一「往生」する（天国へ行く）という理由から、人間の命の方が優秀であると説いている、と論じている。そしてこの意味での霊魂こそ「我は人に非ず、人は我に非ず、格別《かくべち》にして……」という個別の存在としての人の尊厳に関わる。人間はデウスの前では平等であり、神に似せて自由意思をもつものとして創られたことが強調される。なお『妙貞問答』のキリスト教理解では、イエスの受難による死を通しての人間の罪の贖いという視点が、欠落していることが指摘できる。知識人とキリスト教という問題に多くの示唆を与えている（釈徹《しゃくてつ》宗《しゅう》『不干斎ハビアン』）。

キリシタンに改宗した人々は、キリシタンの霊魂観や「自由」にも新鮮なものを感じたであろう。大名はじめ、武士層には、その献身の道徳も、神への帰一を説くキリシタンの思想と適合したと言うべきであろう。

†新しい世界観

キリシタンの伝来は、新たな世界観の受容であり、西洋の人文的教養の導入でもあった。イエズス会は当時の科学に比較的好意的であったと言われる（デカルトの通ったイエズス会のリシュリュー学院ではガリレイの木星の衛星発見を祝ったという）。キリシタンは新たな地球観・宇宙像を示す天文学、医学等の西洋の学術を教え、西洋の絵画芸術音楽、そして印刷技術等をもたらした（皆川達夫『洋楽渡来考再論』など）。

信者の増加が顕著であった一五九〇年代の文献あたりから、すでに死の準備・心構えを説き、殉教の予感を漂わせる書物・記述が多く見られるようになる（『丸血留《まるちる》の道』等）。キリシタンの思想は、様々な経緯を経て、結局は最終的には禁圧され（禁教令。最初の禁令は一六一二年。一六一八年にも禁令を出している）、広がりをもたないで終わった。

キリシタンの登場と衰退は、まさに近世儒教の胚胎の時期に当たる。キリシタンの当初の論争の相手はもっぱら仏教であったが、徳川期に入ってからは儒教が対峙する。地球球体説への林羅山の朱子学的世界観からの論駁はそうした一場面である（林羅山の『排耶蘇《はいやそ》』〈一六〇六〉にハビアンを訪ねた記録がある）。しかし、東アジアの思想とは異なる別種の思想、信仰のあり方をもつキリシタンの存在の記憶は、その後、政治的な禁圧とは別に、儒教思想の展開にも、あるいは国学などにも陰のように意識され続けることとなる。

のちに鎖国のなかでも折に触れキリシタンが発見され（たとえば大塩平八郎は一八三〇年の大坂でのキリシタン摘発に関与した、あるいは浦上の三度にわたるキリシタンの摘発）、そして幕末には長崎を中心に、潜伏していた大量のキリシタンの出現という事件（浦上四番崩れ、一八六七年）があった。カトリックに復帰した信者を潜伏キリシタンと呼び、復帰せずに信仰を維持している者を隠れキリシタンと呼ぼうとする提言もある。『天地始之事《てんちはじまりのこと》』という近代（一八六五年以降）に発見された文章は、「隠れ」ている間に、元のキリシタン信仰がどのように変形され伝承されてきたかを伝える。日本人の宗教性を考察するのに重要な文献、事象である。

なお、キリシタン禁圧に劣らず、仏教各派への統制、日蓮宗の不受不施派《ふじゅふせは》への弾圧など、幕府の宗教的統制が及んだことは、近世の思想を考える際に重要である。信長の一向一揆への苛烈な対応から始まり、徳川の宗教政策（宗門改《しゅうもんあらため》・宗旨人別帳《しゅうしにんべつちょう》など）に至る道程、邪教・邪宗観の形成は、日本人の宗教性の、あるいは宗教への拒否感の深いところに今も痕跡をとどめている。こうした宗教政策の採用は、近世の朱子学の受容とも深く結びつく事象であった。

2 朱子学派の登場

†禅から朱子学へ

徳川幕府に儒者として初めて仕えた林道春《どうしゅん》（羅山《らざん》）に、日本人イルマン（修士）であった不干斎ハビアンと京都南蛮寺にて問答した記録がある（『排耶蘇』一六〇六）。羅山は朱子学の地球方円説に立ち、地球図を示し地球球体説を説くハビアンと激しい論戦となった。万物には「上下あるの理」があるとする羅山には、球体であるがゆえに東にどこまでも進めば、西に至り、西に進めば東にいたる、というハビアンの説明は浅薄卑近と見えた。すでに利瑪竇《りまとう》（マテオ・リッチ）が中国語で著した教理問答書『天主実義』（一六〇三）を読んでいた羅山は、儒道と仏教について議論し、天地観や魂観、人間霊魂に始めがあって終わりがないとするキリシタンの説を質し、天主（デウス）と朱子学で言う「理」との前後があるのか、と問い詰める。

羅山は、五山で学び僧を志したこともあった。五山については前章の終わりで簡単に触れておいた。戦国時代から江戸の初期は、まさに仏教、儒教、キリシタンの思想が交わり、そのなかから朱子学が立ち上がってくるが、初期の儒者は、その多くが五山禅僧（藤原惺窩ら）または五山の雰囲気によって育てられた人々（林羅山ら）であった。

†藤原惺窩

江戸時代には、朱子学が官学の中心に据えられた。その経緯を知るには、初期の儒学者・思想家に目を向けねばならない。近世儒家思想の開祖とされる藤原惺窩《せいか》（一五六一～一六一九）は冷泉為純《れいぜいためずみ》の子として、播磨国細川荘に生まれた。藤原定家十二世の孫に当たる。幼時、僧となり、十八歳のとき土豪の襲撃によって父兄と家領を一挙に失い、これを機会に上京して五山の一つ、相国寺《しょうこくじ》に入った。ここで仏典とともに儒学を学び、次第に儒学に専念するようになった。一五九三年、徳川家康に請われて謁見し唐代の政治論『貞観政要《じょうがんせいよう》』を講じた。この際あえて儒服を着用した。戦乱続くなか、苦しむ者も為政者も、戦乱なきあとの世のあり方を探っていたことを示す出来事であったろう。一五九六年（慶長一）には儒学の師を求めて、文化の栄える明国への渡航を企てたが失敗したという。その二年後、慶長の役で捕虜となった朝鮮の朱子学者姜沆《きょうこう》（約三年にわたる俘虜生活の見聞を記した『看羊録』がある）と出会い、その学問的影響を受け、やがて還俗《げんぞく》して儒者になった。その姜沆に送った文章にこうある。

予幼より師なく、独り書を読みて自《みずか》ら謂《おも》へらく、「漢唐の儒者は、記誦詞章の間、纔《わず》かに音訓を註釈し、事迹を標題するに過ぎざるのみ、決《かならず》して聖学誠実の見識なし」と。唐は唯韓子《ただかんし》の卓立あり、然れども失なきにあらず。もし宋儒なければ、あに聖学の絶緒を続《つ》がんや。

（『惺窩先生文集』十四　姜沆に問ふ〔巻の十〕――韓子は唐の韓愈《かんゆ》。宋学の先駆者とされる）

これは、赤松広通のもとで朱子学に基づく訓点を、四書五経に施すに至った経緯を語るものであるが、それまでただ音訓の学になっていた旧来の儒学を批判し、宋学こそ、聖学（聖人の学・儒学）の正統を嗣ぐものという認識を述べている。晩年は京都北郊の市原山荘に隠棲した。門下には林羅山、松永尺五《せきご》、那波活所《なわかつしょ》、堀杏庵《ほりきょうあん》らがいる。林羅山との書簡などからは朱子を信奉しつつ、朱子と対立した陸象山《りくしょうざん》（南宋の思想家。陸九淵《きゅうえん》。心即理を説いてのちの陽明学に先駆する。一一三九〜一一九三）を排せず、仏教は議論の対象としないとするなど、折衷的部分もうかがえる。『寸鉄録《すんてつろく》』『大学要略』『文章達徳綱領《ぶんしょうたつとくこうりょう》』がある。

†松永尺五

仏教から朱子学への転回の思想的背景を、弟子の松永尺五《せきご》（一五九二〜一六五七）の文章から見ておこう。『彝倫抄《いりんしょう》』すなわち常なる（彝）人の道（倫）と名づけられた書からの引用である。

ソレ天地ノ間ニ大道三ツアリ。儒・釈・道ナリ。儒トハ孔子ノ道、釈トハ釈迦ノ道、道ハ老子ノ道ナリ。我朝ニハ釈迦ノ道繁昌シテ、上下尽《ことごと》ク帰依ス。儒道ハアリトイヘドモ、文《もん》字《じ》言句《ごんく》ノ沙汰ノミヲシテ、或ハ書ヲ読ミ、或ハ詩ヲツクルヲ、儒道ト思テ、理学ヲ人ニシメシヒロムルコトナシ。コレニヨツテ三綱五常ノ行ヒタヘテ、孝悌忠信礼義廉恥《こうていちゅうしんれいぎれんち》ノ法スタル。シカリトテ四書五経ヲヨミ、文字ヲシラズシテハ、儒道ニハ入リガタシ。四書五経ヲヨクヨミオボエ、義理ヲヨクシルコトハ、大唐《もろこし》ノ法ノゴトク、八歳ヨリ小学ニ入ホドニナクテハ、ナリガタカルベシ。

（『彝倫抄』）

尺五は、この文に続き、キリシタンの島原の乱（一六三七〜一六三八）で「数万ノ人《す》」の命が失われたことを「不敏《ふびん》ナルコトナリ」と触れている。徳川初期の思想状況をどう理解していたか、また日本には神道、仏教がありながら、なぜ儒教が〈選択〉されるべきかについての考えが、明確に示されている。この後の林羅山でも同様だが、徳川の儒教の展開もまた、他の思想傾向・学問への広いまなざしのなかからの、選択的な受容であったことが知られる。

また、尺五にとって、日本が「神国」であることは自明のことであった。彼は惺窩の学問の、寛容で抱擁的な部分をよく伝えた弟子であるとされる。この書では、仏教などとの比較をしながら、三綱五常（儒教の重要な概念。三綱とは君臣、父子、夫婦の道をいう。それに長幼・朋友の道を加えて五倫〈人倫〉という。五常は、仁・義・礼・智・信の人の常に行うべき五つの道）から、命・性・情・心・意・誠・敬を説き、天人一理、善悪の応報、五倫の道、太極と理気、鬼神生死《きしんしょうじ》、冠婚葬祭の礼と、朱子学の概要を説いている。とくに人倫の関係のなかでの個々の役割を「万民コトゴトクシルベキコト」と平明に説くところに特徴がある。

†林羅山と朱子学

林羅山は京都に生まれた。はじめ建仁寺に入るが僧となることを拒み家に帰った。独学で朱子学を学び、二十一歳のとき、友人に『論語集註《しっちゅう》』（朱子による『論語』の注釈書）の講義をし、「四書」（朱子学以来とくに重要だとされた『大学』『中庸』『論語』『孟子』の四書）に、朱子学に基づく加点をしたという。二十二歳のとき、藤原惺窩の門に入った。翌年の一六〇五年、惺窩の斡旋で、徳川家康に仕えた。その際室町幕府以来の慣例に沿い、剃髪し僧のかたちをとって仕えた。以後四代将軍家綱まで、侍講を務めた。外交文書、法度の草案をつくるなど、幕政に関与した。のち羅山は還俗した。上野忍ケ岡《しのぶがおか》の家塾が、幕府学問所昌平黌《しょうへいこう》（さらにのち昌平坂学問所＝湯島聖堂）となり三代の鳳岡《ほうこう》は蓄髪して大学頭《だいがくのかみ》に任ぜられ、以後林家が世襲した。

羅山は朱子学の幕府における官学化の方向を推し進めた儒学者だが、著書は、漢籍の注釈、儒学の入門書、神道、排耶蘇、排仏の思想、国文学の注釈、辞書、随想、紀行、草子類の広範囲にわたっている。彼の学説は朱子学によって、人性を本然《ほんぜん》の性と気質の性とに分け、純善である本然の性も物欲によって気質の性が生ずるものであるから、修徳の工夫が必要であるとする。「読書」と「持敬《じけい》」とで内と外との修養に努めるべきであると説くが、理気の説については、当初は陽明学的（「理気一に帰するのみ」）で、折衷的な面があるとされる。そもそも朱子学とはどのような学問かを、簡単に振り返っておこう。

†儒教の展開と朱子学

儒教とは、孔子（紀元前五五二～四七九）の創始した学問であり思想である。英語では孔子（Confucius）の英訳から、Confucianism という。道徳を身につけた君子による政治を説く。仁や礼による政治である。孔子は徳治主義による政治の理想を古代中国の伝説的聖人、堯《ぎょう》・舜《しゅん》にその起源を求めるとともに周王朝とくに周公旦《しゅうこうたん》に理想的政治の実現を見た。孔子のときには「四書《ししょ》」（論語・孟子・大学・中庸）はまだなく、「五経《ごきょう》」のうち『詩経』『易経』『書経』をテキストとした。『春秋』『礼記《らいき》』は遅れて経典化した。その後孟子が、学説を発展させ性善説に立ち、五倫五常などを体系化した。秦の始皇帝による焚書坑儒の弾圧を受けたが、漢の頃から、中国社会に受け入れられ、その後中心的な位置を占める。隋代から清朝までの官吏登用試験である科挙は儒教の教養を必須とした。

日本にも漢字の伝来とともに伝わり、漢学一般の教養のうちに含まれていた。「十七条憲法」にもその影響はうかがわれる。律令体制下では、教育機関、大学の科目であり、平安時代には明経《めいけい》として、明法《みょうぼう》、文章《もんじょう》、算の四道の一つとして教えられた。後には家学化する。林羅山の『論語』の講義が清原家に訴えられるという出来事があったが、それも伝統に反するということであった。朱子学は中世に清原宣賢《きよはらのぶかた》（一四七五～一五五〇）などの博士家が導入していた。

宋代に入り、朱子が儒教を独自に発展させる。そこには仏教の影響があるとされる。その学問は、士大夫の階級（科挙に受かる教養ある文化人）中心に受容された。朱子に先行し影響を与えたとする程明道《ていめいどう》・程伊《ていい》川《せん》にちなみ程朱学、あるいは宋学とも称される。

朱子学は、宇宙論としての「理気二元論」、人性論としての「性即理」、知的態度としての「格物致知《かくぶつちち》」などからなる学説である。宇宙天地に貫徹する一理があるとし、それを「無極而

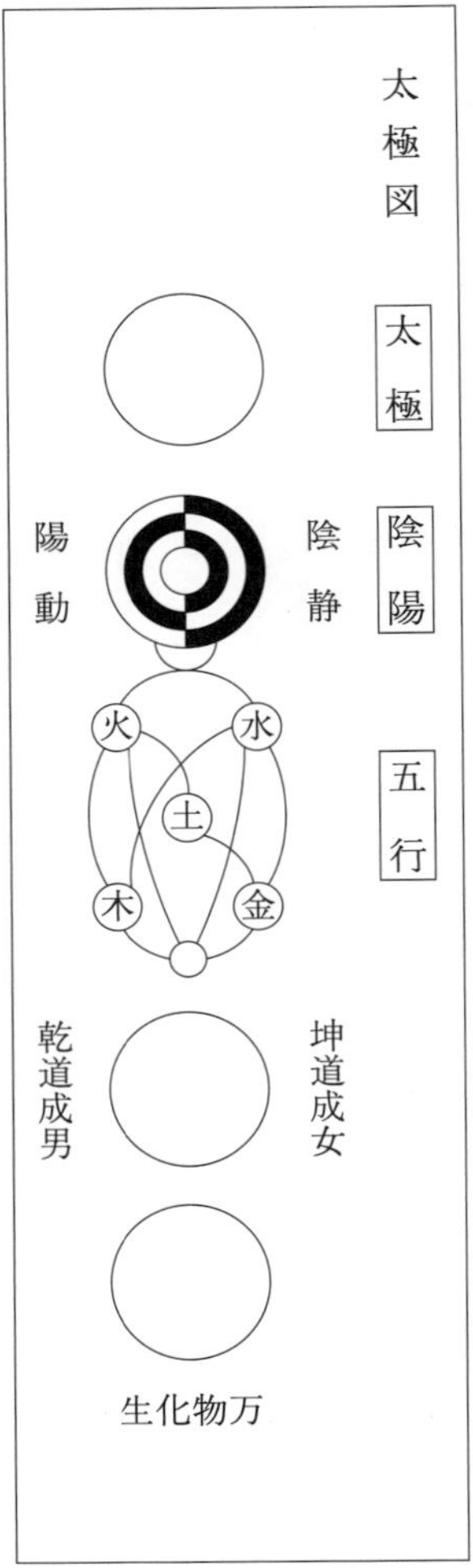

太極」（無極であるとともに太極）とし、太極の運動が陰陽二気を発動させ、五行（木・火・土・金・水）に展開し外界たる世界を形成する。理は一つだが、物質的な気にも貫徹している。人間もこの体系の中にいる。人間は、心性をもつことで、他の存在とは区別されるものであり、理の視点から見るなら、心は性と情に分けられる（「心は性情を統《す》ぶ」）。性（「本然の性」）は理が心に内在化したものだが、情（七情、あるいは情欲、「気質の性」）は気によってもらされたものであり、人は、情を可能な限り禁欲し、理たる本然の性を涵養していくことが求められる。宇宙の理（天理）は人の内にも内在するものであるから、物の理をきわめることでより十全な知に至ること、すなわち「格物致知」が課題となる。

格物致知とは「物に格《いた》り、知を致《いた》す」ことである。個々の事物や外界にそなわる理をきわめることで、その理と、心に内在する理とが「貫通」し、知が完成に向かう（『大学章句』）ことである。心を一つに集中して理を求めきわめる「居敬窮理《きよけいきゆうり》」や、精神を統一して端坐し経典を読む「静坐読書」はその主要な手段でもある。そうして個々人が身につけた徳を、人倫の関係に押し広げていくことが実践的な課題となる。

†朱子学と陽明学

明代の王陽明《おうようめい》（一四七二〜一五二八）は、心の全体を理とすると主張し、心性を弁別し理を純化しようとする朱子に反対した。その思想は陽明学と言われる。心はそのまま理であり、良知（思慮せずに物事を知る天賦の能力。陽明学ではこれを心の本体とする）をそなえている。心の良知をおしていくことで、外物・外界の理に通ずる。王陽明の場合は、理とは、「理は気の条理」であり、理と気は一つと見なされる。「心外に理なく、心外に事なし」（『伝習録』上）の言に示されるように、「心学」、主観性の学と言われるゆえんである。なお、その後の異民族支配の清朝では、政治的理由もあり、思想性を追求するよりも広く資料を収集し、厳密な証拠に基づいて実証的に学問を研究しようとする考証学が発達した。なお朝鮮半島でも李氏朝鮮（一三九二〜一九一〇）の時代に朱子学は全盛となる。ベトナム（越南）も儒教文化圏の一翼を担っていた。

朱子学の出現後、四書を朱子の注釈を頼りに読むことが朱子学者の学問態度となる。日本の朱子学の導入もまた、その方向でおこなわれる。なお、林羅山の場合も、朱子学だけでなくそれを批判する明代の陽明学もすでに日本に移入されていたなかでの、選択的な受容であった。研究史では、羅山は当初、陽明学的な理気観をもっていたとされるが、儒仏一致的な五山的思想から、仏教を捨て、心学を捨て朱子学に至る思想の遍歴を示していると言えよう。

羅山の場合、朱子の太極・理の運動を、人性のみならず、人間の形成する五倫の諸関係、具体的な展開としての士農工商の秩序にもおよび働いていると捉える。「天ハ上ニアリ、地ハ下ニアルハ、天地ノ礼也。コノ天地ノ礼ヲ人ムマレナガラ心ニヱタルモノナレバ、万事ニツキテ上下・前後ノ次第アリ。コノ心ヲ天ニヲシヒロムレバ、君臣・上下、人間《じんかん》ミダルベカラズ」(『三徳抄《さんとくしょう》』)。それは、幕藩体制に順《したが》って、仏教的な出世間の志向を徹底的に排除し、現世の秩序を意味づけるものであった。『大学』に拠りながら、心を仁義礼智信の五常で涵養し身を治め利欲を捨て(明徳)人を教え導く(親民)のが、国家の治につながる人のあり方であるとする(同)。

羅山は仏教に批判的である一方で、神道を重視し、神道と儒教の一致を説く(理当心地神道)。国の根幹は、伊弉諾《いざなぎ》・伊弉冉《いざなみ》の二神がつくり、天照大神が示した神道に則ったものであると捉えられる。

このあと朱子学は、それ以外の儒学（異学）への幕府の統制のなかで官学化するが、他方では、朱子学以外の多様な学問が盛んとなる。徳川初期の朱子学にすでにその萌芽はあったとも言える。湯島に今もその姿をとどめる湯島聖堂では、武士だけでなく町民も学ぶことができた。朱子学者は、藩校の指導者となる者が多かったが、その他にも様々な系列がある。思想家としては一派を成した山崎闇斎《やまざきあんさい》（一六一八～一六八二）がいる。

†山崎闇斎と崎門派

山崎闇斎は、京都の人で、最初妙心寺の禅僧となるが土佐で谷時中《たにじちゅう》に朱子学を学び、還俗する。帰京して塾を開く。のち会津藩主保科正之《ほしなまさゆき》の侍講となった。

闇斎は、林羅山の、朱子以前の古注も陽明学的な学説も参照する折衷的学問を嫌い、純粋な朱子学を学ぼうとする。その姿勢は、闇斎という名前を朱子の号の晦庵《かいあん》からとったこと、実生活上も朱色の服を着ていたことからわかるように、朱子と一体化し朱子の教説を祖述することに傾注した。弟子への態度も峻厳なものであったという。『闇斎先生年譜』は、その言葉を伝える。

吾意《おも》ふに、朱子の学は居敬窮理《きよけいきゆうり》にして、即ち孔子を祖述して差《たが》はざるものなりと。故に朱子を学びて謬《あやま》る、朱子と共に謬るなり。何の遺憾かこれ有らん。是れ吾の朱子を信じ、また述べて作らざる所以なり。汝《なんじ》が輩《はい》、堅くこの意を守りて失ふこと勿《なか》れ。

三十歳のとき『闢異《へきい》』を著して、仏教や老荘思想を批判し、朱子学の正統性を論じ、訓詁注釈を主とする儒者を俗儒と激しく批判している。その著作中、朱子学に関する著作は右の文にあるように「述べて作ら」ない、朱子学系の諸書の抜粋となっているが、おのずと闇斎的特徴があらわれている。「敬」の重視はその一つである。

闇斎は、朱子の「居敬窮理」に依拠しながらも、窮理の側面は、あまり重視しないで修養法である「居敬」を強調した。敬はもともとは、天や君、父母、他者への敬虔さ、うやうやしい気持ちであったが、朱子において自己に対する心のあり方と捉えられ、自己変革の修養法として説かれている。闇斎の理解はそれを受けつつ、敬とは、つつしむ、おそれる（「戒慎恐懼」）と解すべきものである。これは「心法」として天地の始まりから伝えられてきた。闇斎が朱子と異なる点は、敬を心との関係で見ないで、身の問題、すなわち修身と同じものと見ていることだとされる（高島元洋『山崎闇斎』）。敬身では日常の立ち振る舞い、容貌の「整斉厳粛」が重要となる。敬とは心を放散させないで、「此心を鬱乎《うかうか》々々と放ちやらず、平生吃《きつ》と照しつめるを敬と云」(『敬斎箴《しん》講義』)という。敬で身を持することが、治《ち》国平天下《こくへいてんか》に通じるというのが闇斎の考え方であった。

心については、朱子の理解と比べ、それ自体積極的な働きをもたない空虚な場としての「神《しん》明之舎《めいのやどり》」と闇斎は受け止めていたと解される。このことは闇斎の神道への傾斜と深く結びつく。天理と心は貫通し、儒教的な天人一致は、神道の神人一体と重なる。

闇斎は、保科正之を通じて知った神道家、吉川惟足《よしかわこれたり》(「きっかわ」とも。一六一六〜一六九四)から吉田神道の伝授を受けた。吉川惟足は神道家であり、商家に養子として育ち、家は江戸日本橋の魚商であった。一六五三年(承応二)さらに神道研究に志し卜部兼従《うらべかねつぐ》に師事、神道道統を伝授された。闇斎は、天照大御神とその子孫の天皇による統治の道が神道であるとし、居敬を猿田彦《さるたひこ》の教えである「つつしみ」と結びつけ、心のあり方としての「正直」を重視する垂加《すいか》神道を説いた。

闇斎の実践的な道学としての儒教は、広く江戸時代を通じて影響をもった。著作に婦人や子供に向けての『大和小学』などがある。弟子からは浅見絅斎《あさみけいさい》、佐藤直方《なおかた》、三宅尚斎《しょうさい》らが出て、崎門《きもん》学派と称された。しかし闇斎の神道論に同意せず、純粋な儒教の立場に立とうとした弟子とは疎遠となった。藩校などでは、林家と並ぶ勢力を保った。

3　儒教思想の多様な展開——朱子学と反朱子学

†朱子学への懐疑——「理」をめぐって

朱子学が、林羅山の学問によって、一定の位置を占めていく一方、すでに十七世紀後半に朱子学的な世界把握・方法等の真理性ないし正統性を疑う言説が登場する。

さらには古義学、古文辞学と、独自の儒教的学問を展開させていく者が現れた。その代表的思想家によって、儒教的学問の諸相と展開を見ておこう。それらは朱子学の「理」や人間の「性」の把握という理気論への懐疑から、倫理的な厳格主義の批判に向かい、むしろ人間の「日用」にこそ学の本来的意義を見るという儒学理解につながっていく。

†貝原益軒

貝原益軒《かいばらえきけん》(一六三〇〜一七一四)は博物学者、薬学者として一般に知られる。祖父の代から黒田藩に仕えるが、父の転職にともなう移住や、浪人生活を体験する。益軒は黒田藩に再び仕えた。十四歳で四書を学び、二十八歳から三十五歳まで藩費で京都に遊学。松永尺五、木下順庵らの朱子学者や、中村惕斎《てきさい》（一六二九〜一七〇二）らの博物学者と交際した。

幅広い学問的交流にもよろうが、益軒は、四〇代半ばから、朱子の学問そのものへの懐疑を抱くようになった。晩年に『大疑録』を書き、そこには疑いを懐くに至った思考の経緯が示されている。益軒のどうしても納得がいかなかったことは、宋学（朱子学）の理気論であり、その太極を無極としながら存在する物の根源とし、理気二元論に立つその理論であった。

宋儒の説は、無極を以て太極の本となし、無を以て有の本となし、理気を以てこれを分って二物となし、陰陽を以て道にあらずとなし、かつ陰陽を以て形而下の器となし、天地の性と気質の性とを分別して以て二となし、性と理とを以て死生《しせい》なしとなす。これみな、仏老《ぶつろう》の遺意《いい》にして、吾が儒の先聖の説とは異なれり。（『大疑録』）

益軒によれば、理とは「気の理」すなわち気に内在する理であって、理と気は分けられず、どちらが先でどちらが後という議論にもなじまない（朱子の理先気後説の批判）。益軒は朱子の理気論を、仏教老荘思想の影響を受けていると見なし、儒学本来の考え方でないとして批判する。理と気は二つのものでなく一物であり、理気を分ける朱子説の、まさにその点が「信服する」ことができないのだという。

人間の捉え方も異なってくる。朱子は身体には死生があるが、性（本然の性＝理）には死生がないとする。しかし人が死んだなら、この理も滅ぶであろう、と益軒は言う。そして朱子学の「静坐澄心」という修養法よりも「孝弟愛敬《こうていあいけい》」「文行忠信《ぶんこうちゅうしん》」という実践的徳を先立てるべきだとし、それこそが『論語』に見られる「孔門」の教えであり、「標準、古今の法則」であると主張する。この世界把握は、益軒の薬草学や博物学への関心とまっすぐに結びついている。ある植物の薬効は、その植物に内在する「理」と言うべきである、とする経験主義的な自然理解と言うことができる。益軒の着想には、比較的遅く儒学の学習を始めたこと、京都で包容的な学風に触れたこと、上方の商品経済を目の当たりにしたことなどが確実に反映している。その道徳説は穏健な快楽主義と言うべきものである。『養生訓』『益軒十訓』『大和本草』『慎思録』などの著作がある。

†中江藤樹と陽明学

中江《なかえ》藤樹《とうじゅ》（一六〇八～一六四八）は大洲《おおず》藩に出仕する武士であったが、母への孝行を理由に脱藩し近江に帰り、農耕をしつつ近隣に儒学を教授し、近江聖人と世に称された。藤樹の思想は、日常倫理の重視と孔子への復帰の二点に集約される。『翁問答《おきなもんどう》』で「孝」を説いて言う。

このたからは、天にありては天の道となり、地にありては地のみちとなり、人にありては人のみちとなるもの也。元来名はなけれども、衆生にをしへしめさんために、むかしの聖人、その光景をかたどりて孝となづけ給ふ。

（『翁問答』）

孝はこのように世界の原理であるが、当然のことながら人のおこないに関わる。人は「父母を愛敬するを本《もと》とし、おしひろめて余の人倫を愛敬して道をおこなふを孝と云、順徳と云……」と孝の実践とその広がりを重視する。孝とは父母への孝をもととするが、本来他者一般に対する愛敬、すなわち愛し、敬うことである。さらに藤樹は「たとひその行ふところ、儒書にのする所の礼儀作法にちがひても、その事の中庸の天理にあたりその心私心なく聖賢の心法にかなひぬれば儒道をおこなふ君子なり」と言い、人々の心に内在するものの発現こそが天理に適うことであり、学のない一庶民でも君子たりうると説く。

三十七歳のとき、王陽明の思想に接し傾倒したと言われ、そのために日本の陽明学の祖とされる。晩年、孝の根底に、陽明のいう「良知」を置くようになる。もともとの心の修養をもとする藤樹の心学的傾向が、陽明学と共鳴したと言えるだろう。『翁問答』『孝経啓蒙』などを著した。のちに新井白石は自らが学問を志したのは、藤樹の『翁問答』に接したことによると言っている。

†熊沢蕃山

熊沢蕃山《ばんざん》（一六一九〜一六九一）は、浪人の子として京都に生まれ、親戚の水戸藩士の養子となって、岡山藩主池田光政に仕えた。四年で致仕《ちし》（官職を退いて引退すること）し、祖母の郷里である近江に移り、中江藤樹の門に入った。再び岡山藩に戻るが再び致仕。その後京都などに遊学するが、陽明学を講じたかどで幕府によって下総古河城下に幽閉（一六八七）、その地で死んだ。幕府の警戒は、『大学或問《わくもん》』で政策批判をしたことが直接の理由だが、その心学に公卿や浪人が結集することをおそれたのであろう。

熊沢蕃山の思想の根底には、「時・処・位」論がある。とき・ところ・くらいにしたがって事を実践すべきということであるが、これは中国を基準として、日本の国情にあわせて適用するというところに主眼がある。のちに西川如見《じょけん》が『日本水土考《にほんすいどこう》』（一七二〇）などで、十七世紀末からの経済力の進展などを背景に、日本の風土と漢土の風土の違いを論じ、日本をこそ中華であるとする水土論を主張したが、日本の個体性を説き中国崇拝からの脱却を説いたものとして、蕃山の時処位論《じしょいろん》・水土論は、早い時期のものである。その点で貨幣経済の抑制、武士の帰農を説くことなど、西川如見の時代とも異なる位置にあった。

儒道、神道、仏道、みな明知の人の其時処位に応じて行ひし跡なり。道の真にはあらず。

（『集義外書』巻十六「水土解」）

古代の聖人は時・処・位に応じて礼法をつくった。礼法はそのときの状況に応じたものだから、礼法の外形的な事実を学ぶのは意味がなく、制定の心を学ぶべきである。しかしこの「道の真にはあらず」というのは、必ずしも普遍的な道がないと言っているのではない。普遍の現れ方が異なるのである。水土論は、その現れ方の異なりを、水土（風土）で説明したものである。儒法、仏法、神道の法も、それぞれの水土に応じた「法」の現れである。後に荻生徂徠《おぎゅうそらい》が、伊藤仁斎とともに蕃山を高く評価するのはこうした考えを指してである。

歴史的な状況を無視した学説の受容は無意味である。そう見る蕃山は、藤樹にも、朱子、陽明にも偏しない。「聖経賢伝は皆我心の註」と言うように、心という主体性において選択し受容するその学は、陽明学的にも見えることは確かであろう。著作として『集義和書』『集義外書』『三輪物語』『大学或問』などがある。

†山鹿素行

山鹿素行《やまがそこう》（一六二二〜一六八五）は会津若松に生まれた。浪人となった父に従って江戸に出る。九歳で紹介する者があって林羅山に入門した。幼時から武芸兵法を学び、十五歳で小幡景憲《おばたかげのり》・北条氏長《ほうじょううじなが》について甲州流兵学を深める。学問は朱子学を主としながら、神道・歌学また老荘、仏教なども学んだ。三十一歳で、赤穂藩主・浅野長広《ながひろ》侯に召し抱えられたが、三十九歳で致仕し、江戸にて儒学・兵学を講じ始めた。四十一歳の頃、朱子学を捨て、朱子や後代の学者の注釈を介さないで、古聖賢の経書そのものに学ぶ古学を提唱し始める。

朱子の宇宙の本源たる太極を「理」とする思想に対して、宇宙の本源としての理を否定し、万物の差別相のうちにある条理としての理は認めるという立場にとった。四十四歳のとき、『聖教要録』を刊行して朱子学を批判したかどで、時の幕府の実権を握り、山崎闇斎の朱子学の信奉者であった会津藩主保科正之の意向で、赤穂に配流された。彼の学問は、日常（日用）と学問の間に懸隔なきことを目指すものであった。

書は古今の事蹟を載《の》するの器なり。読書は余力のなす所なり。急務を措《お》いて書を読み、課を立つるは、学を以て読書に在りとなすなり。学と日用と扞格《かんかく》（相容れないこと）するは、これただ道を読みて、その道を致《きわ》めざるなり。

（『聖教要録』）

ここの読書とは、朱子が学的修養として説いた窮理の一手段としての読書（経典）を指す。「理」批判も、学問が日用平常の事物に即す事を忘れて、思弁的になることに向けられる。また、理を朱子が主張するとき、そこでは理にかなわない人情情欲は否定されねばならなかったが、素行は人情情欲も、条理＝已《や》むことをえざる自然性と見て肯定する（「凡そ人欲は人情の欲なり、人物未だかつて情欲なくんばあらず」「飲食の口体に於ける、男女の情欲に於ける、是已むことをえざるの誠也」（『山鹿語類』））。後の仁斎らとともに古学派と言われる共通の人間認識に立つことになった。已むことをえざる心情は「誠」とされ、素行の実践的学の中心に据えられた。

素行の朱子学からの離脱と実践的学の主張は、彼の強烈な武士としての自覚と結びついていた。自らその学問を「武門の学」と言うように、農工商の三民の上に立つ指導者たる武士による日用の職分の遂行こそ実践であった。その立場から武士の日常の飲食、会話、挙措動作に至るまでの細かなルールを定める士道論を説いた。

学問の極《きわみ》は、唯だ其の事理日用を窮《きわ》め致《いた》すに在り。凡そ天下の事物各々必然の理あり、出入起居応事接物の間、皆《みな》事理あり用法あり。

（『山鹿語類』）

能く信をなし（誠実で）偽らず。常に士の正義を思ひ懈《おこた》るべからず、これ交りを全うするの道なり。

（『武教小学』）

著作には引用した書のほか『武教全書』、中国の中華思想を批判し我が国の優秀さを論じた『中朝事実《ちゅうちょうじじつ》』、配流されたときに遺書として書いた『配所残筆《はいしょざんぴつ》』などがある。

4　古義学・古文辞学の成立

†伊藤仁斎

伊藤仁斎《じんさい》（一六二七〜一七〇五）は、京都堀川に商家の子として生まれた。十一歳で初めて『大学』を読み感激したというが、独学で宋学等を学び、二十代後半で朱子学による二、三の草稿を書いている。この頃から精神を病み、家を弟に譲り、七、八年間自閉してほとんど庭にも出ない生活を送ったという。

この間に仁斎は、朱子学から徐々に離れ、陽明学、仏教、老荘等を読み込み、次第に自らの学問の根拠への確信を抱くようになったらしい。その後健康を取り戻し、三十五歳のとき、同志会という研究会を組織するとともに翌年堀川に塾（古義堂）を開き門人の教育を始めた。生涯仕官することなく、著述と教育に専念した。その塾には、三〇〇〇人を越える門人が集まったと言われる。この塾は、朱子学者・山崎闇斎の塾ときわめて近いところにあったこともよく触れられるところである。

仁斎の古義学は、これまで見た古学派も含め、儒学一般の現世的秩序の重視、世俗的傾向を受け継ぐものである。仁斎はそれを人倫（五倫）、すなわち人間の関係のいっそうの再考という方向に深化させた。

人とは何ぞ。君臣なり、父子なり、夫婦なり、昆弟《こんてい》（兄弟）なり、朋友なり。それ道なる者は一つのみ。君臣に在りては之を義と謂《い》ひ、父子には之を親と謂ひ、夫婦には之を別と謂ひ、昆弟には之を叙と謂ひ、朋友には之を信と謂ふ。皆人に由て顕る。人無き時は則ち以て道を見ること無し。故に曰く「人の外《ほか》に道無し」と。（『童子問』）

続いて道とは、仁義礼智であり、人はそのなかに閉じ込められて一時も離れることができないから「道の外《ほか》に人無し」と言う。その確信は次のように表現される。

設令《たとひ》宇宙の外、復《また》宇宙有りとも、苟《いやしく》も人有て其の間《かん》に生ぜば、必ず当《まさ》に君臣・父子・夫婦の倫有《りんあつ》て、仁義礼智の道に循《したが》ふべし。（同）

ここには、仁斎が老荘や仏教的な出世間的傾向を克服し、思想遍歴の果てに得た確信が表現されている。

この人倫の関係の重視は、他方で、朱子学的世界把握への批判を含意する。仁斎によれば、朱子の説く「理」では天地が生々化々《せいせいかか》する活物性を捉えられない。

理は本《もと》死字、物に在りては物を宰《つかさ》どること能はず。生物に在りては生物の理有り、死物には死物の理有り。人には則ち人の理有り、物には則ち物の理有り。然《しか》れども一元の気之《き》が本と為りて、理は則ち気の後《うしろ》に在り（仁斎は気先理後説を採り、朱子の理先気後説に反対する）。故に理は以て万化《ばんか》の枢紐《すうちゅう》と為るに足らず。（同）

「万物は五行に本づき、五行は陰陽に本づく」が、「陰陽の然る所以」を問うなら「理」と言うしかない。しかし理に帰するなら「虚無」に陥るのである、と仁斎は言う。だから、古代の聖人は決して「理」によって天地を説明しなかった。「惟《た》だ聖人」のみが「能《よ》く天地の一大活物にして」これを「理の字」で尽くすことはできないことを知っていたのである。

このように理を否定する仁斎は、人間を朱子学的な意味での「気質の性《せい》」すなわちその生来の素質を、生きるものとして見る。人の心も活物であり、どのような人間も「四端《したん》の心」を有する点で、善なる性をもっている。四端の心とは孟子の説いたもので、心のなかに惻隠《そくいん》（あわれみいたむ心）、羞悪《しゅうお》（悪を恥じ憎む心）、辞譲《じじょう》（譲りあう心）、是非《ぜひ》（よしあしを見分ける心）の四つが本来的に備わっていて、これら四端（端は芽生えの意）を、それぞれ仁、義、礼、智という完全な徳へと育て上げねばならない。性善説と言われるゆえんである。朱子はそれを受け、仁義礼智を本来的「性」とし、「四端」とはそれらが「情」として外に現れ出た端緒と解する。朱子は、情を徹底的に制御することを説き、ために厳格主義になるが、仁斎はそれに対して、人間の善性を伸ばすことで、「道」に参与する可能性を拓こうとする。

道徳の基本は仁である。仁の徳は広大だが、「一言以て之を」言い尽くそうとするなら「愛のみ」である。仁義礼智信の五常も仁から発するのでないなら、偽りである。「我能《よ》く人を愛すれば、人亦《また》我を愛す。相親《あひしたし》み相愛《あひ》すること、父母《ふぼ》の親《したし》みの如く、兄弟《けいてい》の睦《むつまじ》きが如く、行《おこな》ふとして得ずといふこと無く、事《こと》として成らずといふこと無し」と人倫の完成に至りうる。しかし実際は日常的に人と人とは疎隔しており、一方で仁の徳は広大である。とすれば、人間が日常的に実践できるのは、他者に向かって自らを真摯に尽くす「忠信」しかない。しかしまた「忠信」の実践で仁の徳に、道に近づくには、「学問」が必須であると仁斎は強く説いたのである。

仁斎の朱子学批判は、古義学という新たな学問を成立させる。仁斎も朱子の註を介して経典を読むことを否定する。彼は『論語』を「最上至極宇宙第一の書」と呼んで、『孟子』を『論語』解釈の「義疏《ぎそ》」（註釈）と見なし、そのテキストの字義（古義）解釈をおこない、朱子の重んじた四書の『中庸』『大学』などを、徹底的な文献批判の俎上に載せる。朱子は四書を重んじたが、そのなかの『大学』について、仁斎は孔子の意を体した独立した書とは認めず、もと『礼記』の一編であるとし、「孔孟」の血脈を知らない者の述作とした。この文献学的業績は、朝鮮の朱子学者にも高く評価された。

以上見たように仁斎の思想も、自ら古典に対峙する姿勢から生まれたものであった。仁斎の倫理学・哲学は、神や超越者を前提としないで組み立てられた、人と人との関係についての思想の極点を示している。

†白日十字街頭の学

仁斎の主著の一つ『童子問《どうじもん》』は先生と弟子との問答という形式で、彼の思想を説いたものである。その一節に、先生自身の「学問の家法」はどのようなものかと尋ねられ、自らの著作『仁斎日札《にっさつ》』を引いて答えるところがある。曰く、「儒者の学」は、「明白端的」で「白日に十字街頭に在《あっ》て事を作《な》すが若《ごと》」きものである。道を論じ経典を解釈するに当たって、白昼の十字路を行き来する人々の目にさらすよう、少しもあざむくことや無理にこじつけるようなこと、あるいは本来のものでない代用品ですませることをせず、短所を飾り、装い飾って媚びるようなこともしてはならない。

日常的経験のなかでの人と人との関わりに学問思想の基礎を置き、また関係の場面をこそ豊かな場たらしめようとする仁斎学の真髄の表現と言えよう(『童子問』下、四八章)。

仁斎の古義堂では、門人たちが定期的に、交替で講義をしたという。ここからは町人・商人の向学心とともに、儒教が広く庶民の教育として浸透していくさまを知ることができる。

仁斎の学問は同時代に広く影響を及ぼし、この後に見る荻生徂徠の登場もそれによる面がある。仁斎の学統は長男の伊藤東涯《とうがい》(一六七〇〜一七三六)によって伝えられた。

仁斎の著作には、『童子問』のほか、『語孟字義』『論語古義』『孟子古義』などがある。

†荻生徂徠

荻生徂徠《おぎゅうそらい》(一六六六〜一七二八)の登場は、思想史上の一つの「事件」(子安宣邦『「事件」としての徂徠学』）とされる。それは、それまでの日本の儒教を内側から壊す役割を担ったからである。

徂徠は、後の五代将軍綱吉が館林藩主だったとき、その侍医であった方庵を父として生まれた。十四歳のとき、父が綱吉の不興を蒙り、上総《かずさ》国（千葉県）に流罪となって赦免によって江戸に戻るまで、十一年間を上総・本納村で過ごした。後年このときの体験が思想形成に大きな意味をもった。独学で儒教を学び、江戸に戻ってからは芝増上寺の近くで塾を開いた。三十一歳のとき学識を知った柳沢吉保《やなぎさわよしやす》に召し抱えられ、幕政に吉保を通じて関与した。綱吉が没し柳沢吉保が失脚したため、四十四歳で私塾「蘐園《けんえん》」を開く。八代将軍吉宗のとき、再び諮問を受ける。吉宗への政治的提言に『太平策』があるが、『政談』も吉宗へ献上する意図から書かれたという。

徂徠の学問は、当初は朱子学の範囲を出ないものであった。『蘐園随筆』（一七一四）はその時期の著作である。その後の学問的変遷を経た後の徂徠学は、端的に「古文辞学《こぶんじがく》」と言われる。すでに私塾を開いていた頃に辞典『訳文筌蹄《やくぶんせんてい》』（漢字の同訓異義、異訓同義の手引き）を口述していたように、徂徠には言語への関心が元来あり、四書五経を正確に読むには、古代中国語の知識が必要だと考えていた。華音華語、すなわち現代中国語を学んだというが、それも和訓によって中国語、まして古代中国語を読むことへの、批判的見解からである。三十九歳のこと、徂徠は、中国・明の古文辞派、李攀竜《りはんりよう》、王世貞《おうせいてい》の文集に接して、古人の詩文を「模擬」して文学の格調を高めるという主張に大きな示唆を与えられた。文学上のこの主張を経典読解に応用しようと考えたことが、朱子学への批判、また仁斎学への違和感を明確にするきっかけとなった。徂徠はこれによって「古今の辞」の違いに気づいたと言い、古代中国語を古代中国語として読むことを主張するのである。これは宋学・朱子学の主観性の批判にもなった。

まず、朱子学の「理」への反発を挙げよう。徂徠は理について言う。

理は形なし。故に準なし。その以て中庸となし当行の理となす者は、すなはちその人の見る所のみ。見る所は人人殊《こと》なり。人人おのおのその心を以て「これ中庸なり」「これ当行なり」と謂ふ、かくのごときのみ。人間《じんかん》、北より看《み》れば南と成る。また何の準とする所ぞや。また天理・人欲の説のごときは、精微《せいび》と謂《い》ふべきのみ。然《しか》れどもまた準なきなり。辟《たと》へば両郷の人の地界を争ふがごとし。いやしくも官の以てこれを聴《さば》くことなくんば、はた何の準とする所ぞや。故に先王・孔子は、みなこの言なし。（『弁道』）

理は定準なし、とはよく知られた言であるが、徂徠にとって、朱子学の主張する理は、基準なき、主観性あるいは情念の表現であり、相対性をまぬがれない。では、理にまったく有効性がないとすると、古代の聖人は何を基準としたのか。そこに徂徠の提起するのが、聖人は「礼《れい》楽《がく》」（礼儀の制度と音楽）を制定したという事実であった。「聖人」とは朱子学のように学んで至りうる者ではない。古代に一回的に出現した為政者、堯であり舜（「先王《せんのう》」）である。

徂徠は従来の「道」の概念を大きく変える。徂徠によれば、聖人の道とは、「天下を安んずる」営みのことであり、具体的には、先王の制定した「礼楽刑政《れいがくけいせい》」（刑政は刑罰と政治）を指すという。儒学においては、従来、道とは道徳を意味し、道徳の教えを主としていたのに対して、徂徠は、儒学の道を「天下を安んずる」という政治性に求め、個人の内面に関わる道徳的問題を儒学の範囲ではないとする転換を果たしたのである。

それは、人間及び社会の捉え方に基づく。天下の人々は、多様な気質をもって生まれ、才徳、職分においても多様である（朱子学の言うようには、人の「気質」を「変化」させることはできない――『徂徠先生答問書』）。しかしまた、人は互いの生を救済し合う面を持つ存在である。「相《あい》愛し相生じ相成《な》し相輔《たす》け相養ひ相匡《ただ》し相救ふ者」はまた「人の性」である。だから徂徠によれば、孟子は「仁なる者は人なり。合してこれを言へば道なり」と言ったのである。現実に士農工商は、孤立して生きてはいない。「相助けて食《くら》ふ者」であり、盗賊であっても「党類」はある。これが人間の生存の現実であり、「君」とはこれらを「合す者」である。すなわち「先王の道」とは、「億万人を合して」、人々の「親愛生養の性」を助け遂げさせることであり、またそうした絶えざる営みが「仁」を完成させることであった（以上『弁道』）。
聖人はこのように、天の立場に身を置いて、天下の人々を養い安んずる存在である。このことは六経に古文辞で書かれており、この礼楽刑政を明らかにするには古代中国語に通じる必要がある。朱子学の注釈を通しては見出すことはできないのである。

この思想の展開のなかで、かつて大いに影響を受けた仁斎に対し批判をもつようになる。仁斎は、朱子の、仁義礼智を「本然の性」とし、「端」を「緒」と解して性の端緒が外に現れ出たものとする考え方を批判していた。仁斎は、古注によりながら、「仁義礼智の徳」はあらかじめ具《そな》わっているのではなく、「拡充」によって形成していくべきものであり、四端の心は「仁義礼智形成の本（土台）」だとする。これに対して徂徠は、仁斎は、「拡充」によって「徳」をなすというが、「性」を具え持つという朱子といったいどこが異なるのか、それでは「性」と「徳」との言葉を争っているに過ぎない、と批判する（『弁名』徳）。個人の内面に関わる道徳的問題を儒学の範囲ではないとする転換を果たした、徂徠らしい議論の一例である。

朱子は「四書」を尊び、仁斎は、『論語』『孟子』を尊崇したが、徂徠は古聖人によって制定された礼楽が最も保存されている「六経」、すなわち「五経」に『楽経《がくけい》』を加えた経典を中心とする。もとは『易経』『書経』『詩経』『礼記』『楽経』『春秋』を六経と言ったが、古く滅びた『楽経』を除いて五経とも言う。

彼の学派は、多彩な門人を生み出し、大きく学問界を席捲する。門人の流れは、経学と詩文の系列に分かれる。経学・経済思想の方面では太宰春台《だざいしゅんだい》（一六八〇～一七四七）、漢詩文では、服部南郭《はっとりなんかく》（一六八六～一七五九）らが出た。丸山眞男はのちに、〈自然から作為へ〉という近代の人間観の祖型を徂徠学に見ることとなる。

5 儒教的学問と教養の進展

†多様な学問の展開

以上の思想家たちも、もともとは朱子学の教養をもって学問の形成をしたものであった。このほかにも木下順庵のもとから出た新井白石、大坂の町人によって設立された懐徳堂《かいとくどう》（一七二四年、大坂の町人の援助で、中井甃庵《しゅうあん》を中心に設立。二年後に幕府の公許を得る。庶民が多かったが大坂在住の武士も学んだ。一八六九年に閉じられるまで逸材が輩出した）の中井竹山《ちくざん》らは徂徠と同時代の思想家であり、少しあとには懐徳堂から富永仲基《とみながなかもと》、山片蟠桃《やまがたばんとう》らが出ている。

†新井白石

新井白石（一六五七〜一七二五）は上総の久留里《くるり》藩に仕える父の子として生まれ、恵まれた環境で育つが、十八歳のとき父が致仕し、その後三十代の半ば過ぎまで、堀田正俊に仕えた時期もあったが、貧困のなかで勉学に励んだ。三十歳の頃木下順庵の弟子となり、その推薦によって三十七歳で、甲府藩主徳川綱豊《つなとよ》の儒臣となった。綱豊が将軍家宣《いえのぶ》となったため、側近として幕政に参与し、「正徳《しょうとく》の治」を主導する。

新井白石は、朱子学者に入れるべきであろう。しかしその多彩な活動から、朱子学的背景をもった一種の応用哲学者であるとも言える。その点で純粋な思想的骨格を求める目からは、一流の思想家ではないとする見方もある。自らの伝記によれば、十六歳で中江藤樹の『翁問答』に接して聖人の道を志したという。浪人生活と貧窮のなかでも学への志を失わず、独自の領域の思想を紡ぎ出したのも、正統な学統の外にいた独学者であったことによろう。

歴史思想、政治思想、古代史・記紀神話研究、言語研究、また蝦夷《えぞ》地、琉球の人文地理学的研究も晩年には手掛けている。その学問思想の中核となっているのは、武士の政治的位地の正当化と確認を図る歴史学である。

『読史余論《とくしよろん》』は『愚管抄』『神皇正統記』と並んで代表的な史論の一つとされる。時代区分については「本朝天下の大勢、九変して武家の代《だい》となり、武家の代また五変して当代に及ぶ」とする。本書では光孝天皇以前を上古とし、叙述の対象外として、藤原良房の摂政就任より筆を起こし、公家政治が九度の政権の変遷を経て公家政治から武家の世となったこと、また武家の世が源頼朝父子三代から見て五変して徳川の世となったことを論じ、武家政治への必然性を描いている。

全体として儒家的名分論《めいぶんろん》に立ち、武家政治の正当性を擁護しながらも、たとえば足利尊氏反逆の原因を論ずる『梅松論《ばいしょうろん》』などの説を「武家の為に潤色せしもの」として断じているように、歴史叙述に極力主観的な解釈が入ることを排して「事実」に基づこうとする。

その姿勢は合理的と評されることがあるが、必ずしも的確とは言いがたい。『読史余論』では人のおこないがその家の盛衰と関連するとしており、天人相関の因果応報の議論が見られ、その限りでは、文献実証的と言うべきだろう。古代史・神話説に対する態度も同様である。『古史通《こしつう》』は方法的態度をよく示している。「神は人なり」という記紀の理解がよく知られるが、白石は、それに続いて「我が国の風習では、およそ尊ぶべき人をカミというのである、その点では上古の言葉も今の言葉も同じである。これは尊び敬う意味だと思われる」と言っている。『古史通』での方法は「いづれの書に出し所なりとも其事実に違ふる所なく其理義《りぎ》におゐて長ぜりと見ゆる説にしたがふを稽古（昔を知る）の学とはいふべきもの」というように、事実の背後にある「義理」「道理」の解明に向かう思考を示しており、非合理的に見える事柄を、人間的事実の延長として整序的に理解しようとする。

ただし、白石は鬼神の存在を否定するわけではない。「解すべからざるものは強て其理をつくるべからざる」という知的抑制を貫いており、単なる実証主義者や経験主義者ではない。非合理なものを内包する人間と社会への知的アプローチの仕方こそ、白石の真髄であろう。その他に『藩幹譜《はんかんふ》』や『東雅《とうが》』(言語論)などがある。

『西洋紀聞《せいようきぶん》』は、西洋文化受容のかたちを示したことで、後世に影響をもった。一七〇八年に潜入したイタリア人シドッチを立場上四度にわたり尋問したときの記録と感想を綴ったものである。シドッチより西洋の事情を聴取するが、それはカトリックの背景はもちろんキリスト教全般の教義や歴史的背景、西洋諸国の言語・地理・政治体制・経済・軍事等と多岐にわたる。これは「西洋」という語を冠した最初の書だが、鎖国という状況のもとで西洋の事情をかなりの正確さで国内に知らしめた重要な書となる。シドッチの人柄に敬意を抱き、いわゆる科学的な知識に驚きながら、キリスト教の教義を聴くに及んで白石の筆致は一変する。

其教法を説くに至りては、一言の道にちかき所にもあらず。智愚たちまちに地を易《か》へて、二人の言を聞くに似たり。こゝに知りぬ、彼方の学のごときは、たゞ其形と器とに精しき事を。所謂形而下《いはゆるけいじか》（ものに関する学・技術）なるもののみを知りて、形而上（精神・道徳）なるものはいまだあづかり聞かず。

（『西洋紀聞』一七一五初稿、以後加筆）

白石の聴取によって西洋の事情が伝わり、将軍徳川吉宗のとき、宗教に関わらない書籍の禁を緩和することとなった。後に蘭学者大槻玄沢《おおつきげんたく》が、蘭学の祖は新井白石であるとし、その後、青木昆陽《こんよう》、前野良沢《りようたく》、杉田玄白《げんぱく》へと継承されたと述べている通り、白石は西洋文化の受容のかたちを先駆的に打ち出したと言えるだろう。東洋の精神的伝統の優秀性を保持したままで、西洋の優れた文物、科学技術のみを導入するという、幕末の思想家たちの姿勢に連なると言える。

白石の『折たく柴の記』は、日本では最初の自叙伝とされる。典雅簡明な和文で綴られ、なお戦国の遺風のある時代に青春時代を過ごし、実直な父、教養ある母のことから、幼児、青年期、将軍の侍講となったこと、幕臣として政治に参画した頃のこと、そして吉宗によって罷免されるまでを描き筆を措く。この書は、白石が武士のエートスの信奉者であったことを示す。

学文《がくもん》の道におゐて、不幸なる事のみ多かりし事、我にしくものもあるべからず。かほどまでにも学びなせし事は、前にもしるせし事のごとく、つねに堪がたき事に堪ふべき事をのみ事として、世の人の一たびし給ふ事をば十《と》たびし、十たびし給ふ事は百たびせしによれる也。

(『折たく柴の記』)

物事に応じるには「事変の権」(臨機応変の法)を用いるべきである。物事には常(変わらぬもの)と変(変わるもの)があるが、事を処理するにも経(不変の基準)とともに権(臨機の対応)とがある、と同じく自伝で言っている。白石は朝鮮通信使待遇問題(待遇の簡素化、返書での将軍の呼称を「日本国大君《たいくん》」から「日本国王」に変更したことなど)、通貨改革などに当たって果断な処置をとる行政官でもあった。

†寛政異学の禁

官学としての朱子学と異なる学問、とりわけ蘐園《けんえん》学派(徂徠派)の隆盛を見て、松平定信は寛政の政治改革のなかで、「異学の禁」を出し、官学たる朱子学を盛り立てるべく、陽明学・仁斎学・徂徠学などの異学が学問所で講じられること、幕吏登用試験に用いることを禁止した。藩校もこの禁に応じたところもあったが、必ずしも遵守されていたわけではなかった。朱子学に限らず、明治になっても儒学の様々な学統・人脈は影響をもっていた。幕末から明治初期の西洋思想の受容も、こうした儒教的教養の上におこなわれたのである。

6　武士道と近世思想の諸相

†武士という存在

こうした学問が興隆したことには、戦乱の世がようやく終わり、豊臣方との対決の帰趨がほぼ決して迎えた、慶長年間以降の平和が関係していよう（元和偃武《げんなえんぶ》）。政治は、新たな秩序を模索する。

この時代にかつて戦闘者として、つねに中心にいた武士階級はどうであっただろうか。

†『三河物語』

大久保彦左衛門《ひこざえもん》（一五六〇～一六三九）の『三河物語』（一六二二）は、武士の内面を知るのに格好の資料である。彼は大久保忠員《ただかず》の八男、ただし庶子として生まれる。大久保家は三河に興った松平氏の三代信光から九代家康に一族挙げて忠勤を励んできた。譜代のなかでもとくに由緒ある家柄である。彦左衛門自身は、十六歳で初陣を飾り、その後各地を転戦して手柄を立て、直参になる。大坂夏の陣で戦闘中に旗が立っていなかったとして、旗奉行の不手際が詮議されたとき、一人「御旗は立申」（旗は立っていた）と主張して、家康を困らせたという。こういう頑固さが、落語などの彦左衛門像の形成に一役買ったと思われる。

彦左衛門自身、多くの親族が戦死し、男子として一族でただ一人生き残った。時代は、戦国の世を過ぎ、金《かね》勘定にたけた外様、戦闘中に逃亡した臆病者が肩で風を切る世となり、忠節を尽くしてきた武辺のものに主君（第二代徳川秀忠）は「御言葉」一つかけるではない。そもそも徳川家は、「此御家と申は、第一に御武《ぶ》辺《へん》、第二に御《お》内之衆《うちのしゆう》に御情《おなさけ》、御詞《おことば》の御《お》念比《ねんごろ》、第三に御慈悲、是《この》三つをもつて続きたる御家なれ共、三つ之物が一つとして調《ととの》はず、左様にも候《そうらえ》ば、とても御家は立間《たちま》敷《じき》……」という家柄なのである。歴代の主君のなかには「無情」の主君もいた。それでも臣下は「前世の因果」と思い切り、命を露ほども惜しまず、死地に赴いた。

この本は大久保家に秘蔵され、明治になって公になった本であるが、彦左衛門は、現在の不遇を嘆きながらも、外様の身勝手な者たちとは違って「御譜代の衆は、よくてもあしくても御家の犬」として御奉公申し上げるのだと子孫に諭す。つかの間の人生であるが、「名（名誉）にはかへべきか、人は一代、名は末代なり」と言い切る。

なお、『三河物語』には、家康と家臣との情誼ある関係が活写されている。そして、たとえば、家臣との関係は厚かったにもかかわらず、三河で一向一揆が起きると宗徒である臣下が一揆側に参加し、家康の呼びかけに対して後ろに隠れる、といった情景など、当時の宗教的環境や近世初頭の武士のあり方が生き生きと描かれている。

†『葉隠』

佐賀藩士山本常朝《じょうちょう》（「つねとも」とも。一六五九〜一七一九）の語ったことを田代陣基《つらもと》（一七六八〜一七四八）が筆録したものである。大久保彦左衛門の時代からさらに平穏な時代と変わり、武士たる戦闘者の位置も大きく変わった。この書のもつ意義は、年譜などの記録的な部分も重要だが、何よりも戦闘者たる武士の心得、あり方を、生々しい言葉で残していることであろう。常朝は、武士の前もっての死の覚悟をもつべきこととして挙げる。

武士道といふは死ぬ事と見付けたり。二つ〳〵の場にて早く死方《しぬかた》に片付くばかり也。別に子細なし。胸すわつて進む也。図に当たらず犬死などいふ事は上方風《かみがたふう》の打上《うちあが》りたる武道なるべし。二つ〳〵の場にて図に当たるやうにする事は及ばざる事也。我人《われひと》、生くる方がすき也。多分すきの方《かた》に理が付くべし。もし図に迦《はず》れて生きたらば腰ぬけ也。此境危《このさかひあやう》き也。図に迦《はず》れて死《しに》たらば気違ひにて恥にはならず。是が武道の丈夫也。毎朝毎夕改めては死に死に、常住死身になりて居る時は、武道に自由を得、一生落度なく家職を仕課《しおお》すべき也。

自らの死か生かの選択の場面では、常に死に方を選ぶべきである。

（『葉隠』聞書一―二）

このように常朝は繰り返し、毎日毎日「前方に吟味して」覚悟を決めておかねば、いざという場でのなすべき事が果たせない、と武士のあり方を語る。さむらいの道は忠も孝も不要であり「死狂ひ也。この内に忠孝はおのづからこもるなるべし」といい、主君の「御用」のためには「知恵芸能」、分別など一切いらない、と強調している。「主君」への献身を死んでも相手に知られぬ「忍恋《しのぶこひ》」と表現するなど、武士の献身の道徳を極限まで表現し、今に名高い。

恋のはまりの至極は忍恋也。「恋死なんのちの煙にそれと知れ　つひにもらさぬ中の思ひを」、斯《かく》のごとき也。命のうちにそれと知らするは深き恋にあらず。思ひ死《じに》のたけ高きこと限りなし。たとえ先よりケ様にてはなきかと問はれても、全く思ひもよらずといひて思ひ死に極《きわむ》るが至極也。……主従の間などこの心にて澄む也。

（聞書二―三四）

武士の位置づけは、近世思想の重要なテーマの一つである。儒教では、たとえば山鹿素行がいわゆる「士道論」を説き、士は農工商の三民に代わって人倫の道を実現すると位置づけている。ここでは武士は戦闘者でなく、人倫の中での職分として位置づけられる。平時に武士道は変質した。しかし明治に至るまで、切腹も含め、武家に特有のしきたりや法度が守り通されてきた。近代における、武士道の再発見にはそれなりの理由があろう。

†近世仏教の思想

初期の国学や西川如見には徳川前期の町人層の、仏教的な極楽・地獄などの観念への距離感や反感を見ることができる。それはまさに世俗化であるが、仏教自体も、世俗化と無縁ではなかった。天台本覚思想の学統が十七世紀末で途絶えるのもそのなかでの一現象であろう。世俗化のなかで仏教からも改革を図る者が出たことは、ここで記しておきたい。鈴木正三《しょうさん》（一五七九〜一六五五）、盤珪《ばんけい》（臨済宗、一六二二〜一六九三）、白隠《はくいん》（臨済宗、一六八五〜一七六八）、慈雲《じうん》（真言宗、一七一八〜一八〇四）などである。

鈴木正三は三河の松平の家臣の家に生まれ、関ヶ原や大坂冬の陣・夏の陣に従軍した。四二歳のとき出家。実弟の重成《しげなり》が乱平定後の天草の代官となり、請われて天草での思想教導をおこなった。彼の思想は、「世法即仏法」という現世の職業倫理に仏法のあり方を見る点に特徴がある。「得利」を増すための心構えとして、「正直の道」を学ぶべきことを説く『万民徳用』（一六六一）がある。また、まだ武士であった頃に書いた『盲安杖《もうあんじょう》』で（一六一九）は、儒教からの仏教は世法に背くという論難に対して、禅仏教の立場から反論している。正三らの営みは、まさに世俗化した現代の仏教を再考するときに多くの示唆を与えてくれるだろう。

仏教と近世思想との関係については、新たな視点が求められる。大乗論を論じた律僧普寂《ふじゃく》（一七〇七～一七八一）に注目して、十八世紀の仏教思想を近代仏教思想との接合という視点から見直す動きもある（西村玲《りょう》『近世仏教思想の独創』）。なお、考証的な宗派内の学問は、江戸時代にはむしろ活発であった。

7　国学の思想

†国学とは何か

儒教が官学的位置を占めつつあるなか、国学と呼ばれる思想がかたちをとってくる。国学は、日本の古典、とくに仏教の影響を受けていないと見なされる『古事記』や歌物語に本来の日本人の生き方が表現されているとして、それらを研究する学問として成立する。国学とは、端的には、日本の古典によって古代からの日本人の独自の生き方を探ろうとする学問・思想である。

過度なナショナリズムの母体となったとして批判されてきたが、その批判も、近代の国民国家の形成下のナショナリズムを経験したあとからのまなざしによる批判という面があることは否定できない。この章では、国学がどのように生まれたかという視点から描いていく。

国学は、儒教的な思考が人々の間に一般的になった近世徳川期のただなかで生まれ、儒教的な思考への反対者として登場する。しかし、その発生時には、国学は儒教に対するものというよりも、むしろ乱世が終わり近世社会が成立し、とりわけ都会で、多様な人間が、多様な生を営むようになり、世俗化が進むという時代背景をもっていた。あるいは中世の仏教がその全体的構想力を失い、仏教的観念がリアリティを失うという事態にどう対応するかが、大きな時代背景だったとも言える。日本仏教全体に大きな影響を与えた天台本覚思想が終焉を迎えたのは、江戸時代、近古天台と称される安楽派の妙立慈山《みょうりゅうじさん》（一六三七〜一六九〇）、霊空光謙《れいくうこうけん》（一六五二〜一七三九）の二人が出、とくに霊空の『闢邪篇《へきじゃへん》』（一六八九）が著されたことによるとされる。戸田茂睡《とだもすい》や契沖《けいちゅう》の時代と重なる。

そうした時代状況のなかで、改めて人々や社会の紐帯《ちゅうたい》とは何かが問題となる。初期国学者と言われる人々は、仏教に近接したところからその歩みを始めている。その意味では、新たな儒教の成立の問題意識と一部共通点をもち、別途に直面するかたちで出てきたと言える。

国学思想史とは、戸田茂睡（一六二九〜一七〇六）、僧《ほうし》契沖（一六四〇〜一七〇一）らの前期国学と言われる一群から始まり、荷田春満《かだのあずままろ》、賀茂真淵《かものまぶち》（一六七九〜一七六九）、本居宣長《もとおりのりなが》（一七三〇〜一八〇一）、それに次ぐ世代の富士谷御杖《ふじたにみつえ》（一七六八〜一八二三）、あるいは平田篤胤《あつたね》（一七七六〜一八四八）及び幕末の国学者たちが挙げられる。

†前期国学

前期国学者と言われる一群の人々がいる。木下長嘯子《きのしたちょうしょうし》（一五六九〜一六四九）、木瀬三之《きせさんし》（一六〇六〜一六九五）、下河辺長流《しもこうべながる》（一六二六〜一六八六）そして前掲の戸田茂睡、契沖らである。彼らの思想のあり方を「国学」と称する用法はこの時代にはなかった。その呼称が一般化したのは、十八世紀末の頃からである。しかしここでは便宜上従来の用法にしたがって、国学と呼ぶことにする。

これら一群の人物に共通するのは、その生き方の、時代とのおさまりの悪さとも言うべきあり方である。最初に挙げる戸田茂睡は武士の出だが、江戸浅草で都会の隠士風の生き方をした。契沖は真言僧であるが、自殺未遂を起こしたことがあると言われ、学識を評価した水戸光圀《みつくに》の招きも断り、大坂の市井に住し続けた。彼らは、新たな道の模索をしているが、一方で既存の思想に依拠することのできない寄る辺《よるべ》なさをにじませる。だがその寄る辺なさのなかに、同時に確かな手応えのようなものをもっている。確かなものは「なさけ」「感情」「人情」であり、そのきわまるものとしての「恋の情」という心のありようと、それを表現するものとしての歌(和歌)の意義であった。前期国学は、ほぼ元禄時代(一六八八〜一七〇四。元禄年間を中心とし、大坂・江戸、とくに大坂で、新興の町人層を中心にその気質を取り入れた元禄文化が栄えた。俳諧、浮世草子、人形浄瑠璃、歌舞伎などのジャンルの文芸・芸術が盛んとなった。代表的人物に井原西鶴・近松門左衛門・松尾芭蕉らがいる)と重なる。江戸において「元禄時代を代表」(佐佐木信綱)する人物とされる茂睡を、まずは考察の対象としたい。

†戸田茂睡

初期国学の人々は、その思想的歩みを和歌についての思索から始めた。戸田茂睡は、『寛文五年文詞』と言われる文で、「うたは大和ことのはなれば、人のいふことばを歌によまずといふ事なし」といい、『万葉集』「三代集」(『古今和歌集』『後撰和歌集』『拾遺和歌集』)で使っている「詞《ことば》」は、遠慮なく使用してよいとして、いわゆる中世以来の堂上歌学《どうじょうかがく》の「制詞《せいのことば》」「禁詞《あやのことば》」(歌に用いてはならないことばのきまり)を批判している。上代からの「ふるみち」(古道)としての歌が「広く世にをこなはれむ」ことを望んだという点で、木下長嘯子、下河辺長流らとともに、国学の自由な古典研究、歌作の源流の一人とされる。

また歌論の特徴に「俗語」を容認することがある。

『万葉集』に新たに関心を向けたのは初期国学である。『万葉集』の注釈は平安初期より始まり、鎌倉時代の仙覚《せんがく》の『万葉集註釈』（一二六九）がこの間の注釈の集大成である。歌人としても知られる源実朝《さねとも》に、万葉調の歌がある。茂睡も『万葉集』、三代集に隔てなく惹かれていたようであるが、とりわけ『万葉集』には、「今の歌の難に俗語といふ詞」が多用され、とくに長歌には「平懐《へいかい》なる詞、今どうけ（道化）にいふやうなる詞」が多く、そこから歌に「俗語」を使うことは何のさわりもない（『梨本集』）ことを説いている。歌に制約を設けることは、「賤《しづ》の男賤《しづ》の女までも」おもむくべき歌の広さを、「私の了簡」にまでせばめる「関所」と同じであるという。

　しかし、茂睡の批判は、野放図な感情の解放を説くことにつながらない。制詞を批判しながらも、歌の規矩・規範の必要を説き、題詠（前もって題を設けて詩歌を詠むこと）という形式を退けないこととも重なる。茂睡の考え方にうかがわれるのは、歌にうたわれる人情の表出が、ある普遍の場をかたちづくり始めた、近世の社会や人間関係における〈共感〉のあり方への関心の深さと言えよう。歌は、「よくよむこと」は無理でも、「聞きてよしあしは誰もしるもの」であるし、「心も深く感情浅からずきこゆる」歌の良さをどうやって説明し、規範とすることができるかが問題であるとする（『百人一首雑談』）。

　茂睡は「秘説相伝」「口伝」などによって歌に関する知を占有し正統を主張する堂上家《どうじょうけ》を批

判するが、一方「由緒来歴」を正しく問い、疑問があれば「遠国までも尋問」して広く知識を求める同じ堂上家でも六条家の歌学を高く評価する。誤った知は「歌の感情」への移入を阻害する。その意味で茂睡の目指したのは、歌の「学」であった。故事来歴を探りつつ、語句を正し「てには」などの語法・文法を考え、「沈思のうへ」に解釈を確定するという手続きを経ることで、解釈を単に主観の受け止め方にとどめるのではなく、「学」によって広く共感の場面へ位置づけようとするのである。学知の公開性への明確な意思があったことを、のちの国学を考えるときも見落としてはならない。さらにその「学」は単に文献にとどまらず、世俗に生きる市井の人の観察的事実、風俗への関心の上に築かれる。

　国学の特徴として、この風俗への関心が一貫してある。生活を規矩しているものが何か、ということへの関心がそこに流れる。『紫の一本《ひともと》』『御当代記《ごとうだいき》』『梨本集《なしのもとしゆう》』などに浮かび上がる茂睡の像は、一人の自由な社会観察者である。記するところは、幕政全般、幕府の人事、法度、天変地異から市井の雑事、江戸の名所地理などに及ぶ。その記述態度は、武士的なある種の規範を個人として保持しながらも、徳川綱吉のもとでの「御慈悲なき」政治を批判し、苛酷な処分や法度を憂うという点で一貫している。「算勘《さんかん》利口の者」の跋扈《ばつこ》する世となり「利発」「才覚」で世を渡る風潮が、「武士といふ習い」を変質させ、今や「武の正路を求める人なし」という時代になったことを嘆きつつ（『紫の一本』）、他方で町人の心性を擁護する。

思想的骨格をもった『梨本書《なしのもとのしよ》』では、懐疑的な睡《すい》法師と法師の格好をしながら「人道」をいう世俗主義の茂《も》法師、そして古風な武士渡辺茂右衛門の三者の会話を通して、この時代の世俗の様相を浮かびあがらせる。町人は、地獄などの超越的思想をすでに信じず、世俗世界のなかで、「主人を持、家を持、家人《けにん》を持たるものが、なにとして名利がはなれらるべきにや」「貪《とん》、瞋《しん》、痴《ち》の三毒も、毎日〳〵につとめなるべし」と仏教的罪を犯しつつ日常の生を送る人々の心性を活写する。ここでは儒教はまだ意識されていない。むしろ仏法に代わって、彼岸からでなく此岸から人々の生活を規律する「神道」に世の秩序の意味を求めようとする思想が兆している。同時に仏道もなお世を規矩するものとしては棄てがたい、というふうに展開する。のちに触れる西川如見の『町人嚢《ちょうにんぶくろ》』の町人の心性と同じである。地獄・極楽は信じないが、信心のあり方は認める。

†恋の発見——不倫の恋

なお、茂睡の特徴として、恋の意味を、道徳的規範とは別に評価するという和歌の読み方が兆していることは、とくに重要である。「名にしおはゞあふさか山のさねかづら人にしられでくるよしもがな」(『小倉百人一首』三条右大臣)の「人にしられで」を「人に知られても会う手段がほしい」とする解釈を、「人に知られずに」と解するべきだと非難する。

「しのぶを以て恋と云名あり、しのぶ事なくば夫婦婚礼也、恋とは云べからず」(『百人一首雑談』)。恋は、道徳的規範を超えたところに成立し、だからこそ歌は感動を呼ぶと見る。

†僧《ほうし》 契沖

契沖は、国学の創始者と目される存在である。後に国学の大成者である本居宣長が、その歌の解釈の仏教臭を批判しながらも、国学の確かな基礎を築いたものとして敬慕している。他の前期国学者に共通する隠者的性格を同じくもち、真言の僧でありつつ若い時には自殺未遂を試みたと伝えられる。友人の下河辺長流が水戸家の要請を断り、契沖が代わって『万葉集』の注解を果たしたのが『万葉代匠記《まんようだいしょうき》』であるとされる。

後の国学の展開との関係で挙げるべきことは、二点ある。まずは、古代の仮名が(「を」と「お」、「い」と「ゐ」、「え」と「ゑ」)それぞれ別の漢字で書き分けられていたことを発見したという業績がその一つである。中世歌学・言語学がその書き分けを見出せなかったのは、個別性(「差別《しやべつ》」)を先とせず、通有性(「平等」)を先としていたからである、といった仏教哲理を背景とした議論が契沖にはある。契沖は明魏《みようぎ》法師(一三三六~一四二九、南朝の権大納言藤原長親《ながちか》の僧名)の見解、すなわち、「を」と「お」、「え」と「ゑ」、「い」と「ゐ」、を相互に通じあうとする見解(「五音通」)を批判する。契沖はそれらが相互に転ずることはないと見ており、明魏の説はそれぞれの音の違いを区別しない説であるとする。仮名の音訓を重視する契沖よりすれば明魏説は、「通」を見て「別」を知らない議論ということになる。

もう一つは、彼は中世歌学に対抗する歌論を、『古今集』の「仮名序」の解釈を通して展開したが、そのことが本居宣長、あるいは富士谷御杖の国学的歌論の、その後のいわば下敷きとなることである。その端緒をつくったのは契沖であるが、その議論の核心にあるのは、歌がこころの表現であること、さらには「ことば」と「心」と「まこと」との関係（なぜ言葉のまことも心のまことも、「まこと」と言われるのかなど）の論点であった。事柄の「差別」相を重んじる契沖にあっては、日本とインド、あるいは中国との差異は、人間の普遍性が、文化の差異としてあらわれたものであるという比較文化的発想がある。「平等」が「差別」あるいは「守自《しゅじ》性《しょう》」（国有性を保ち続けること）の背後に厳然としてあるのである。しかしまた、その「差別」相への着眼が、後の国学的〈特殊〉日本論につながる起爆性をもっていたことも念頭に置かねばならないだろう。

また、彼は古代学の基礎を開くが、古代の理解の難しさが、逆に理解を開くことになるという学問観、また日本の和歌の言葉や修辞が、中国の修辞の影響を深く受けていることを文献的に実証する方法などは、後の国学のあり方と比較すると非常に興味深い。

†賀茂真淵――「同じきに似て異なる心」の風景

契沖の学問に影響され国学的学問を進めたのは、荷田春満《かだのあずままろ》（一六六九〜一七三六）である。神道家として『万葉集』だけでなく『古事記』『日本書紀』の研究によって、神道的な部分を切り開いた。歌論もあるが、その中心は神道に関わっていた。国学の四大人《しうし》（春満・真淵・宣長・篤胤）を正統の学統とする見方は、のちに平田派が春満以来の神道的学統を重視して付けた名称である。『創学校啓《そうがっこうけい》』（一七二八）は、「古語」を解明することが「古義」の解明につながるという立場を唱えたものである。春満に学んだ賀茂真淵《かものまぶち》は、神職からという出自もあり、歌を主題としながら、茂睡・契沖と違い、儒教批判の口火を切り、また中世歌学の背後の仏教への反感をあらわにした国学者である。『万葉集』等の研究を通じて、真淵は日本の古代を理想と見る。

彼の「古学《いにしへまなび》」とは、万事簡素で作為なく道徳的強制もなく「天地にかなって」治まっていてやすらかであった上代《いにしへ》のあり様を「知り明らめむ」ため、「いにしへの歌」を学び「己がよむ歌」を修練することであった（『歌意考《かいこう》』）。人は「さかしら心」やそれを助長する儒教の影響を断ち切るために、歌詠を通じて「いにしへを己が心言にならは」（『賀茂翁家集』巻之三）すことで、上代の理想の風を実現できる。人の心をうたう歌というものは、一見無用のものと見えるが実は世の治乱興亡の要で、「家より国におよび国より天が下に至るまで用をなす」(『万葉秘説』)ものである。同じく治国平天下に有効であろうとする儒教が「理り《ことわ》」を説くことで世に争いをもたらすのに対して、和歌は「和らぎ」をもたらすと見た。

真淵の見る、多様な情を担った個別存在によって織りなされている社会とはどのようなものか。世とは本来「教えねども」「ことゆく」ものである。儒教がしいて道徳を説いたことで逆に混乱をもたらした。理や仁義礼智は、あえて名づけるまでもなく「おのづから」人間社会に備わっているものであった(『国意考』)。こう真淵は言うが、ひとたび、その社会の構成に目を移すとそれは決して一枚岩ではない。まさしく一触即発の可能性を秘めている。引き続き『国意考』より書きぬく。

(唐国は)如是《かくのごとく》世々にみだれて治《おさま》れることもなきに、儒てふ道ありとて天が下の理りを解きぬ。げに打聞たるには、いふべきことも、ならざるべう覚《おぼゆ》れど、いとちひさく、理りたるものなれば、人のとく聞得るにぞ侍る。先ものの専《もは》らとするは、世の治り、人の代々伝ふるをこそ貴《たふと》め、さる理り有とて生てある天が下の、同じきに以て異なる心なれば、うはべ聞しやうにて、心にきかぬことしるべし。(『国意考』)

「春夏秋冬の漸なる」風土のなかで皇統が連綿と続き治ってきたこの国の「天が下」ですら、「うはべ」は安らかな心情に満ちていると見えながら、その心情の個々のひだに分け入るなら、「心にしのばぬ」(=抑圧しがたい)怒り、憤激、「わりなき」(=非合理な)願い、「世を奪はんとする」思い等々が渦巻いている。支配する者とて例外ではない。「多く殺せしは、一国のぬしと成ぬ。さてそを限りなく殺せしは、いたりてやんごとなき御方とならせたまひて」今の地位にいる。このように個々の人間は、「心の偽りは人毎に有る」もの、虚偽をはらんだ存在である。ありのままの心を見る限り、人間は相互に共感を断ち切られた存在である。

個別の存在が虚偽に満ち、他者に対しては違和としてしかない社会が、なぜ「和ら」いでいることができるのか。真淵は「直《なほ》き心」ゆえだという。古代では反乱の意志さえ、歌に詠まれることで、平定された。「直き」ゆえに「異なる心」が「心の偽り」を抱いたままで他者の共感に収めとられていく。人の心は結局は「神」と「皇《すべらぎ》」への「二つの崇《かしこ》み」に収斂されていく(『書意』)、それが古代社会であった。

†宣長の思想——歌論と物語論

本居宣長《もとおりのりなが》(一七三〇〜一八〇一)は、若年から和歌や古典に関心をもっていた。それがはっきりと学問としてのかたちをとったのは、伊勢松坂で木綿商を営んでいた家が商売をやめ、医者として身を立てるべく儒学・医学を学ぶために京都に遊学した頃、契沖の『百人一首改観抄』をはじめ、その著作に触れたことが大きかった。国学というと反儒学、反仏教の側面が強調されるが、宣長自身、近世の学問の発達が自らの「古学」をも発展させたと述べ、儒学と古学の相補性を指摘している。若い頃の日記に「ジンサイ・ソライ」の名が出てくるのは、よく知られているが、宣長自身はその影響によって「古学」が形成されたことは否定する。しかし、朱子学や反朱子学、また蘭学に常にまなざしを注いでいたことは忘れてはならない。

その初期の歌論では、周到に自他の共感的感情のひだの内に分け入りながら、歌を人情の規矩なき表出、「ただ心に思ふ事をいふ」ものとして捉え、政治道徳とは別の範疇のものであることを宣言している（『あしわけをぶね』）。

（前略）世人の情、楽みをばねがひ、苦みをばいとひ、おもしろき事は誰もおもしろく、かなしき事は誰もかなしきものなれば、只その意《こころ》にしたがふてよむが歌の道なり。姦邪の心にてよまば、姦邪の歌をよむべし。好色の心にてよまば、好色の歌をよむべし。仁義の心にてよまば、仁義の歌をよむべし。たゞ〳〵歌は一偏にかたよれるものにてはなきなり。実情をあらはさんとおもはば実情をよむべし。いつはりをいはむとおもはば、いつはりをよむべし。詞をかざり面白くよまんとおもはば、面白くかざりよむべし。只意にまかすべし。これすなはち実情也。秘すべし〳〵。

（『あしわけをぶね』一条）

もちろん歌は、そのままうたわれても共感を呼ばない。心が偽り多くなった今の人は、「詞をかざりてよくよむ」ことに目を奪われ、その際に『古今集』そして『新古今集』をお手本にするしかなくなっている。しかし、歌は、「是非議論」の対象ではない。「その行跡のよしあし、心の邪正善悪は、その道々にて褒貶《ほうへん》議論すべき事」であり、歌は「善悪の議論をすてて、もののあはれと云事をしる」べきものである。

『石上私淑言《いそのかみのささめごと》』で好色を忌む法師の恋の歌がなぜ「あはれ」と思う秀歌が多いかを論じたところに、「さやうに心のうちに深くつもれる妄念をも、この歌によみいでていさゝかもおもひはるかさむは発露《ほつろ》懺悔《ざんげ》（仏教語。自ら犯した罪過を仏の前に告白して忍容を乞う）の心にもかなひぬべくや」とあり、あるいは『源氏物語』を論じた『紫文要領《しぶんようりよう》』でも紙幅の多くを割いて「法師の恋」の歌の正当性を論じている。

そして、「儒は聖人之道を大道として、釈氏《しやくし》は仏道を大道とし、老荘は道徳自然にしたがふを大道」としているが、和歌は吾邦《わがくに》の道と言えるかという問いには、和歌は「欝情をはらし、思ひをのべ、四時のありさまを形容するの大道」と言えるが、吾邦の大道と言うときは「自然の神道」があるのではないか、と答えている。

†もののあはれ論と理の批判

歌論から姿をあらわす「もののあはれ」論は、『源氏物語』を論じて、より深まる。『源氏物語』は教戒を説いたものでも、仏教の教えを含んだものでもない。ただ「もののあはれを知る」ことを趣旨とした物語であるという。「もののあはれ」については、「すべて世の中にありとあることにふれて、其おもむき心ばへをわきまへしりて、うれしかるべき事はうれしく、おかしかるべき事はおかしく、かなしかるべき事はかなしく、こひしかるべきことはこひしく、それそれに情の感《うご》くが物のあはれをしるなり。それを何とも思はず、情の感《うご》かぬが物のあはれをしらぬ也」(『石上私淑言』巻一)と定義されるが、さらには『源氏物語』の登場人物の風儀がそれであり、さらに「物のあはれをしるといふことをおしひろめなば、身をおさめ、家をも国をも治べき道にも、わたりぬべき也」(『源氏物語玉の小櫛』二の巻)と修身治国にも通じるものという。

このもののあはれ論の形成とともに、他方で展開するのが、中国の聖人や理の思想の限界性への批判である。

漢国《からくに》の人は、聖人の智は、天地万物の理を周《あまね》く知尽《しりつく》せる物と心得居るから、そのさかしらを手本として、己が限りある小智をもて、知りがたき事をも、強《しひ》てはかりしらんとする故に、その理の測りがたき事に至りては、これを信ぜず、おしてその理なしと定むるは、かしこげに聞ゆれ共、返りて己が智の小《ちひさ》きほどをあらはすものなり。（『葛花《くずばな》』）

儒教は、私的な作為を言いつのるものであり、人間の知りえないものを、あえて知りうると強弁するものでもある。

宣長の古代の神話的世界の解明は、直接には、真淵に会った際に（一七六三年）、『古事記』の解明を手がけてみないかとすすめられたことによる。しかしこれは、古伝説への関心は歌論や物語論だけでは解決しなかった我が国の本来的な「道」とは何か、という問題意識と結びついて、宣長に若年から萌《きざ》していた関心であった。以来営々と三十数年間『古事記』の解読に邁進し、『古事記伝』を完成させる。それはいわゆる古道論の完成でもあった。先行する国学者が、ほぼ『万葉集』にとどまったのも、『古事記』の難読性があったからであり、宣長によってそれが突破されたのである。なお『日本書紀』については宣長は、漢意《からごころ》の影響下にあるとして『古事記』に及ばないとする。

古道論では宣長は、日本には「道」などないというかたちで、道があったと言う。統治される者はただ神と天皇の命に従っていけばよかったのが、『古事記』の世界に浮き上がる古代の日本である。『古事記伝』自体は語釈や書籍の探求を中心とした淡々とした注釈だが、このなかで二つの大きな神学的な問題を提起している。まず、この世の厄災、不幸は、禍津日神《まがつびのかみ》が荒れ狂うことによる「せんかたな」い事であり、しかしいつかは直毘神《なおびのかみ》によって元に戻る、ということが一つである。

そしてもう一つは、黄泉《よみ》の国の凄惨なイザナミの描写から、人は善人であろうと悪人であろうと死ねば必ず黄泉の国に行く、という死の様相を引き出すことである。死には、体が腐ること以上の意味はなく、儒教・仏教のように、救済や意味づけをすることはできない。神道の立場であえて「安心《あんじん》」を言うなら、人は納得できないだろうが「安心なきが安心」というのが死であると言う。宣長は『宇比山踏《うひやまぶみ》』という初級者向きの本で、古学の領域を、道の学問、有職《ゆうそく》の学、史書による学、歌学にわけ、その「しなじな」はいくつかあるが、一番重んずべきは道の学であると言っている。

道の重要性についてはもちろんのこと、宣長の学問的関心は蘭学や世界地理、博物誌・民俗誌、琉球語・朝鮮語・中国語・梵語の音韻と日本語のそれとの比較をはじめとする言語学など、多岐にわたっている。また、知的存在としての宣長を考えるときには医師として依拠した李朱《りしゅ》医学（後世方《こうせいほう》）、古医方、オランダ医学の知見、蘭学一般についての知識（身近に常に世界地図を置いていたことなども想起しておきたい）、さらに言うまでもなく若年に集中的に学び、晩年まで折々に読み続けた種々の漢籍の知見、漢詩の実作・知識、さらには若いときの浄土宗への帰依・結縁《けちえん》や、浄土三部経を読む晩年の日課（村岡典嗣《つねつぐ》『本居宣長』）など、宣長の全体的な学知の構成を考えるときには見落とすことはできない。

†宣長の知的世界の風景

そうした多彩な知的関心がうかがえるのが、宣長の中期から晩年の随筆を集めた『玉勝間《たまかつま》』である。個人的趣味・趣向など広範囲な題材について自由に論じている。その一節をここでは引用する。

（蘭学を学ぶ者は……）あめつちのあひだ、いづれの国も、おの〳〵其国なれば、必《ズ》一《ト》むきにかたよりなづむべきにあらず、とやうにおもむけいふめり、そはかのもろこしにのみなづめるよりは、まさりて一わたりさることゝは聞《きこ》ゆれども、なほ皇国の、万の国にすぐれて、尊きことをば、しらざるにや、万の国の事をしらば、皇国のすぐれたるほどは、おのづからしるらむものを、なほ皇国を尊むことをしらざるは、かのなづめるをわろしとするから、たゞなづまぬをよしとして、又それになづめるにこそあらめ、おらんだのにはあらぬ、よのつねの学者にも、今は此たぐひも有也

（『玉勝間』巻七）

〈蘭学を学ぶ者は、天地の間にあるどの国もそれぞれだから、どこかに一辺倒に執着するべきではない、というように言っているようである。この見解は、あの中国にだけ執着するよりは、優れており一見その通りだと聞こえるが、しかし日本が万国に優れて尊い国であることをなお知らないのではなかろうか。万国のことを知ったならば、日本の優秀さは自然と知られるはずなのに、蘭学者がなお日本を尊ぶことを知らないのは、かの漢学者の中国への執着を悪いことだとしながら、ただ執着しないことをよしとしてどこにも執着しないことに執着しているからであろう。これは蘭学者に限らず、世の普通の学者にも、今日こうした考えの者は多い〉

宣長は蘭学の相対主義を評価し、それが、中国の絶対化に固執する漢学者よりすぐれているとしながらも、他方で、日本の尊さを知らないということにおいて、まさに自らの相対主義そのものに固執していると批判する。そして、蘭学者のみならず一般の学者にもこうした考え方をする者は多いとして、その批判を、同時代の知のあり方に向けている。

この巻七の引用した節の直前で、中国も自国の優位性を主張する一方で、天竺からの仏教の伝来や、さらに近い時代に西方の国々の存在を知り、そこには中国にないものもあることを知ってきたはずであるのに、みだりに「中華中国」と称し、自国中心主義を貫いている、と批判している。〈相対化〉という階梯が思考の過程に必須のものとする宣長の方向が示されていよう。また、同じ著書で、「五洲」（五大陸）の中国的表記の批判をしているが、それにも通ずる（巻十一）。

宣長の学は結局のところ、日本の絶対性を説くことに帰着した。しかしまたその知的関心は、東洋の伝統的諸思想の形態、さらには西洋学のあり方を含む、十八世紀の日本における〈知の配置〉に目を向けるものであった点を見落としてはならないだろう。

なお宣長の歌論・言語観と正面から対峙した国学者としては、富士谷御杖《ふじたにみつえ》がいる。「ひととひととの間」あるいは「あはひ」に成り立つ和歌の呼び起こす共感とは何かということを問題にしながら、宣長の言語観を批判し、倒語（和歌の言語は、日常言語＝直言とは異なり、あるものを指していると見えながら異なるものを指し示す）という概念を立て、和歌論そして神話解釈に新機軸を拓いた。そして欲情こそ「道」に連なる仕組みであると唱えた。また真淵の門弟だった村田春海《はるみ》のように、宣長の古道論には批判的だった国学者も多い。たとえば史実の考証に努めた伴信友《ばんのぶとも》、古文献の考勘学および制度学の狩谷棭斎《かりやえきさい》などがいる。

†平田篤胤

宣長の古道論は、生前の弟子を自称する平田篤胤によって、かたちを変えて継承される。篤胤の学問的営為は、宣長の古道論を受けつつ、宣長の神学的議論に納得できないことを契機としている。彼は記紀の古伝（神話）の背後に本当の伝えがあったはずだと考え、自ら古伝を創作する。その熱意にあるのは、宣長の禍津日神《まがつびのかみ》の悪神説であり、死の理解に納得がいかないということであった。そのために彼の関心は、まず宣長自身は抑制した古伝からの宇宙像・地球像であった。篤胤の見解では、禍津日神も悪神ではない。

そして、何よりもその見解を特徴づけるのは、死者はあの穢《きたな》い黄泉の国に行くという説は漢籍の影響を受けたものだとすることにある。彼は、幽冥界《ゆうめいかい》という世界を構想する。幽冥界とは、大国主神が国を譲って現世から姿を消したあと支配している領域である。イザナミが赴いたのも死んだものとしてではなく、顕身《うつしみ》のまま黄泉の国に行ったのであると見る。人の屍は黄泉に行くが、魂はそのようなところに行くはずはない。天に戻るはずであるが、しかし古伝にそれがなく、事実によっても確かめられない。そこで古伝の真意と現世での表徴から、魂は、永久にこの国土にいる、すなわちこの顕国《うつしくに》の内にある「ほのかにしてみえないあたり」「社《やしろ》」「祠《ほこら》」「墓のほとり」に留まり身近な者たちに「幸《さちはひ》」を与え見守っているとした（『霊《たま》の真柱《みはしら》』）。これが篤胤のいう「魂《たま》の行方《ゆくえ》の安定《しづまり》」であった（近傍他界観《きんぼうたかいかん》）。

その論を組み立てる過程で、篤胤は西洋の科学思想を利用し、また中国経由のキリスト教の知識、救済観を、密かに援用したことも明らかになっている。

†平田派と幕末国学

篤胤の門下には、佐藤信淵《のぶひろ》、鈴木重胤《しげたね》、大国隆正《おおくにたかまさ》らがいる。幕末には、水戸学との関係も深まるが、平田派の国学の多くは、日本の優位性に固執し、尊皇攘夷論に影響を与え、過激な行動に走るものも出た。幕末に至ると、国学はさらに国学運動と呼ぶべきものへと変質を示す。平田派が中心となり、政治性を帯びるのである。越後柏崎で挙兵した生田万《いくたよろず》をはじめ、政治的直接行動に参加する者が多く出た。国学が、後期水戸学の成立に思想的な影響を与えたことも、後の箇所で触れている通りである。

明治新政府の成立の後も、明治初期の神祇官の復活などに影響を与えた。しかし近代化の進展は、国学の居場所を失わせる。明治のはじめの廃仏毀釈《はいぶつきしゃく》も国学の思想運動の結果であるが、その後の明治政府の近代化政策のなかで、国学運動は脱落し狭義の国学も終焉する。島崎藤村の小説『夜明け前』は、そうした平田派の信奉者が明治になって精神を失調していく姿を描いている。

しかし学問としての国学は、その文献学、注釈学としての側面をドイツ文献学と匹敵すると見て、国学を近代学問に編制し直して国文学研究を確立しようとした芳賀矢一《はがやいち》や、芳賀の視点を学び、近代学問としての日本思想史研究という分野に寄与した村岡典嗣《つねつぐ》の試みにつながる。

あるいは篤胤の議論も、その魂の救済の問題は、柳田國男《やなぎたくにお》（一八七五〜一九六二）や折口信夫《おりくちしのぶ》の民俗学に影響し、継承された。彼らの学問が新国学と称されるゆえんである。

8 町人・農民の思想

†町民・商人の独自の思想

江戸時代の知や学問は早くは武士に限られていたが、やがて商人が経済力、生産力の向上のなかで、明確な階級の意識とともに独自の思想をつくり上げていった。すでに私たちは、町人階級の出身である思想家、たとえば本居宣長や懐徳堂の思想家を見てきた。この節では、商人の生き方そのものを問題にした思想ないし思想的表現を見る。

最初の兆しは、元禄時代及び元禄文化を背景に出てきた。元禄文化は大坂を中心とした。その大坂で活躍したのが、井原西鶴《いはらさいかく》（一六四二〜一六九三）、近松門左衛門《ちかまつもんざえもん》（一六五三〜一七二四）らである。

†井原西鶴

大坂の裕福な町人の家に生まれ、俳人（談林派）として活躍したが、のち浮世草子（好色物）の作者となる。処女作『好色一代男』では主人公世之介の好色を描き、結末では彼は「女護の島」へ渡っている。この作では、五代将軍綱吉の法度政治・恐怖政治（生類憐れみの令などで、悪政として名高いが、近年は戦闘にあけくれた武断的時代を終わらせ、文治政治に切り替えた治世とも評価されている）や金銀の力への絶望と不安が反映されている。しかしその後、西鶴は次第に金銀の力を背景にした町人の存在の肯定に転じる。「金銀なくては人間に生まれた甲斐もない」（『西鶴織留《おりどめ》』一ノ三）のが現実であり、ことに「一切の人間目もあり鼻あり、手足も変はらず生まれついては、武士、鋤《すき》を握れば百姓、十露盤《そろばん》持てば商人」（『武家義理物語』序）という階級差別のある世では、「金銀の有徳（力）」ゆえに常に町人も初めて世に存在を認められるのである。町人三部作『日本永代蔵《にっぽんえいたいぐら》』『世間胸算用《せけんむねさんよう》』『西鶴織留《おりどめ》』の基本的モチーフである。

『日本永代蔵』の冒頭で西鶴は金銀を目指す倫理道徳を描く。「天道言《ものいは》ずして、国土に恵みふかし。人は実あつて偽りおほし。その心は本《もと》虚にして、物に応じて跡なし。是、善悪の中に立て、すぐなる今の御代を、ゆたかにわたるは、人の人たるがゆへに、常の人にはあらず。一生一大事、身を過るの業、士農工商の外、出家・神職にかぎらず、始末大明神の御託宣にまかせ、金銀を溜《たむ》べし……」。しかしまた、その金銀をためるには身の堅固さが求められる。「福徳は其《その》身《み》の堅固に有、朝夕《てうせき》油断する事なかれ。殊更《ことさら》世の仁義を本として、神仏をまつるべし。是、和国（日本）の風俗なり。……」

†近松門左衛門

もともと武士出身の近松門左衛門の描く世界は、町人階級を規矩《きく》する独自の気風・習慣のなかに生きる人物群像である。近松は武士出身だが若い頃から文学を好み、浄瑠璃・歌舞伎の台本を書くようになった。『曾根崎心中』はその代表作である。この作品では、まじめに勤めてきた主人公平野屋の手代徳兵衛が、遊女おはつと深い仲になりながら、主人の内儀から姪との結婚を望まれる。平野屋は徳兵衛の里の継母に手を回し金銀を渡し、結婚の内諾を得ていた。怒った徳兵衛は、継母から金を取り返し、しばらく手元に置いている間に、悪友油屋九平次に一時貸す。しかし返済期限を過ぎても返さない九平次を問い詰め、証拠の証文を見せると、九平次は「その印判は、その日付より前に紛失届を奉行所に出してある、なくした印判を押した証文で俺を騙すのか」と言い、逆に打擲《ちょうちゃく》される。このあと、遊女おはつとの心中の合意から、二人は一筋に心中に突き進む。現世でならぬ恋のあの世での成就をうたいあげた傑作とされる。ただし、留意すべきは、徳兵衛の最初の自死の決意は、証文を印判を使って不正に作成したという嫌疑をはらえない、ということであった。徳兵衛をつき動かしたのは、「此の徳兵衛が正直の心の底の涼しさ」を三日のうちに大坂中に示して見せる、という徳兵衛のせりふにあるように、言い訳が立たない、当時の商人の商慣習の厳格さでもあったろう。もともと武士の規範を有した近松の、町人の義理と人情の理想化という面もあろうが、それにもまして評判を呼んだのは、大坂の町人階級の生きる現実の気風・心構えが反映しているからであろう。

近松には「虚実皮膜論《きよじつひにくろん》」として知られる文学上の議論もある。

なお、文学面については、松尾芭蕉（一六四四〜一六九四）もこの時代を代表する俳人で、その作品も思想的表現として意味あるものである。

また、早い時期の町人思想家として、西川如見《じよけん》（一六四八〜一七二四）がいる。彼は、長崎の人で、宋学及び天文暦学を学んだ。基本的には儒教的自然観をもとにしているが、ヨーロッパの自然観も参照し、日本と漢土との風土（水土）の違いを論じ、日本こそ「中華」だとした『日本水土考』（一七二〇）がある。十七世紀末からの商品経済、農業生産高の増大を背景に出てきた思想家と言える。その他の著書に『天文論叢』、「地獄・極楽」を信じずとも、「利根才知をもつて人品をかざり世を渡る」町人の自負などを縦横に論じている『町人嚢《ちようにんぶくろ》』、農民の生き方を論じた『百姓嚢』などがある。

†石門心学

近松の作品は、その背後に当時の商慣習・商業道徳がうかがえる。十七世紀後半から、自己の才覚によって財をなす商人が進出してくるに伴って、そうした商人層の生き方を説く教説・学問が登場する。広範に受容されたものに「心学」がある。心学とは、石田梅岩《ばいがん》（一六八五〜一七四四）により創唱されたものである。彼の存命中は、その形而上学の部分が宋学（性理学）の概念用語によるため、「性理《せいり》の学」「知性の学」と称していた。心学という呼称は、弟子たちの代からであるという。また陽明学あるいは陽明学的な傾向をもつ儒学を「心学」ということと区別するため、石田にちなんで、「石門《せきもん》」心学と呼ぶ。

†石田梅岩

石田梅岩は丹波（現在の京都府亀岡市）の小村の農家に生まれた。次男坊であったので、十一歳の頃京都に出て、商家に奉公した。数年勤めたが、奉公先とうまくいかず、丹波に帰った。二十三歳のとき、再び京都で商家（呉服商・黒柳家）に奉公する。奉公の途次、すでに商人として身を立てる気持ちはなく、神道の教えを学び広めることを志しており、読書に励んだという。四十二歳の頃奉公先を退き、「性理の蘊奥《うんのう》」をきわめ黄檗宗《おうばくしゅう》（禅宗の一派。江戸時代に中国から日本に渡る。ただし中国では独立の宗派ではなかったが、明代の念仏禅の影響を強く受けているので、臨済宗とは区別された明風の宗派。宇治万福寺《まんぷくじ》、また長崎に寺がある）の禅も学んだ小栗了雲《おぐりりょううん》という隠者風の人物から教えを受けた。四十五歳で、京都車屋町にて講席を開いたが、ほとんど人が集まらなかった。しかし、次第に盛況となり、五十八歳のときには大坂でも開講するなど全国的に広まっていった。

梅岩は、四書五経、朱子の著作などを講義で使うとともに、日常的に天照大御神、孔子、釈迦、氏神等をも祀っていたという。当時の儒学的教養を基礎に、神道、仏教を取り入れた折衷的なものであるが、庶民的心性のなかにあるシンクレティズム（並列した宗教価値）の学問化とも言えるだろう。

著作には、弟子の質問に答えたかたちの『都鄙問答《とひもんどう》』、また晩年に倹約を説いた『倹約斉家論《けんやくせいかろん》』がある。『都鄙問答』では、学問に通じながら金銭に不埒で徳のない学者を「文字芸者」と非難し、知行一致の実践的学問を求める。朱子学の性理の論を据えながら、それに神道や仏教や老荘をも取り入れ、道徳、武士、商人の道、仏教、神道などの宗教を論じている。

とくに重視されるのが、商人の位置づけである。商人は、社会的職分遂行の上では武士に劣らない。「売利《ばいり》ヲ得ルハ商人《あきひと》ノ道ナリ」「商人ノ売利ハ士ノ禄ニ同ジ」であり、商人の蓄えた富の「主人」は商人個人ではなく「天下ノ人々」である。他方で、「売物ニ念ヲ入レ、少シモ麁《そ》相《そう》ニセズ売渡セバ」買う側にも金銭を惜しむ気持ちは生じないなど、金銭に関わる商人の心構えを説く。商人の正直とは「直《すぐ》ニ利ヲ取《とる》」ところにある。相場によって値を上下させるのも「天ノナス所」であり「商人ノ私」ではない。「定リノ利ヲ得テ職分ヲ勉《つとむ》レバ」「自《おのづか》ラ天下ノ用ヲナス」ことができる。正直が大事なのは、正直と信頼されることで、相互にうち解けて「善者」としての関係ができるためだが、その意味は「学問ノ力」がなくてはわからない。だから商人に学問が必要なのである。

商業上の道にとどまらず、その教説は、商人たる個人の修養という倫理性も帯びている。彼の学が心学と言われるのは、「性を知りたしと修行する者は、得ざる所を苦しみ是はいかにこれはいかにと日夜朝暮に困《なや》むうちに、忽然として開たる」(『倹約斉家論』)と自己の大悟の体験が踏まえられており、人間の「性」を求める修養の姿勢をもっていることにある。梅岩はわかりやすい比喩、平明な言葉をもって説くが、その中核は、正直と倹約であった。「自然ノ正直」に対して、倹約とは、天下の財宝を「我分限に応じ、過不足なく」ものの濫費をやめることであり、時と法にかなうように使うことである。「倹約の事を得心し行ふときは、家とゝのひ国治り天下平なり、これ大道にあらずや」(『倹約斉家論』)と言い、倹約は天下国家の安寧に通じると説く。なお、彼は『日本書紀』の天地開闢の話はそのものとして受け止めよと説いている。名は変わっても「万物ノ理」は一つであり一物に万物の理はこもり、人間の一身にも具《そな》わるが、しかしこの「微妙ノ理」は普通の人間には知りがたい。彼の認識論にはそのような不可知論があることも指摘しておきたい。学説・宗教の折衷性はそこに基底があると思われる（『都鄙問答』巻之四）。

石門心学は、手島堵庵《てしまとあん》（一七一八～一七八六）、中澤道二《なかざわどうに》（一七二五～一八〇三）ら門人を輩出し、全国的に広まった。

†懐徳堂——大坂町人の学舎

大坂の町人の援助で、中井甃庵《しゅうあん》を中心に設立された懐徳堂は、設立二年後に幕府の公許を得た。庶民が多かったが大坂在住の武士も学んだ。以下のような逸材が輩出した。

中井竹山（一七三〇～一八〇四）　大坂の人。一七八二年、四代目の懐徳堂主となり、比較的自由な朱子学を奉ずる。松平定信の諮問で『草茅危言《そうぼうきげん》』を書き経世を論じたが、寛政の改革に影響を与えたとされる。その著書『非徴《ひちょう》』は、徂徠の『論語徴』を批判したものである。

富永仲基（一七一五～一七四六）　醬油醸造業を営みながら懐徳堂で儒学を学ぶ。また仏教を学ぶ。後の時代につくられた書ほど、書き加えが増えるという文献批判の論、加上説によって、儒教を批判し、大乗仏教非仏説（大乗仏教は仏教ではないとする）を唱え、儒・仏・神道の欠点を捨てて「誠」に生きることを説いた。本居宣長、平田篤胤にも影響を与えた。

山片蟠桃《やまがたばんとう》（一七四八〜一八二一）　霊魂否定・超越否定を徹底した。両替商升屋の番頭として仙台藩の財政を立て直した。蟠桃はこの番頭《ばんとう》から称したものである。懐徳堂で学び、その他天文学・蘭学も学ぶ。五十五歳から七十三歳までに『夢の代《しろ》』を書き上げる。地動説の積極的支持から、中国日本西洋の書を渉猟して科学医学を援用し、鬼神論を批判した。彼の批判は神道・キリスト教、あるいは天狗などの民間信仰にも向かった。『夢の代』のあとがきに掲げられた歌は蟠桃の精神をよく伝える。「地獄なし極楽もなし我もなし　たゞ有るものは人と万物」「神《かみ》仏化物《ほとけばけもの》もなし世の中に　奇妙ふしぎのことは猶なし」。

このように儒教的教養は、武士は藩校等を通じて、庶民は寺子屋で、その他武士以外も学べた郷校《ごうこう》、私塾などによって、広く浸透した。近年は、こうした徳川の学問の隆盛を、当時の出版という視点から解き明かそうという試みが盛んにおこなわれている。

†特徴ある思想家・安藤昌益

安藤昌益《しょうえき》（一七〇三〜一七六二）は近代になるまでまさに「忘れられた思想家」（E・ハーバート・ノーマン）であった。秋田の農村に生まれ、医学や本草学を学び、四十五歳頃から陸奥国八戸にて町医者となって生計を立てつつ、著述を続けた。『自然真営道』(一七五二〜五五頃成立か）は明治になって一八九七年に発見された。その他の経歴ははっきりしない。

その思想は、江戸の体制を根底から覆す内容をもっていた。彼は「自然世《しぜんせい》」という理想社会を想定し、現実の社会に対置させる。自然世とは、すべての人が直接田畑を耕し作物をつくって生活（直耕《ちょっこう》）する世のことであり、女は布を織って着る生活（直織）を送る社会のことである。こうした社会では、人間の労働が、天地自然の万物の「生生」と相互に働き合い、上下・貴賤・貧富の差別のない平等な社会であるとする。現実の社会は、「法世《ほうせい》」と言われる。法世とは作為《こしらえごと》の社会であり、自ら直接耕さず織ることもせず、「貪食《むさぼりくら》フ」だけの士、工、商を生み出す。法世では、上下尊卑を理屈づける教え、すなわち儒学・仏教・神道などが力をもっている。本来自然は「互性」（相互性・相依性）を原理とする。善と悪とは截然と区別できないし、男女も相互的であり、その「互性」（相対性）を学問・宗教は作為的に壊している。「男《おとこ》ノ性ハ女《じょ》、女《じょ》ノ性ハ男《だん》、男女互性ニシテ活真（イキテマコトとも読ませている）人《じん》ナリ」あるいは「人ハ男女《ひと》ニシテ一人」と言い、「男女」を「ヒト」と読ませている。天地を「転定《てんち》」と書くのも相互性・相依性からであろう。かくして法世を自然世に戻し、平等な世界をつくらねばならない。

なお、ほぼ同時期に九州に三浦梅園《ばいえん》（一七二三〜一七八九）が、儒学の世界観と洋学とを学び、独創的な宇宙論を構想していたことも重要である。著書に『玄語《げんご》』などがある。

†農民の思想――二宮尊徳

二宮尊徳（一七八七～一八五六）は、通称の二宮金次郎のほうがよく知られている。相模の国足柄《あしがら》の地主の家に生まれた。最初は裕福であったが、酒匂川《さかわがわ》の二度の決壊で田畑を失い、家族は離散した。伯父に預けられたが、数年で家を再興したという。その後小田原藩の家老の家の財政を立て直し、小田原藩の野州桜町領《やしゅうさくらまちりょう》（現栃木県）の復興に苦難の末、成功した。一八四二年、五十六歳のとき、折しも天保の改革を進めていた水野忠邦によって、幕府の御普請格で登用され、利根川分水路見分目論見御用を、四四年には日光神領の荒地開拓の復旧を命じられた。彼が関わり復興を遂げた村は六百五村に及んだという。

尊徳の思想の真随は、常に自然と人間の全体を見渡しその案配を差配する受動性と能動性のバランスにあると言ってよいだろう。荒地開拓などの「仕法《しほう》書」（現状認識と目的達成の手順）は膨大に残っているが、観察眼と現実的な対策の緻密さが際立っている。彼は天道と人道を明確に区分けする。「天道は自然に行はるる道なり。人道は人の立つ所の道なり。元より区別判然たるを相混ずるは間違ひなり」「夫《それ》人の賤《いや》しむ処の畜道は天理自然の道なり、尊《たふと》む処の人道は天理に順ふといへども、又作為の道にして自然にあらず」と断言する。ここには自然の恵みを利用しつつ、自然のもたらす厄災を回避し抑えながら収穫を得る農業の体験がにじみ出ている。天道とは、天下の事物事象の根底でおのずから働くものである。しかしそれ自体では、人間に恵みをもたらす存在ではない。恵みは、人間がその天道の働きに手を加える「作為」によって、初めて手にできるものである。春夏が来れば百草が芽を出し、育ち、繁り、冬に皆枯れるというふうに天地はめぐるが、これは慰藉としての、あるいは花鳥風月の観照的自然ではない。このように自然と人間を対立的に捉えたところに尊徳の思想の独自性がある。

天道と人道は拮抗しているのであるが、人間が私欲をもっているのも天理である。天と人間は根底では結びついており、私欲は、田畑に雑草が生え、堤防が壊れるのが天理であるのと同じものである。天道の無窮さと比べれば人道はもろい。人間がなすべきことは、その私欲を制し、倹約・勤労に努めることである。

尊徳は、倹約・勤労を具体的に論じている。それは「分度《ぶんど》」と「推譲《すいじょう》」である。分度とは合理的に算出された自らの経済力を見極め、度すなわち限度を定めることである。推譲とは、分度によって生じた余剰を、蓄え、子孫や困窮した人を思いやり、譲ることである。天地・君・父母・祖先・夫婦のはたらきである徳の恩恵の広大さを自覚し、それに報いること(報徳)が求められる。分度推譲は日常生活のなかでの報徳なのである(以上『二宮翁夜話《にのみやおうやわ》』)。

尊徳の教養は、朱子学的儒教に独自の見解を加えたものである。天地の未だ分かれていない太極を万物化生の元としながら、陰陽二気ではなく、一元気の生々観をとっている。五行について儒学・宋学の元素論的な議論はとらず（儒教では、五行は木・火・土・金・水）、空・風・火・水・地とするのも、彼のホーリスティック（全体論的）な世界把握を示している（『三才報《さんさいほう》徳金毛録《とくきんもうろく》』）。尊徳の学問は、「記録もなく書籍《しょじゃく》もなく、学ばず習はずして、明らかなる」のが誠の道であり「我教《おしへ》は書籍を尊《たふと》まず、故に天地を以て経文《きょうもん》とす」というように、自己の経験を織りこんでの「道」の体得、「活用」であった（『二宮翁夜話』）。

9　蘭学と幕末の諸思想

†蘭学

この節では江戸中期以降の蘭学、実学的儒教、幕末の思想を扱う。

蘭学とは長崎の出島経由で入ってきたヨーロッパの学問である。中華崇拝に傾きがちな儒学と異なり、蘭学ではオランダは一つの通路であって、オランダ国自体をとりわけ優れた国と意識していたわけではない。幕末には学ぶ通路の拡大で「洋学」と言われるようになる。

キリシタンの拡大を恐れ、ポルトガルの植民政策を「奪国」の意図あるものと警戒し、幕府は一六一三年最初の禁教令を出し、一六三五年には日本船が海外に渡航することを禁止し、一六四〇年、プロテスタント国であるオランダと中国・朝鮮とのみ通交を許し、いわゆる鎖国体制を敷いた。島原の乱が起きたのは、一六三七年であり、平定は翌年までかかった。のちに蘭学者・大槻玄沢は新井白石を蘭学の学統の祖とする。白石自身、時代の制約もありその知見をさらに拡げることはなかったが、立場上、禁教・鎖国の禁を破り日本に来たイタリア人宣教師シドッチを、尋問し、その見聞から『采覧異言《さいらんいげん》』『西洋紀聞《せいようきぶん》』を書いた。とくに『西洋紀聞』は白石の柔軟な知性と、シドッチへの人間的共感から、鎖国下の西洋事情の優れた紹介となった。

一六三五年の鎖国令に先立ち、幕府は一六三〇年に禁書令を制定するが、それは輸入漢籍に混入したキリスト教教義書の輸入をはばむことが目的であり、教義に無関係な科学書の類は原則として認められた。しかし八五年に禁書令を改めて、検閲を極度に厳しくした結果、教義書はもちろん、西洋科学書の輸入も困難になった。この政策は八代将軍徳川吉宗の代、一七二〇年に緩和され、蘭学が、本格的に受容され展開したのはそれ以降であった。

初期の蘭学者としては青木昆陽(一六九八〜一七六九)、蘭医の前野良沢(一七二三〜一八〇三)、杉田玄白(一七三三〜一八一七)らがいる。青木昆陽は儒者・蘭学者で、伊藤東涯に学び、幕府の書物方を務めた。のちの吉宗の命で蘭学を学び、飢饉の際の食料として甘藷の栽培を進めた。前野良沢と杉田玄白は、『ターヘル・アナトミア』を苦労して翻訳し（『解体新書』）、オランダ医学だけでなく蘭語理解を一歩進めた。この間のことは、追想した『蘭学事始《ことはじめ》』（一八一五刊）に感動的に描かれている。後に続いた者に大槻玄沢（一七五七〜一八二七）がいる。玄沢は杉田玄白・前野良沢に学び、長崎にも遊学し、江戸に私塾芝蘭堂《しらんどう》を開き蘭学教育をおこなった。著書に『蘭学階梯《かいてい》』がある。

そのほか、ニュートン物理学をそのオランダの入門書を翻訳して紹介した、志筑忠雄《しづきただお》（一七六〇〜一八〇六）がいる。『暦象新書《れきしょうしんしょ》』上中下（一七八九〜一八〇二）はケプラーの諸法則や地動説を伝え、また太陽系の起源を、陰陽論を駆使しながら独自に論じてもいる。地動説は十九世紀前半の江戸の庶民のほぼ常識であったとされるが、影響はあるだろう。その他、文法書『和蘭《オランダ》詞品考《しひんこう》』（一八一四）、ケンペル『日本誌』中の鎖国の可否を論じた章を訳注した『鎖国論』（一八〇一）などがある。

なお蘭学者にはこのほか多くの人物がいるが、そのなかでも鎖国下での万国との交易を主張する実学的経世論を唱えた本多利明《ほんだとしあき》（一七四三〜一八二〇）がいる。本多は十八歳で江戸に出て、天文・暦法を学び、和算から蘭学、それも西洋の天文・測量・地理を学ぶようになり、江戸音羽に塾を開いた。『経世秘策』『西域物語《せいいき》』がある。ときまさにロシアの進出があり、北海道・樺太などの開発を唱えた。新しいタイプの思想家である。こうして蘭学は、幕末の佐久間象山《しょうざん》の洋学受容につながっていく。

†儒学の実学化

伝統的な儒学からも、実学的な経世論を唱える人物が出てきた。その一人が海保青陵《かいほせいりょう》(一七五五〜一八一七)である。

丹後宮津《みやづ》藩の家老の子で、江戸に生まれる。一時仕官したが、その後は各地を遍歴し晩年京都に塾を開いた。徂徠学派の宇佐美灊水《しんすい》に学んだ。君臣関係を取引関係と見て、武士は商品経済の仕組みを離れては生活できず、商業資本なしには徳川の体制は維持できないとしつつ、その解決をあくまでも武士の身分の課題とした。殖産興業策など経済を論じた『稽古談』(一八一三)などがある。

†幕末の儒学

江戸近世の思想を考えるときには、その反対者を含め、朱子学・宋学の知識・教養の広がりを無視できない。それは幕末に至るまで変わらない。しかしまたいわゆる幕末は、ロシアはじめ諸外国が日本の近海に現れ、中国での阿片戦争の知らせなど、危機意識の高まった時代であった。

こうした状況のなかで新しい動向が起きる。以下に記した人物のほか、横井小楠《しょうなん》（一八〇九〜六九）らもいる。小楠は、熊本藩士、藩校時習館《じしゅうかん》で学び、二十九歳で時習館居寮長となる。その後藩命で江戸に遊学し、藤田東湖、川路聖謨《かわじとしあきら》ら多彩な人と交わった。その後巡歴し、吉田松陰・橋本左内らとも知り合い、福井藩で藩政に関与した。公武合体派という立場にあった。朱子学の信奉者であるが、また西洋文明に深い理解をもっていた。明治政府に出仕したが、暗殺された。『国是《こくぜ》三論《さんろん》』などがある。

†水戸学

徳川親藩の一つ水戸藩は、徳川（水戸）光圀《みつくに》（一六二八〜一七〇〇）以来、学問の気風を強くもつ藩であった。『大日本史』編纂や、社寺復興の宗教政策、農業の振興、そして藩士の気風の規律化などをおこなった。国学の項で触れたが、契沖が、結局固持したが水戸に誘われたのも、光圀によってであった。『大日本史』は一六五七年に光圀の命で編纂が開始され、その後も編纂が続き一九〇六年（明治三十九）に三百九十七巻までで終わった。神武天皇から後小松天皇までの歴史を、編年体の形式で、朱子学の大義名分論（臣や子などの名の身分に応じて守るべき本分についての議論）の史観によって論じる。その一つが南朝正統論である。いわゆる水戸学は、こうした気風から生まれた。前期水戸学と後期と分ける見方があるが、前期には安積《あさか》澹泊《たんぱく》、後期には藤田幽谷《ゆうこく》（一七七四〜一八二六）、藤田東湖《とうこ》（一八〇五〜五五）、会沢安《あいざわやすし》（正志斎《せいしさい》、一七八一〜一八六三）らがいる。日本の歴史を論ずるなかで、儒教だけでなく、神道・国学も包摂し（「神を敬ひ儒を崇《とうと》び」徳川斉昭《なりあき》『弘道館記』）、「大国学」と自称してもいる。幕末の尊王攘夷論に大きな影響を与えた。

†藤田幽谷

幽谷は彰考館《しょうこうかん》（水戸藩が『大日本史』編纂のために置いた修史局）総裁を務め、幕末における内外の危機を前に、一方では経世に役立たぬ儒学を批判し、儒学を実用の学に建て直そうとした。また、藩財政の窮乏と農村の疲弊に悩まされる藩政の改革を唱道した。対外的危機については攘夷を強く主張し、皇祖開闢《かいびゃく》以来の一系の天皇を頂く「国体」（国家体制）の確立の必要を強調した。国内体制の改革を実現することと攘夷の主張が連動する水戸学の尊王攘夷論は、彼によって基礎が置かれたと言ってよい。水戸学そして幽谷について名分論《めいぶんろん》という言い方がよくされる。その書に『正名論《せいめいろん》』があるが、正名とは本来儒家の概念であり、『論語』（子路篇）の「必ずや名を正さんか」の一文による。それに対して名分は儒家の概念ではなかったものだが、幽谷は多用する。

たとえば藤田幽谷『正名論』で言う。

甚《はなは》だしいかな、名分の天下国家において、正しく且《か》つ厳ならざるべからざるや。それなほ天地の易《か》ふべからざるがごときか。天地ありて、然《しか》る後に君臣あり。君臣ありて、然る後に上下あり。上下ありて、然る後に礼義措《お》くところあり。苟《いやしく》も君臣の名、正しからずして、上下の分、厳ならざれば、すなはち、尊卑は位を易《か》へ、貴賤は所を失ひ、強は弱を凌《しの》ぎ、衆は寡を暴《ぼう》して亡ぶること日なけん。（だから孔子も名を正すといっている）……（『正名論』）

幽谷の名分とは、上下の差別は天地の秩序そのものであるという意味をもつ。日本は古来より「君子・礼儀の邦と称」してきた。具体的には「皇祖開闢」以来「天皇」がこの全土に君臨してきたのであり、皇室、幕府、諸大名、卿、大夫の君臣上下の秩序（「君臣の名、上下の分」）が定まることで、礼楽が起こり天下が治まる、という意味で使われている。

その子、東湖は、徳川斉昭《なりあき》の藩主擁立運動を主導して以来、幕政に参与し、橋本左内ら尊皇派の指導的位置を占めた。『正気歌』『回天詩史』などがある。

†会沢正志斎

会沢は幽谷に学んで斉昭擁立に貢献し、藩政改革を推進した。一時禁固されるが弘道館教授督学などに就き、水戸学を推進した。神道、儒教をあわせた大義名分論を主張。『新論』『迪彝《てきい》篇《へん》』などを著す。西洋認識に関しては、『西洋紀聞』での白石の西洋の「人倫」のあり方の見解（キリスト教が天＝神を敬して君・父を敬さないのは不忠不孝）を卓見だとして、「人情ト相反シタル異教ナレバ人倫ヲモ知ラズシテ、五倫ヲ五ツナガラ変乱ス」（『三眼余考』）とキリスト教を排撃する。ここでは幕末に大きな影響を与えた会沢の『新論』を一瞥しておこう。

一八二五年、前年イギリスの捕鯨船が水戸藩内に無断上陸したことを受け、会沢は稿をなし水戸藩主に献上したが、幕府の忌避に触れることを恐れ、刊行は三十年後であった。一八二五年と言えば、「外国船打ち払い令」が出た年である。『新論』は、後期水戸学の思想の概要を知ることができる著作であるとともに、実際に多くの人に影響を与えた。たとえば吉田松陰が読み感銘を受けたと言われるが、幕末の志士たちに広く読まれ、対外事情の知識や政体の展望に大きな影響を与え、明治期の政治イデオロギーにも関わっている。

『新論』は、国家のあり方を支えるものとして、神々が忠孝によって国を建てたその国柄（「国体」）、海外諸国の「形勢」、「虜情」（日本をうかがう外国の事情）、「守禦」（防衛策）と「富国強兵」、さらに「民を化し俗をなす」遠大なはかりごと、という各々を論じている。水戸藩の水戸学（水府の学）は、和漢の典籍に及ぶものであり、引用参照の文献もまた多岐にわたる。その思想内容とは別に、「大国学《だいこくがく》」と称したように、「神州日本」の国体論を儒学によってまとめた、近世の儒学的学問の一つの水準を示すものと言える。

会沢の主眼は、「国体」の意義の宣揚にあった。「中国」とは端的に神州日本のことである。記紀神話より天祖（皇祖神である天照大神）の統治は天胤《てんいん》に連綿として続き今に至る。天祖の事迹に、君臣の分と義、父子に親という、忠孝を中核とする「天人の合一」を実現する「天人の大道」が現れたのであり、この国では祖先崇拝を軸にして「政祭教」は一致してきた。『新論』を貫くのは内外からの危機の意識であった。その危機を歴史的・原理的な考察のなかに置き、「事変の策」すなわち状況の変化への応対策を探ることが緊急の課題である。

我が国の昔は、古代中国の制度と近似しており、途中での盛衰はあったが、その遺風はなお続いている。神武以来の「国造《くにのみやつこ》」の統治は、周代の封建制に当たる。土地人民はすべて天子のものであった。それが乱れたなかで、大化の改新以降は、郡県制に移行した。私地私民以外は王に属したが、その後荘園ができ、土地が人民の私有に帰した。鎌倉幕府は一旦、土地人民を鎌倉のものとしたが、その後室町までの統治では土地人民を完全に支配することができず、朝令をおろそかにし、忠孝は廃れた。その後、豊臣秀吉と家康（東照宮）が忠孝の基《もとい》を立て二百年に及ぶ太平の業を打ち立てたのである。民間の邪宗、仏教、俗儒、耶蘇教は、祖宗の祭祀を危うくする。蘭学も邪説である。武はそもそも我が国体である。土地に土着した兵こそ、この国体の本体である。古代からの祭祀に見るように、稲と機《はた》、とくに米は瑞穂の国の本質である。穀物は国外へ出してならない。西方ではイスラムの国々が勢力を伸ばし、西洋諸国が日本の動向をうかがっている。今やイスラム、ローマの法に染まっていない国は、神州と清のみとなっている。内を防禦し、外には謀を施すべきときである。

『新論』の主要な意図は、そうした内外の状況のなかにあって、防衛策を説くことにある。具体的な策として、士風の矯正、人材の登用、奢侈の禁止、米価の管理、商業の統制など領国の内政、軍事を担う武士の都会から要地への分散配置（屯兵）、そのなかでの海防の重視、鎖国政策（海禁）堅持のための配置、巨艦、巨砲の整備などを論じている。

長計としては、「億兆心を一つ」にするために、天人合一の基となる天皇による祭祀を中心に、祭祀を統一し全国に及ぼすことが説かれる（「天皇の天に事《つか》へ先（先祖）を祀り、民命を重ずるの意は、四方に達す」）。列強の軍事的進出、邪教の浸透という外からの危機に向かっては、「典礼教化」こそ「永世を綱紀する所以」という。なお、幕府・諸大名の位置づけだが、「邦君（大名）の令を共《つつし》み、幕府の法を奉ずるは、天朝を戴きて天祖に奉ずる所以」と天皇の祭政のうちに包摂されるとともに、先祖崇拝と道徳の「統一」、天皇の仁と幕府大名の義が明らかになり「本《もと》に報い始めに反《かえ》る」義、すなわち国体の本義が実現する、と見るのである。

『新論』の議論は、江戸期儒学の一つの傾向であった「兵学」の影響という色彩が強いものであるが、また個人的道徳の実践ではなく礼楽刑政という制度の重視や「安天下」の道の追究、さらには『尚書』等の中国典籍、律令の参照と解読による、古代の中国の制度と日本古代の制度との独自の理解と比較の視点において、徂徠学等の古学や考証学との連関もまた指摘される。そのイデオロギー性とは別に、儒学・国学を含めた近世学術の一つの達成のかたちとも言うべきものがあることは否定できない。

『新論』に顕著に現れた天皇による祭祀の統一と、その祭祀空間のなかでの忠孝の一致の実現による人民の統治の仕組みは、言うまでもなく、明治中期に完成する天皇制国家の思想的淵源であり骨格であって、「教育勅語」などにもその反映を見ることになる。

†洋学者――佐久間象山

基本的にはオランダを通路とする蘭学と変わらないが、幕末では、イギリス・フランスとの関係も深まり、そこからも技術を学び、導入したことから、洋学という呼称が一般化した。佐久間象山《しょうざん》（一八一一～一八六四）はその代表的人物である。信濃松代《まつしろ》藩士だった象山は、昌平黌《しょうへいこう》の塾頭であった佐藤一斎《いっさい》（朱子学を奉じながら陽明学だと評判だった）から朱子学を学び、象山書院を興した。のち蘭学・砲学を学び、開国論を唱え、攘夷派に暗殺された。門人に吉田松陰らがいる。

『省諐録《せいけんろく》』では、君子の楽しみとして五点を挙げ、その一つに「東洋道徳」を身につけ「西洋の芸（技術）」を併せて学ぶことを挙げている。「東洋の道徳、西洋の芸、匡廓《きょうかく》依りて圏模《けんも》を全うす」とし、二つを併せることで完璧になると言っている。

†吉田松陰

吉田松陰（一八三〇〜一八五九）は幕末の志士としての名を知る人が多いだろうが、一箇の思想家であり学者であった。長州藩の下級武士の子として生まれ、兵学師範の吉田家に養子に行く。家学に没頭し才覚を示し、藩の兵学の師範となった。一八五〇年から九州に赴き、そして江戸に遊学。九州平戸で『新論』（会沢正志斎）を読み、対外事情と日本の歴史への関心をもったとされる。江戸で佐久間象山の門に入り、西洋兵学を学んだ。国防の策を練るため東北に旅行したことが脱藩行為とされ士籍からはずされるが、藩主の温情で遊学する。一八五四年、ペリーの二度目の来航の際、西洋への渡航を試みたが拒絶され、自首して、萩にて謹慎の身になる。その頃松下村塾で教育を始めた。安政の大獄の際に、尊皇攘夷の直接行動を図った罪で、処刑された。

松陰の考え方は、水戸学的な国体観と重なるが、また異なってもいる。水戸学が幕藩体制の維持のうえでの尊皇であるとすると松陰のそれは、直接人々が天皇と結びつくというイメージである。「一君万民国家」観とも称されるゆえんである。鎖国も採るところではなかった（奈良本辰也『吉田松陰著作選』)。

松陰のこうした現実策を支えているのは、「誠」という心の純一さであった。学問は実行と深く緊密に結びついていた。その点では、陽明学的でもあるが、儒教本来の実践性が状況のなかで、かたちをとったとも言える。『幽囚録』(一八五四年)は渡航の試みの失敗のあと心境・事情を著したものであるが、そのほかに刑死の前日に書いた『留魂録』、ほかに『講孟余話』がある。

†近世・幕末の民衆宗教(新宗教)

近世のいわゆる民衆宗教について概観しておく。

富士山信仰を組織化した富士講は、長谷川角行《かくぎょう》(一五四一〜一六四六)によって創始された。富士山の神を仙元大日とし、万物の根元であり創造主であるとする。のちにミロクの世の到来を信じる身禄《みろく》派と、修験道を目指す光清《こうせい》派に分裂する。富士講は、町民のあいだに盛んとなり、江戸には八百八講あったと言われる。一七四三年以降、たびたびの幕府による禁圧がおこなわれ、一八四九年には、富士講、不二道の最終的な禁圧があった。この流れは明治時代になって実行教や扶桑《ふそう》教(教派神道に加えられる)に連なっていく。

明治期に教派神道として統合される諸派は、幕末の政治的社会的不安(天保の大飢饉、大塩平八郎の乱、黒船来航等）のなかで生まれている。尾張熱田の無学文盲であった農村生まれの「きの」（喜之《きの》）を開祖とするのが、如来教である。女中奉公をしていたが、四十七歳のとき、金比羅大権現が神懸かりする（一八〇二年）。それによれば金比羅を使者としてこの世に送ったのは天地の主宰神である如来であった。きのはこうして如来の教えを説き始める。きの自身一尊如来であり、如来の慈悲によりあらゆる人の来世での救済が実現する。「儒学」を学ぶと人々の心が悪くなる、学問は学問、仏法は仏法と分け、仏法を実践することが釈迦の心にかなう。こうした教えには体制への批判的見方が示されている（『お経様』）。

「此女が貧しき生れ付でやに依て、多く疑ふものも有るそふなが、此女は天下禁裏へも生れ出る種なれ共、此女、天下禁裏へ生れ出ては、この利益《りやく》、諸人に配分ならぬゆへ、わざと貧しき親どりをさせ被下《くだされ》たは、是如来の深きお慈悲余り洩《こぼ》るる故」（『お経様』「御つゞり御説教」）とある。創造神話もまた記紀的世界に抗したものである。天照皇大神《あまてらすすめおおかみ》は尊貴であるが、身分の卑しい、きのに降りることを拒み、如来の意志に背いたというのである。尾張藩によって弾圧を受け、近代に入っても、一九四一年、如来、釈迦、上行菩薩《じょうぎょう》を、天照大神よりすぐれたものとするその教義によって政府より弾圧を受けた。

黒住教は黒住宗忠《くろずみむねただ》（一七八〇～一八五〇）によって創始された。宗忠は備前の神職の子として生まれた。基本的には伊勢信仰であるが、アマテラスオオミカミを太陽神とする。一八一四年に天命直授を受けたと称し、自己の全生命と太陽すなわちアマテラスが合一する、という教義を説いた。

天理教は、農村の婦人であった中山みき(一七九八〜一八八七)の神懸かりをきっかけとする。みきは北大和の耕作地主の子として生まれた。内向的で病弱であった。十三歳で中山家に嫁ぐが、夫は放埒であり、家庭は平穏ではなかった。もうけた子供も病死したり、病を得た。一八三八年、期待していた長男が脚を悪くしたが、その長男のための加持祈禱の折、みきが神懸かりし、「天の将軍」がみきをもらい受ける、と口にした。夫の死後、近隣で安産と病気治しの霊験があることが次第に評判になる。「なむてんりおう」と天理王の信仰を説く。一八六九年頃からは、みきを通して伝えられた天理王の言葉が筆記された。和歌の形式をとっており『おふでさき』と呼ばれる。「陽気暮らし」を説き、夫婦の関係を重視するが、イエ(家)やそれにまつわる祖霊信仰も重視しない教義に結びつく。その創世神話は、月日親神《つきひのおやがみ》が、泥海のなかにいた人間の顔をもった魚と巳(いざなぎといざなみい)に夫婦の事を教えたことにより人間が生まれ、親神は「いざなぎいざなみい」を含む十体の道具衆に、人間の守護を割り当てたとする(『おふでさき』第六号)。

国学や水戸学によって胚胎し、明治期に体制化する国家神道的神話からすれば、異端と言うべきその教説は、一八七四年に政府の弾圧を受け、一八八二年にはその中心の場所にあった甘露台（天の与えたる直食《ぢきもつ》、すなわち甘露を受ける台）の破壊を招いた。一八八四年に、神道本局に属するかたちで公認され、一九〇八年にはそこから独立し、いわゆる教派神道（明治政府によって公認された神道系の民間宗教。最初十三派、のちに天理教が加わり十四派となる）の一つとなった。

戦後、国家の統制からはずれ、天理王（親神、元の神）を立てる一神教と自己規定しているのは興味深い。

その他に幕末に生起した民間宗教には、金光教《こんこうきょう》などがある。実行教、扶桑教、黒住教、金光教、天理教など、神道系諸新宗教が、成立して以降の経緯、その異端性を咎められ、教派神道として体制内に公認される過程は、明治国家の宗教統制・国家神道の形成と深く関わる思想史的事象である。これは明治維新後の民間宗教・宗教的習俗への統制とともに、近代日本の思想宗教統制の一側面として考えなければならない。

第四章

近代

西田幾多郎

1　明治啓蒙思想とその展開

†西洋文明の摂取と近代化の思想的諸相

日本の近代化は明治維新によって本格的に始まった。それを機に西洋近代文明、そしてその基底にある近代思想を積極的に取り入れ、欧米列強に肩を並べようとした。この西洋化・欧化は、「文明開化」「殖産興業」という政策を政府主導で展開した。そのため「上からの近代化」と称される。

しかし当初から不動の近代化のモデルがあって首尾一貫していたとは言えないし、思想という観点からは、必ずしも「上から」という表現が適切とは言えない面がある。伝統と近代、国粋と欧化、国権と民権は相互に重なり合い、または対立し、近代という時代像の相克でもあった。思想もまたその動きのなかで展開した。また、現在では、近代以前の思想のあり方と近代以降を切断したものとしてではなく、大きな時間の流れの中で見ていこうとする考え方も有力であり、その点にも顧慮したい。この章では、近代の大きな思想の流れを知ることを主眼としてスケッチしてみる。

明治維新からしばらくの思想の歴史は、西洋社会思想の受容という面が強い。そしてその性急さと急激な導入は、近代以前の新しい思想が、中国大陸から導入されるときもそうであったように、史論家であり評論家である山路愛山《やまじあいざん》（一八六四〜一九一七）が評した通り「欧米に在りてはすでに爛熟せる問題」が「日本に在りては極めて最近の新知識たり」というように西洋近代の厚みの歴史的経緯を時に顧慮しない様相を見せるものでもあった。山路愛山は、幕臣の子として江戸に生まれ、二十一歳のときプロテスタント・メソジスト派に入信した。「国民新聞」、雑誌『国民之友』などのジャーナリズムで活躍した。その多様な背景からは、近代初期の社会的変遷の証言者として興味深い位置にいる人物である。

†西洋科学の受容

徳川末期の佐幕と勤王、開国と攘夷とが錯綜した複雑な情勢は、一八四〇年に勃発したアヘン戦争での隣国清の敗北によって、鎖国政策そのものの維持如何が問われるようになり、新たな局面を迎えた。そして、一八五三年のペリー来航を機に、幕府は一挙に開国に歩み出す。以後、洋学研究機関を拡充し、欧米に使節団、留学生を送り、西洋事情の摂取に努める。蕃書和解御用掛《ばんしよわげごようがかり》を蕃書調所《ばんしよしらべしよ》（のち洋書調所、開成所、さらに開成学校、東京大学となる）に改称したのもその一環である。

すでに見たように、開国の以前から、西洋近代との出会いは、徐々に学問思想に影響を与えていた。新井白石が、禁教のキリスト教を布教させようと、鎖国の禁を破って入国したイタリア人宣教師シドッチを尋問した際に得た、西洋の諸事情を記述した『西洋紀聞』のなかで、白石は、西洋と東洋の学術知識を比較し「こゝに知りぬ、彼方（西方）の学のごときは、たゞ其形と器とに精《くは》しき事を。所謂形而下なるもののみを知りて、形而上なるものはあづかり聞《きか》ず」という言葉を残している。後に蘭医・蘭学者の大槻玄沢が、蘭学の祖を新井白石とし、青木昆陽・前野良沢・杉田玄白と学統は継承されたと振り返っている。

幕藩体制下にあって、日本・東洋の精神的優位を保持したままで、西洋の優れた文物、とりわけ科学と技術のみを導入しようとした受容の精神を新井白石の感想は、たしかに先取りしていた。白石の感想は、まっすぐに、佐久間象山の「東洋道徳・西洋芸術（技術）」の二つを学び人民に恩恵を与え国恩に報いる（『省諐録《せいけんろく》』一八五四）という言葉にあらわれている。科学技術における西洋の優位、道義における東洋の優位という二元論をとりながら、西洋の技術の導入に心を砕いた姿勢につながった。ちなみにこの佐久間象山の言葉に類似した発言は、幕末を見るなら、たちどころに何例も挙げることができる。

「器械芸術は彼（西洋）にとれ、仁義礼智は我（東洋）に存す」（橋本左内＝医学、安政の大獄で斬罪)「仁義を致し仁義に死し、西洋器械をとって」大義に死すなら悔いることはない(高野長英「鳥の鳴音」=医学、蛮社の獄で自殺)「堯舜孔子の道を明らかにし、西洋器械の術を尽くさば、何ぞ富国に止《とど》まらん、何ぞ強兵に止まらん、大義を四海に布《し》かんのみ」(横井小楠「詩」=思想家、暗殺された)等々である。朱子学の「窮理」は西洋科学技術による「窮理」に転換した。東洋の道徳的骨格を保持しながら、西洋技術を摂取受容しようという幕末の壮大なプロジェクトは、科学技術受容が国策として推進された近代日本のそれにつながる。

しかし、近代化の本格的開始は、それまでの東洋道徳の優位性という枠組みでは済まず、むしろ西洋技術の背後にあって、それを支える社会体制や精神そのものを導入しなければならないという認識に転換せざるを得なかった。

当初の明治政府の政策も、祭政一致的な王政復古を基本として、神祇官《じんぎかん》の復興、神仏判然令(廃仏毀釈)などの神道国教化政策、その裏面でのキリスト教の禁止の維持(隠れ切支丹の露見と弾圧)など、諸外国からの非難を浴びる、まさに復古的な政策をとっていた。他方で、旧来の庶民の生活習俗そのものの廃絶を目指す諸政策もあった。それも明治三、四年を境に、近代化により急ぎ欧米に伍していくという明確な目的意識のもとで統合されていく。

近代国家の創出には中央集権化が急務であった。一八七一年(明治四)、一挙に廃藩置県が断行された。翌年には遣外使節岩倉具視《ともみ》一行(一八七一〜一八七三)の帰国もあり、一連の文明開化政策を打ち出していく。

2　明六社とその同人

†明六社と『明六雑誌』

この時期に、民間側から文明開化を理論的に支持し、啓蒙的役割を果たしたのが「明六社《めいろくしゃ》」の同人であった。この名は明治六年創設にちなむ。当初の同人は、森有礼《ありのり》、西村茂樹、津田真《ま》道《みち》、西周《にしあまね》、中村正直《まさなお》（敬宇《けいう》）、加藤弘之、箕作秋坪《みつくりしゅうへい》、福沢諭吉、杉亨二《すぎこうじ》、箕作麟祥《りんしょう》の十人であり、彼らは欧米語・欧米文化をよく知る機会をもちえた人々である。

ちなみに津田真道（一八二九～一九〇三）は、津山藩出身で、最初、平田派の国学に傾倒したが、後に江戸で箕作阮甫《げんぽ》に蘭学、佐久間象山に兵学を学んだ。蕃書調所教授手伝並となり西周を知る。オランダにて西とともにライデン大学教授フィセリングに師事した。津田がフィセリングの講義を訳出した『泰西《たいせい》国法論』は日本で最初の近代法学の書となった。

中村正直（一八三二～九一、号は敬宇）は昌平黌《しょうへいこう》に学び、のち教授となった。幕府の命で渡英し、のちに翻訳書『西国立志編』(スマイルズ著『自助論』)、『自由之理《じゆうのことわり》』(J・S・ミル著『自由論』)を著している。

明六社の機関誌『明六雑誌』は、国字国語問題、学者の職分論、文明開化論、政治、経済、社会問題、宗教、法律、教育、女子の問題、科学、思想、風俗、外国人問題と多岐にわたり論じ、まさに「諸先生の卓識高論を以て愚蒙の眠を覚し天下に模範を立て」(西村茂樹)ようとするものであった。

†福沢諭吉

明六社の同人のなかで、啓蒙思想家として最も大きな存在であったのが福沢諭吉(一八三五〜一九〇一)である。豊前中津藩の下級武士の末子として生まれた福沢は、一八六六年に『西洋事情』を出版して評判となった。幕府使節の一員としての二度にわたる欧米視察の見聞録でもある。維新後はさらに『学問のすゝめ』(一八七二〜一八七六)、『文明論之概略』(一八七五)などのベストセラーを次々に発表し、社会に大きな影響を与えた。

彼は中津藩の下級武士の家に生まれたことを回想し、封建制度への嫌悪をあらわに語る。他の同人と異なり、最後まで政府に仕えることをせず、在野の立場を貫いた。彼の啓蒙思想の課題は「自由独立の個人」の創出にあった。福沢から見れば明治維新もいまだしである。「政府は依然たる専制の政府、人民は依然たる無気力の愚民のみ」「日本には政府ありて未だ国民あらずと謂うも可なり」という認識から、「天下の人に私立の方向を知らしめんとすること」によって、「真の国民を生じ」「国民の力と政府の力とを互に相平均し、以て全国の独立を維持」することを主張する。

福沢は文明の精神とは「人民独立の気分」であり個人の自由独立は「人間普通日用に近き実学」によって達成できるとする。学問とは「古来の儒者和学者」のそれのようなものでなく、「洋学者流」のものでなければならない。ちなみに福沢は実学として、地理学、歴史学、経済学などを挙げる。

個人の独立こそが一国の独立につながる。国民の広い意味でのモラルないしエートスに踏み込んで近代化を主張したところに、啓蒙家としての彼の面目があった。福沢は人民の生活レベルにまで及ぶ根底的な変化の必然を説くとともに、文明化した生活を支える「人民の精神の発達」を企図している(『文明論之概略』一八七五)。『民情一新』(一八七九)では、「民情」に多大な影響を与えたものとして「蒸気船車、電信、郵便、印刷」を挙げ、それらは人民の「交通」(交流)の便の進歩(=空間の縮小)だとし、それによる人民の見聞・交流の拡大こそが「インフヲルメーション」(情報)の意義だと述べている。理想的に進むなら科学技術は、人民生活に利便をもたらし、近代精神を涵養するものであった。

「天は人の上に人を造らず、人の下に人を造らず」の標語で示される彼の天賦人権論は、こうした近代的個人の創出を狙うものであったが、他方で、個人と国家を「天」という伝統的形而上学の用語で捉えてもいた。individual の訳語が「個人」として確定するまで時間がかかったと言われるが、福沢の営みは伝統と近代の間での気迫あるものであった。

†西周

実学の福沢に対して、学問、知識、道徳、宗教という精神的な事柄に関心を向け、伝統的な政治社会の観念の変革を目指したのが西周《にしあまね》（一八二九～一八九七）である。津和野藩の侍医の子として生まれ、藩命で朱子学習得を命じられ大坂、岡山で学ぶが、のちに洋学を志し脱藩した。その後幕府の蕃書調所に登用され、一八六二年の幕府による使節団派遣で渡欧、友人津田真道とオランダに学び、国際法・自然法・国法・経済学・統計学などいわゆる五科の学を学んだ。西洋哲学の日本最初の書である『百一新論』を著し、『万国公法』を翻訳した。

『百一新論』では百教は一致するとの立場から、教（道徳修身）と法（制度）との違いを説き、「人文のまだ十分に開けないうちには法と教ともつかぬまぜこぜのことでもうまく治まる」が、文明開化とはその二つの峻別だとし、旧来の儒教が両者を混同してきたことを批判している。また物理と心理とを峻別せよとの主張も、その区別がないとして儒教を批判し、西洋哲学の方法論を移植しようという意図からのものであった。ただし、これらの主張の根底には、イギリス経験論思想の影響とともに、若年で作為・法を重視する徂徠学に転向した彼の思想的履歴も西洋受容の基底にあるだろう。「人生三宝説」(『明六雑誌』)では健康《まめ》、知恵《ちえ》、富有《とみ》の三つを「人生一般の最大福祉」を達成する三大綱領だとし、恭順、寡欲をよしとした儒教道徳を批判し、功利的道徳観を主張、また政治の眼目もこの三つの保護にあるとした。

なお、西の業績にヨーロッパの哲学用語の日本語訳の確定ということがある。理性・悟性・感性、主観・客観、分析・総合、帰納・演繹、概念、定義、先天・後天、さらにまた哲学(性理学・希賢学《きけんがく》・希哲学《きてつがく》と確定までは変遷したが)という言葉も彼による。これらの訳語の選定は、漢学・仏教そして洋学に通じた明治の知識人の典型的な教養に基づく。これらの大半は、今でも東アジアで共通に使われており、その功績はきわめて重要である。ちなみに科学技術の用語も日本での訳語が共通に使われている例は多い。なお、西周は明六社系の啓蒙家のなかでは、既成宗教を批判しつつ、他方、宗教一般すなわち「教門」への理解を示していた。これは西洋哲学の彼なりの受け止め方に関わろう。

明六社の活動は、自由民権運動を準備したが、政治情勢は七四年の民撰議院設立建白書の提出で変化し、在野の不満が噴出するようになる。明六社は自らの活動が、反政府の運動を利することになることを恐れ、自主的に解散した。同人であった加藤弘之は、当初大胆な自由平等思想の鼓吹者で「こころみに思うべし。君主も人なり。人民も人なり。けっして異類のものにあらず。しかるにひとりその権利にいたりて、かく天地霄壌《てんちしょうじょう》の懸隔を立つるはそもそも何ごとぞや。かかる野《や》鄙《ひ》陋劣《ろうれつ》なる国体の国に生まれたる人民こそ、実に不幸の最上というべし」(『国体新論』)と言っていたが、自由民権運動の高まりのなかで、優勝劣敗というダーウィニズムによって天賦人権説を非難するようになる。啓蒙思想の限界は、個々の思想家の内面にも少なからずあらわれた。

3 自由民権運動

†自由民権運動の発端

自由民権運動は、一八七四年一月、民撰議院設立建白書が左院に提出されたことに端を発する。これは前年の征韓論の敗北で、野に下った板垣退助らによるもので、一部官僚の専制を非難し、代議制を納税義務者の天賦《てんぷ》の権利とし、立憲君主制こそあるべき政体だとする。各地で自由民権を高唱する運動になる。運動は「士族及び豪家の農商」に限るとした建白書提出者の意図を超えて、遥かな広がりをもつようになった。明六社同人の多くは時期尚早論を唱えたが、言論弾圧のもとではその言論も制限されることとなり、解散となったこともきわめて象徴的である。

自由民権運動は、結社の結成、主張を公にする雑誌、新聞の発行というかたちで盛り上がる。建白書を提出した八名は「愛国公党」を結成し、人民の「通義権理」(right の訳語として「権利」が定まるまでの用語)の保護を主張し、各地にも政治結社ができた。土佐の立志社もその一つである。それは「この権理なるものは、権威をもってこれを奪うを得ず、富貴をもってこれを圧するを得ず。けだし天のもって均しく人民に賦与する所のものにして、しかしこの権理を保有せんと欲する者、また人民をよろしく勤勉すべきところの者なり」と天賦人権を設立の趣旨として掲げた。これらの運動も讒謗律《ざんぼうりつ》などの施行で勢いをそがれ、一時頓挫する。

一八七七年、西南戦争のさなかに立志社は国会開設の建白書を天皇に提出しようとした。この運動で掲げた国会開設、地租軽減、条約改正の三つが、不平士族の運動という性格から、農民中小工業者も加わる運動への転換になった。愛国公党の後身は国会期成同盟となり、全国大会には各結社が憲法草案を持ち寄ることとなった。一八八一年には西園寺《さいおんじ》公望《きんもち》、植木枝盛《うえきえもり》らによって「東洋自由新聞」が創刊された。一八八〇年から八一年に、開拓使官有物払い下げをめぐるスキャンダルもあり、政府は一〇年後の国会開設を約束して立憲政体を目指し、このなかで、自由党や立憲改進党が結成された。そしてそのような状況のなかで、一八八九年、大日本帝国憲法が発布された。

†自由民権運動の思想

自由民権運動は西洋思想が系統的に移入される端緒となる。それには、イギリス系の自由主義思想（ジェレミ・ベンサム、J・S・ミル、ハーバート・スペンサーなど）とフランス系の革命的共和思想の二つがあった。七一年に中村敬宇がミルの"On Liberty"（『自由論』）を訳して『自由之理』として出版した。民権派の河野広中《こうのひろなか》のこの本への感想は、当時の受け取り方を示している。「是まで漢学、国学にて養はれ、ややもすれば攘夷をも唱へた従来の思想が一朝にして大革命を起し、人の自由、人の権利の重んず可きを知り、又広く民意に基いて政治を行はねばならむと自ら覚り、心に深き感銘を覚へ、胸中深く自由民権の心情を画き、全く予の生涯に至重至大の一転機を創したものである」。

スペンサーの"Social Statics"が『社会平権論』として松島剛《まつしまこう》によって訳された。あるいはルソーについては、東洋のルソーと喧伝された中江兆民が、『社会契約論』を『民約訳解』として漢文に翻訳し、影響を与えた。

こうした諸思想紹介と翻訳などを経て、明治初期の明六社系の知識人とは異なる思想家が登場する。大井憲太郎、北村透谷《とうこく》、中江兆民、あるいは植木枝盛らである。

†植木枝盛

植木枝盛は、土佐立志社の運動のなかで、その理論を深め、徹底した民主主義思想を説いた。彼の起草した私擬憲法草案『日本国国憲按』はよくその思想をあらわしている。草案は第一条で立憲の精神を明確にし「日本国ハ日本国憲ニ循《したがひ》テ之ヲ立テ之ヲ持ス」として、三十数箇条にわたり、自由平等の諸規定を書く。さらに自由を保障するものとして、人民の抵抗権、革命権をさえ認めるものであった。『民権自由論』などで平易な言葉によって、民衆に生得の権利の重要性を説いてもいる。

一寸《ちよつと》御免を蒙りまして、日本の御百姓様、日本の御商売人様、日本の御細工人職人様、其外士族様、御医者様、船頭様、馬かた様、猟師様、飴売様、お乳母様、新平民様共、御一統に申上まする。さてあなた方は皆々御同様に一つの大きなる宝をお持ちでござる。この大きなる宝とは何でござる歟。打出の小槌か、銭のなる樹か。金か、銀か……。(中略) いやいやこんなものではない。まだ是等よりも一層尊い一つの宝がござる。それが即ち自由の権と申すものじや。……　　　　　　　　　　　　　　　　　（『民権自由論』）

植木の主張は民権派の共通の感覚であったと言えよう。そしてまた明治の思想の特徴だが、「民権を張らざれば、国権を張り独立を保つ能《あた》はず、専制の政治は国を滅ぼし国を売るに至る」というようにナショナルな立場を含むものでもあった。国権派が民権派を併呑する下地はそのなかにあったと言えよう。

†中江兆民の思想

中江兆民は、多くの民権派がイギリスの自由主義思想を背景にしたのに対して、ルソー流の社会契約説、人民主権を説いたことで異なる位置にいた。岩倉具視の欧米視察に同行し、フランスで学び、政治、哲学、史学を修め帰国。その後「東洋自由新聞」「自由新聞」に加わり、また自由党の結成に参加した。この間、ルソーの『社会契約論』（一七六二）を漢文（白文）で翻訳紹介し（『民約訳解』）、論客となる。彼の思想の特徴は、政治を人為として、つまり実践性として捉える視点であろう。もちろんそれは社会契約説の兆民流の理解であった。すなわち、人は生まれながらに自由であるが、国家は衆人の団結して相互の利益を守り、権利自由を侵害することなきを基礎としている。その基盤は人為＝契約であり、その社会契約説の立場によれば、国家の変革と建設は、人民の政治的実践の結果にほかならない。

そうした視点からの議会、法、政党の捉え方、またその政治姿勢は、原則主義と現実主義との微妙で巧妙な結びつきを示している。とくに三者の鼎談というかたちをとった、『三酔人経綸問答《さんすいじんけいりんもんどう》』という名高い本では、自由、平等、博愛に基づく民主共和制に至る道筋として、まずは立憲君主制の実現を図り、その過程で与えられた民権、すなわち「恩賜《おんし》の民権」を「回復の民権」に変える努力をするべきと説いている。

中江兆民の言葉として、「日本に哲学なし」というものがある。正確には「我日本古より今に至る迄哲学無し」(『一年有半《いちねんゆうはん》』)であるが、彼にしてみれば、近世の本居宣長や平田篤胤は考古学者に過ぎず、伊藤仁斎や徂徠も兆民の目からは古典学者に過ぎなかった。

中江兆民は無神論的唯物論の立場を明確にする。それが明確にあらわれているのは、最晩年の著作『一年有半』『続一年有半』である。これらはガン宣告を受けて余命いくばくもないなかで、書き継がれた。とくに『続一年有半』は「一名無神無霊魂」と題され、その唯物論的立場を鮮明にする。

このように中江兆民の思想は、フランスの唯物論の系譜に属するものであり、観念論哲学には批判的である。兆民が、日本にはなかったと言う「哲学」とは、まさに生涯実践したように、世界把握の認識論であるとともに、政治の変革を展望できる実践的哲学であった。弟子からは幸徳秋水《こうとくしゅうすい》が出ている。

自由民権思想の意義は大きい。明治初期の啓蒙主義とは異なる明確な人民主権を説き、「文明開化」の内実に一歩も二歩も踏み込むものであった。これは個の視点を国家に優先させる思想の誕生を告げるものであり、運動は四分五裂したが、第一回国会で民権派は過半数を占めた。

†自由民権運動の衰退と国権派の伸張

自由民権運動は、一八八九年の帝国憲法発布、一八九〇年の帝国議会の開催の過程で徐々に衰退し、代わっていわゆる国権派が台頭してくる。

自由民権運動の高まりに危機を感じた政府は、イギリス流の憲法私案が多数を占める前、「王室維持の思想」のまだ残る時期に、「普国風《プロシア》の憲法」を緊急に制定すべきであるという井上毅《こわし》の意見を容れ、憲法案の制定を急いだ。一方で教育の統制強化を図り、一八七九年に教学大旨の宣布、教育令の制定、翌年の改正と立て続く。

とくに「教育勅語」(一八九〇)はその総決算となるものであった。国家を家族と見立て、忠孝を徳目の核として忠君愛国を説き、教育の場を通して国民に浸透を図った。他方軍隊に対しても「軍人訓戒」、ついで「軍人勅諭」により、忠節・礼儀・武勇・信義・質素の五箇条により、天皇の軍隊としての絶対服従を謳う。

民間でもナショナリズムの運動が高まった。条約改正を有利にしようとする鹿鳴館外交への憤激が起こり、民権派の「自由新聞」（一八八四）も国権拡張論の論陣を張り、対外進出を主張するなど、言論界でもナショナルな立場からの動きが顕著になった。

国権派と言われるのは、徳富蘇峰《とくとみそほう》の民友社、その機関誌『国民之友』（一八八七）三宅雪嶺《せつれい》、志賀重昂《しがしげたか》の政教社と機関誌、『日本人』（一八八八）であり、また陸羯南《くがかつなん》らは政論紙『日本』（一八八九）を創刊した。彼らはたしかに、維新以来の欧化主義に対して、民族の固有性を重視し、国民的自覚を鼓吹する。とはいえ一概にはそうは言えない面もある。徳富蘇峰は社会主義的な主張もしているし、三宅にしても、偏狭な排外主義とは一線を画しているなど、単純な排外主義とは異なる面をもつ。この時期のナショナリズム論はなお、それなりの在野性、啓蒙性を有し、代議政治確立の主張、選挙権拡張論、軍部批判など、鋭い政府批判を展開した。しかしそれらも、日清・日露の戦争を通じて、国家主義のなかに併呑されていくこととなった。

†志賀重昂と『日本風景論』

志賀重昂《しげたか》（一八六三〜一九二七）は愛知に生まれ、札幌農学校に学んだ。二級上級に内村鑑三がいた。南洋諸島、オーストリアなどの巡遊のあと、『南洋時事』（一八八六）を刊行した。その後三宅雪嶺らとともに雑誌『日本人』を創刊し「国粋保存」の論陣を張った。その他に

『地理学講義』や日露戦争従軍記を著すなど、文筆家あるいは政論家として論陣を張った。なかでも『日本風景論』(一八九四)は日本的な風景の独自性を論じて、明治三十六年までに十五版を数え、明治期の本としては『学問のすゝめ』についで広く読まれた書である。当時の日本人に風景への関心、自然と詩歌、紀行、民俗との関係への関心、とくに近代登山という新しい風景との関わりを教えた。彼の風景論は、単なる花鳥風月でなく、その背後にある理学的自然(日本の水蒸気の多さ、海流の自然に与える影響、火山の意義など)を解き明かすことで、人々に新たな風景の近代的見方を教えた。その花鳥風月については、古代中世の歌枕にも触れるが、江戸後期の紀行などの風景論との連続性が顕著にうかがえる。

志賀は日本の風景の特徴を「瀟洒《しょうしゃ》・美《び》・跌宕《てっとう》(のびやかなさま)」とまとめている。この書の初版は日清戦争の開戦の年に出版された。その後の改訂版では、樺太を失ったが(明治八年、千島樺太交換条約)、山東半島、台湾を獲得したこと(一八九五年〈明治二十八〉、下関条約)を、「我皇《わがすめらぎ》の版図は台湾島に拡張して、熱帯圏裡の景勝は新たに日本の風景中に加入し来たり、兼て期年山東半島にて我皇の版図中に納まらんか」と記し、天皇の国家の「風景」の拡張と捉えている。明治期のナショナリズムの象徴的な書と言える。

志賀は「日本の地学家」に向け、西洋の大陸とは異なる日本、もしくは東洋の地質を「西洋地学家が定用する所の術語」で「概括する不明瞭」に触れ、「日本地学家の使用せる新術語」

をもって「亜細亜《アジア》人文」を開発し「日本理学の令名」を世界に発せよ、と叱咤する。学としての日本の人文学を組み立てる志向は、和辻の風土理論などとも深いところでつながっている。

この時期、日本美術史学研究の端緒を拓いた岡倉天心（覚三、一八六三〜一九一三）がいる。東京美術学校や日本美術院の創設に寄与した。ボストン美術館中国・日本美術部長も務めた。英文で著した『東洋の理想』（一九〇三）、『茶の本』（一九〇六）がある。

なお、勃興する資本主義のなかで、実業・商人のあり方を説いた者に渋沢栄一（一八四〇〜一九三一）がいる。埼玉の豪商の生まれ。尊皇攘夷運動に加わったが挫折し、のちに幕府に仕え、渡欧。新政府で大蔵省に出仕し、退官後は実業、とくに金融界で活躍し、近代企業の成育に力を尽くす。引退後は社会事業に尽力した。

以上、明治期の思想の変遷と代表的な人物を概観してきた。明治後期から、さらに思想は複雑な流れをつくる。それを次節以降で見ていきたい。

4　国民道徳論とキリスト教

†西村茂樹──世教と世外教

明治近代の、徳川社会に続く（再度の）世俗化と、そのなかでの「道徳」の把握において影響力をもった西村茂樹（一八二八〜一九〇二）の『日本道徳論』（一八八六年〈明治十九〉・講演）を振り返っておきたい。西村は日本の文教政策に影響を与えた思想家であるが、その行論には、彼が明治の初期の道徳的思想状況をどう見ていたか、そこから近代の歩みの方向の構図をどのように描いたかがわかる。西村は佐倉藩の支藩出身で、儒学蘭学を修めたあと藩政に関わる。明六社の同人となるとともに文部省に入る。明治天皇に洋学を進講した。日本弘道会を設立し、国民道徳論の普及を目指した。宮中顧問や貴族院議員を歴任した。

西村は「道徳を説く」教えを、「世教《せきよう》」と「世外教《せがいきよう》」の二つに分類し、「世教」には「支那の儒道」「欧州の哲学」が、世外教には「印度の仏教西国の耶蘇教」がそれに当たるとする。世教とは「共に現世の事を説き、此現身《このうつしみ》を修むることを説き、此《この》現在の邦国及び社会を調和することを説」く世俗の教えである。世外教は「其教たる現世の事を言はざるに非ざれども、其帰着する所は未来の応報と死後魂魄《こんぱく》の帰する所に在るを以てなり」すなわち、価値の置きどころが未来の応報と来世での魂のゆくえにある。世教は「道理を主とし」、世外教は「信仰を主とす」るものである。

こうした精神指導の原理性を区分けする西村の日本の思想史・歴史の認識には興味深いものがある。西村によれば、「世教世外教相継《つい》で他国より入り来り、其中仏道は上下共に一般に行はれ、儒道は独り上等社会にのみ行はれ」、「仏教に及ばず」という仏教優位の状況が続いたが、徳川期に入って、すなわち「三百年以前より儒道大《おおい》に武門の家に行はれ」教育政治法律共に「儒道に根拠」をもつこととなった。一方仏道は「下等人民の信仰するに止まりて」儒道に及ばず幕末を迎えた。

では明治維新以降の現状の認識はどうか。西村は儒道の「廃棄」により、「日本の中等以上の人士は道徳の根拠を失ひ、封建の時に比すれば人心其《その》固結力を弛緩し、民の道徳漸く頽敗の兆を萌せり」という状況を迎えた、とする。その間《かん》西洋から耶蘇教・道徳学の流入はあったが、それらも「全国公共の教」とはなりえない。そもそも農工商の三民については、道徳の高下を論ずる意味がない。士族以上には、「儒学の薫陶」や「本邦一種固有の武道」があったが「固有の教法」はない、と論じる。

ちなみに西村は、武士道にほとんど意味を見出していないことがわかる。少し後の世代であり、士族出身の新渡戸《にとべ》稲造《いなぞう》が武士道を新たに「発見」したが、その認識の違いは興味深い。明治初年の道徳的空白感は両者に共通していたが、その受け取り方は異なっているのである。

†儒教的啓蒙主義からの反宗教

しかし「国の風俗人心を維持する」には「道徳」は必要である。ではどうするか、と西村は論ずる。ここで、世教と世外教の区別に意味が出てくる。その道徳は世教によるべきか、それとも世外教によるべきなのか。

西村の結論は、世教である儒教・哲学の二教から「精粋《せいすい》を採りて其《その》粗雑を棄」て、「精神を取りて其形迹《そのけいせき》を棄」て、「一致に帰する所を採りて」「一致に帰せざる所を棄」てて採用すべきだ、というものであった。世外教（仏教・キリスト教）は、採るべきものではない。

もちろん、西村のこうした近代化の過程の精神的状況の受け止め方は彼なりのものであり、同時代をどう認識したかという問題として山路愛山の『日本教会史』など、キリスト教の「世外教」的視点を持ちえた者が、欧化と「反動」の諸潮流をどう見ていたかを参照し、相対化する必要があるだろう。

「世外教」的価値を否定し、「世教」の埒内に道徳の価値を制限しようとするこの西村の構想は、一方で、政治的な近代日本の思想的体制の表現であり、広く近代の支配的世界観につながっていく。彼も関わった「国民道徳論」の運動は、公教育の場面に多くの影響を与え、また他方、神道を宗教の埒外に置く（仏教とともに耶蘇教への対抗的存在として無用ではないが、神社神道は宮内省に属させるべき、等々――『国家道徳論』）という思想的骨格（神道非宗教説）をつくっていく。西村の構想にあらわれる世教の規範力は、こうした超越的なものを括弧に入れた世俗化、国民道徳論的な近代の志向と深く関わり、進行していく。神社合祀問題もその過程で起きたことである。これは、各地の神社をその祭神・由来を無視して、統合縮小した政策を言うが、明治初年と末年の二回おこなわれた。とくに二回目の際には、南方熊楠《みなかたくまぐす》らが反対運動を起こした。こうした世俗化は、市民のレベルでも、硬軟両面での二重帰属の意識をもたらしたと言えよう。一定の形式で国家という公的権威の宗教的諸施策への同調が求められ、他方でそれ以外では自由裁量に任せる、というかたちをとった。

西村の儒教的啓蒙主義からする反宗教の残滓は、なお戦後にも影響をもっている。世間に帰属しない意志的な「超越的」帰属性は、存在さえ忘れられ、ときには忌避すらされるような、今の状況に続く。なお、西村もその一翼を担った思想運動としての「国民道徳論」は必ずしも統一のとれた一体のものとして進められたわけではない。ただそこには国家を家族と見なし、忠孝を徳目とするという最大公約数はあった。大正期から、昭和にかけての運動の一方の主導者・井上哲次郎などを見ていると、大正のリベラリズムの展開などの現実に常に追随していく、という印象は免れがたい。家族を改造すべきだという昭和期に入ってからの井上の主張にそれは顕著である。これは、都市を中心とした小家族（夫婦）の増大を危機と見ての論議であった。

国民道徳論は、「教育勅語」(一八九〇)以後、多くの論者が登場し、よりいっそう盛んになるが、その風潮と最も対立したのがキリスト教であった。

†キリスト教と国家主義との衝突

憲法制定、国会開設により、天皇制による支配の仕組みは整備されたが、これは違和なる部分を排除するものでもあった。この時期シンボリックな事件が起こる。久米《くめ》邦武《くにたけ》(一八三九〜一九三一)の筆禍事件、民法典論争、とくにキリスト教への攻撃であった。

キリスト教が公然と活動できるようになったのは、一八七三年のキリスト教禁制の高札撤廃以降である。プロテスタントが中心となって活発な活動が始まる。横浜バンド、熊本バンド、札幌バンドなど、旧士族の子弟を中心に受容された。一八八〇年には『六合雑誌《りくごうざつし》』が創刊される。キリスト教は文明開化のなかで、まさに「文明の宗教」として受容された。だから中村敬宇のように、天皇こそ耶蘇教を採用すべきという議論さえあった。キリスト教は啓蒙思想だけでなく、文学、民権運動にも影響をもった。

†内村鑑三と不敬事件

内村鑑三の不敬事件は一八九一年、教育勅語発布の二カ月後に起きた。キリスト教徒の内村鑑三が、一高の始業式で勅語への礼拝をためらったということに端を発し、国家主義者から非難を浴び、免職となるまでの一連の事件である。ことは内村個人の問題を離れ、植村正久《まさひさ》（一八五七〜一九二五）、巌本善治《いわもとよしはる》（一八六三〜一九四二）らの信徒、市民的道徳を主張する大西祝《はじめ》（一八六四〜一九〇〇）ら内村を擁護する人々と、「教育勅語」を盾にしてキリスト教を国家主義に反すると批判する井上哲次郎との間の論争になる。井上の発表した文章にちなみ「教育と宗教の衝突論争」と言われる。各地で事件があり、キリスト教は反国体的であるという印象を広く世間に与えた。

キリスト教は近代化のなかで、女子教育や社会改良などの点で多くの功績を残しているし、このあとの社会運動、労働運動、大正デモクラシーにも影響を与えた。しかし、この事件はキリスト教が防戦に追われ、海老名弾正《だんじょう》（一八五六〜一九三七）の日本的キリスト教という主張のように、キリスト教が天皇制と妥協を強いられるきっかけになった。

内村鑑三（一八六一〜一九三〇）は高崎藩士の家に生まれ、札幌農学校に学ぶ。在学中にアメリカ人教師クラークの影響を受け、同級の何人かと改宗した。英文で著した『余《よ》は如何《いか》にして基督信徒《キリストしんと》となりし乎《か》』は、その頃の状況を生き生きと伝える。渡米してアマースト大学で学び、帰国後に不敬事件に巻き込まれた。その後社会評論に健筆を振るうが、日露戦争に反対して「万朝報《よろずちょうほう》」の記者をやめ、雑誌『聖書之研究』によって反戦を説いた。その後は執筆と研究会に拠り、宗教的内面性に沈潜していく。

彼は無教会主義という日本独自のあり方を唱える。キリストによってのみ日本の真正な独立と自由があるとし（『聖書之研究』所感など）、キリストと日本、つまり「二つのJ」への奉仕を説き、また、『代表的日本人』では、日蓮や西郷隆盛らを高く評価している（第二章4節の「日蓮」参照）。『求安録《きゅうあんろく》』などに心の修養を説く陽明学的な思索に共通するものがあるとする見方があるが、自ら「武士道に接木されたるキリスト教」と表現しているように、伝統とキリスト教という異なるものを強靭な人格によって統合するという、きわめて明治的な課題を負った思想家・宗教家であった。

†新渡戸稲造

新渡戸《にとべ》稲造《いなぞう》（一八六二〜一九三三）は盛岡藩士の家に生まれた。札幌農学校では内村と同級であった。渡米、渡独のあと、京大・東大教授、国際連盟事務次長、貴族院議員等を歴任。日本の台湾植民地政策にも関わった。英文で書かれた『武士道』は、キリスト教と矛盾しない、むしろ完成するものとしての武士道および伝統的価値を世界に知らしめようとして書かれたものである。この書の序にで「日本で宗教教育がないなら、どのように道徳を教えているのか」というベルギーの法学者ラブレーの問いに触発されて、武士道を改めて見直したと書いている。

このように、同じ近代化のなかでも、ほぼ同じ時期の内村のように武士道を血肉化したものと見るのとはやや異なり、明治初期を道徳的空白期と見る西村茂樹の見方が指摘する、まさに空白感が結果した書であると言えるだろう。

キリスト教思想家としてはほかに、同志社の創設者・新島襄《にいじまじょう》(一八四三〜一八九〇)がよく知られている。

5 社会主義の思想

†社会問題と組合運動

社会主義の受容の歴史は、明治の初期から始まっていた。しかし、明治中期以後、社会問題の発生によって、その受容はいっそうの実践性を帯びていった。憲法発布、議会開催の時期は、各地で職工のストライキが起きた時期でもあった。一八九〇年にアメリカの恐慌が日本に波及し生糸輸出が激減し、日本でも最初の恐慌が起こったとされる。近代化は早くも資本主義固有の問題を内包することとなった。雑誌『日本人』(一八八八、第六号)に「高島炭鉱の惨状」の実態報告が掲載され、労働問題の存在が世に知られた。その後の日清戦争は、経済を進展させたが、他方で工業や農業のひずみをいっそう拡大した。大企業と多数の家内工業、大地主と小作人の格差などから、労働力は都市へ安価な賃金労働者として流入した。その実態は横山源之助『日本之下層社会』や農商務省『職工事情』などに描かれた。

社会政策学会（一八九六）、社会学会（同）、社会問題研究会（一八九七）などの相次ぐ設立はこうした社会情勢を背景にしている。社会問題を学問的に調査し、調整調和を目指したのである。

労働者の側での組合結成の動きも始まる。九七年には高野房太郎《ふさたろう》らが「職工義勇会」を創立し「職工諸君に寄す」を発表し、労働組合結成を呼びかけた。さらに「労働組合期成会」ができ、機械工の組合などが結成された。政府は治安警察法（一九〇〇）をもって対抗した。

†社会主義の思想

社会主義については早く加藤弘之がその著作で言及し、我が国体にふさわしくないものと論評している。八二年に肥前島原に樽井藤吉《たるいとうきち》によって初めて社会党を名乗る結社「東洋社会党」ができたが、「平和なる一種の理想家」（山路愛山）とも言うべき萌芽的なものにとどまった。社会主義思想が正しく紹介宣伝されたのは「民友社」（徳富蘇峰を中心とした政治結社）の機関誌『国民之友』によるところが大きい。この時期の平民主義も、国民主義も、国民の実態に即した政策を求めるという視点から、社会問題、社会主義の思想に目を向けるという点で共通の認識をもっていた。ちなみに前述の高島炭鉱の実見録も、『日本人』に掲載されている。

他方で、社会主義への学問的理論的関心も深まる。キリスト教ユニテリアン派(正統的教義である三位一体論に反対し、キリストの神性を否定する)の村井知至《ともよし》(一八六一〜一九四四)、安部磯雄(一八六五〜一九四九)らは、『六合雑誌《りくごう》』で労働問題に注目し社会主義の必要を論じていた。九八年には「社会主義研究会」が生まれた。これは村井、安部のほか、片山潜《せん》(一八五九〜一九三三)、幸徳秋水(一八七一〜一九一一)らによる「社会主義の原理と之を日本に応用する可否を考究」しようとした学術団体で、サン=シモン、プルードン、ラサール、マルクスらを研究した。会は次第に人道主義的傾向と実践的傾向に分裂し、実践的方針に沿って、「普通選挙運動への参加」という方向に向かい「社会主義協会」へと移行した。それを母体に、一九〇一年日本最初の社会主義政党「社会民主党」が結成された。党そのものは治安警察法により即日解散となったが、その宣言は新聞などに公表された。綱領などは宣言でいう、まさに「社会主義を経《たて》《いと》とし、民主主義を緯《よこいと》として其旗幟《きし》を明白」にするものであった。

「社会民主党」の宣言は、実行が難しい「理想」としての八カ条と、実践的な二十八カ条の「綱領」からなる。「理想」には、①人類同胞主義、②軍備の全廃、③階級制度全廃、④土地・

資本の公有、⑤交通機関の公有、⑥財富分配の公平、⑦人民に平等に政権を得させること、⑧教育の平等と費用の国家負担、など。「綱領」では、鉄道瓦斯《ガス》電気の公有、労働者の団結権公認、普通選挙の実施、軍備縮小、死刑・貴族院・治安警察法・新聞条例等の廃止を掲げている。

その後社会主義運動は、社会主義協会や、黒岩涙香《るいこう》・内村鑑三による「理想団」、さらには平民社とその週刊「平民新聞」に引き継がれていった。これは、「万朝報」が日露戦争開戦とともに主戦論に転じたとき、主戦論の黒岩と袂を分かった幸徳秋水、堺利彦《さかいとしひこ》(一八七〇～一九三三)が始めたもので、一九〇五年の弾圧による六十九号での廃刊まで、社会主義の拠点となった。

日露戦争の勝利以降は、多様化した大衆運動のうねりが高まる。日露講和に反対する民衆の日比谷焼打事件(一九〇五)など都市部だけでなく、各地に労働・小作争議が多発した。一九〇六年大同団結のかたちで、日本社会党が結成され、普通選挙権獲得を目指す議会主義を掲げたが、議会主義と幸徳秋水らの「直接行動論」とが対立し、秋水の主張が通ったが、結社禁止令を受けることとなった。運動の閉塞から、一部でテロリズムへの傾斜を生み、天皇暗殺を計画したとする嫌疑で直接行動派は全員検挙され、十二名が処刑された(大逆事件、一九一〇～一一)。こうして時代は一挙に「時代閉塞の現状」(石川啄木、一九一〇)という状況を生み、社会問題を回避し、内面に沈潜するロマン主義的傾向を広めることとなった。

6　内面への沈潜

†浪漫主義・独我論――北村透谷

以上のような社会情勢のなか、政治的・社会的な運動の停滞と時を同じくするかたちで、近代的意味での個人の依って立つ内面的価値の根拠づけを問う、ロマン主義的な思想あるいは個人主義の模索が始まる。

北村透谷（一八六八～一八九四）は神奈川県小田原に生まれた。三多摩地方の自由民権運動に関わるが、挫折して離脱し、一八八八年にキリスト教に入信した（日本基督一致教会）。政治の挫折を反映した長詩「楚囚之詩《そしゅうのし》」、また「蓬莱曲《ほうらいきょく》」を発表してその後は評論で活躍した。九三年には島崎藤村と『文学界』を創刊する。九四年に自死した。

「楚囚之詩」「蓬莱曲」で示される、俗世を離れた理想郷に惹かれながらそこにおいても「狂想」の思いから逃れられない個が拠って立つものの模索と、苛立ちがよくあらわれているのが、いわゆる「人生相渉論争《じんせいそうしょうろんそう》」であった。発端は山路愛山がその史論「頼襄《らいじょう》を論ず」のなかで、文学を事業とし、その事業たるべき条件に「人生に相渉《あいわた》る」ことを挙げたことにある。「文学のユチリチー論」すなわち有用性を説き、事業と見なす愛山に反対しつつ、徳川の文学者のまなざしの「狭屋《きょうおく》」の限られることを批判する。文学は事業ではない。「俗世の済度」は究極の目的だが、「俗世」に喜んでもらうためではない。「意志の自由」をもって現象界の外に「世界大の世界を離れて、大大大の実在《リアリティ》を現象世界以外に」築くこと、「霊性的生命」の「清涼宮」を捉えることである。透谷の目標は、「人須《すべか》らく心の奥の秘宮を重んずべし、之を照らかにすべし、……之を公けならしむべし」(「各人心宮内の秘宮」)という私秘なるもの、すなわち個人の内面性の確立とその探求であった。

その他ロマン主義者としては島崎藤村(一八七二～一九四三)、国木田《くにきだ》独歩《どっぽ》(一八七一～一九〇八)、高山樗牛《ちょぎゅう》(一八七一～一九〇二)らの文学者がいる。詩人でもある藤村は透谷と親しく、キリスト教に入信、また『文学界』に参加した。近代詩を切り拓いたとされる詩集『若菜集』のほかいくつかの詩集を発表した。のち小説に転じ、『破戒』をはじめとする多くの作品を残した。独歩は、東京専門学校(現在の早稲田大学)在学中にキリスト教に入信。日清戦争の従軍記者等を経て『武蔵野』で文壇に出た。日記『欺《あざむ》かざるの記』などが知られる。とくに思想という面では、高山樗牛が挙げられる。彼は、大学在学中に歴史小説『滝口入道』が新聞の懸賞に当選するなど、才覚を示し、『太陽』の主幹として評論活動をおこなった。日本主義を標榜したり、ニーチェにより本能主義を唱えたりと多彩な活動を続けた。

†夏目漱石

夏目漱石（一八六七〜一九一六）はイギリス留学の体験から、日本の近代化がいかに皮相上滑りであるかを批判した。日本の開化は、内発的なそれではない。文学者としての漱石は、自己確立を求める個人の内面を描くが、それを批判者となりうる他者と自己との相対的な関係として描きとろうとする。小説の主人公たちも当初は、皮肉な批判家として登場する。それも『それから』あたりから変化する。主人公代助は、人と人との結びつきを疎外する文明と社会を鋭く批判する。しかし友人の妻・三千代との交情を経て、自らも批判する文明の一員であることに気づき、己れ自身が他者から自らを疎外していることが明らかになってくる。以後の作品は、自他の関係こそが根源的な批判者として描かれ、人のエゴイズムが剔抉《てっけつ》される。

漱石の文学は決して道徳的教説ではない。しかし評論や講演では、明晰なモラリストの姿を見せる。娘や妻との関係を一定不変の型を立てて、在来のものだからとか自己の好みで、相手の生活の内容に触れないで「推《お》して行ったなら」危ない、と論ずる「中身と形式」（一九一一）、あるいは「私の個人主義」（一九一八）という講演では、「自己本位」という言葉を自らのものとした経緯を語り、人真似や慣習からでなく、自分の鉱脈を「一つ自分の鶴嘴《つるはし》で掘り当てる所まで進」んで行くことの意味を説き、あわせてそうした自我の尊重、自己の個性の発展には、他人も同様の自由を持つことを尊重するべきだと主張している。これらには彼が何を目指していたかがはっきりとあらわれている。

†森鷗外・永井荷風

漱石とは対照的な姿を見せたのが、森鷗外《もりおうがい》（一八六二〜一九二二）である。彼は陸軍の医官としてヨーロッパに留学し、出世の階段をのぼりつつ、文学者であり続けたが、その文学・評論もまた、思想史の重要なテキストである。大逆事件以降の閉塞状況をそれなりに受け止めつつ、小説『かのやうに』（一九一二）に示されるように、近代的自我に目覚めながら、この世界の秩序や運命を「かのやうに」見なす主人公を描いた。この世界の秩序に諦念を抱きつつ随順するかのような作品・思想は、奥深い問題を秘めていよう。

永井荷風（一八七九〜一九五九）も大逆事件をきっかけに、江戸趣味に韜晦《とうかい》することで、時代そのものに背を向ける姿勢を貫いた。発禁処分を受けた『ふらんす物語』（一九〇九）をはじめ、多くの小説を発表した。彼の日記『断腸亭日乗』は、一九一七年より一九五九年の死の前日まで書き継がれた。

7　大正デモクラシーの思想とその帰結

†大正デモクラシーのきっかけ

大正期は、新聞などマスコミの発達を背景に、政治情勢に敏感な大衆がつくられ、また女性の職業進出など、新たな状況ができた。そのなかで起きた、政党・言論界・大衆を巻き込んだ大規模な民主主義運動が大正デモクラシーである。

運動の端緒となったのは、軍部と内閣との対立のなかで、桂内閣が退陣した大正政変と言われる事件であった。一九一二年（明治四十五、大正元）、自由主義的姿勢の西園寺内閣が、行財政整理を理由に朝鮮の師団増設を拒否したことから、軍部の抵抗を受け、総辞職した。その後元老たちが第三次桂内閣の成立に暗躍したことから、世論が沸き、「閥族打倒」「憲政擁護」を掲げての大衆運動が起こり、桂内閣が退陣した。

これら第一次護憲運動に続き、普通選挙法を求める第二次護憲運動が展開し、ついに一九二五年（大正十四）、普通選挙法が成立し、それと同時に治安維持法も成立した。

†吉野作造と民本主義

大正デモクラシーの代表的・理論的指導者が吉野作造《よしのさくぞう》（一八七八～一九三三）である。一九一六年に『中央公論』に発表した「憲政の本義を説いてその有終の美を済《な》すの途を論ず」という論文で一躍名を挙げる。

この論文の主旨を追っておこう。まず彼は、国民に憲政とは何かを説く必要性を指摘する。いまや貴族制に戻ることができない現状で、国民の知識を高める必要があるからである。憲政とは「憲法に遵拠《じゅんきょ》して行う」ところの「政治」という意味である。憲法が他の法律より強い効力をもつのは、「民権の保護」を規定しているからである。近代憲法は、人民権利の保護、三権分立主義、民撰議院制の三つの規定を必ず含むが、これらの手段によって、「権利、自由が保護せらる政治」を立憲政治と定義する。

理想はこのようだが、現実は必ずしも憲政的制度がうまくいっているわけではない。そこで制度に改善を加え、適当な運用によって理想を実現せねばならないが、その精神こそ「民本主義」である。吉野は「各国憲法に通有する精神的根柢」は「民本主義」だと言う。

次に問題は「民本主義」の内容についてである。民本主義はデモクラシーの訳語だが、デモクラシーには「国家の主権は法理上人民に在り」ということを示す謂《いい》と、「国家の主権の活動の基本的目標は政治上人民に在るべし」という謂との両義がある。従来は「民主主義」という訳語を用いてきたが、前者の「主権は人民に在り」という意味で使う社会民主党などの説と混同されやすいので、吉野は後者の意味をあらわすために、「民本主義」を使うと言う。なお「民本主義」は吉野の造語ではない。それ以前に上杉慎吉らが用いていたものでもある。

その理由は、憲法上日本が主権在君であるからである。君主制であって民主制でないことを考慮してである。そこで「民本主義」は、「法律の理論上主権の何人に在りやということは措《お》いてこれを問わず、ただその主権を行用するにあたって、主権者はすべからく一般民衆の利福ならびに意向を重んずるを方針とすべしという主義」を意味する。その綱領は、政治の目的が一般民衆の利益にあること、政策の決定が、一般民衆の意向＝民意によることの二つになる。その実現のために代議政治を民本主義にかなうように変えていくこと、具体的には選挙道徳の向上、選挙の公平、選挙権者の拡大、責任内閣制の確立を説く。以上が論文の趣旨であった。

†美濃部学説

吉野の主張は、主権のありかを括弧に入れて政治の運用を説くものであった。憲法学者上杉《うえすぎ》慎吉《しんきち》などの右派からは「天皇の地位の空無化」を図るものだと非難され、山川均《ひとし》らの社会主義者からは主権の所在に言及しない民本主義はデモクラシーに値しないと非難された。

明治憲法にはそもそも立憲君主制的側面と民主主義的側面とが矛盾した部分があった。吉野の民本主義をめぐる左右の反応は、明治四十五年から大正にかけて起きた、美濃部達吉《みのべたつきち》（一八七三～一九四八）のいわゆる「天皇機関説」という憲法解釈をめぐる論争と同じ根をもっていた。この論争は、穂積八束《ほづみやつか》や上杉慎吉らの君権絶対主義に対して、美濃部が国家法人説を主張したことに端を発する。国家法人説は、天皇を法人の一機関とする憲法解釈である。

この美濃部の解釈は、議会を重視するものであり、大正デモクラシーの理論的支柱となった。のちに一九三五年、天皇機関説排撃問題が起こると美濃部は不敬罪で告訴され、貴族院議員を辞職させられることとなった。

吉野の民本主義は、国体の禁忌に触れずに最大限のデモクラシーを実現するという実践的現実的対応であり、それなりに興味深い。ともあれ吉野の理論は大正デモクラシーの理論的支柱となった。

†様々なる意匠

こうして明治末期から大正にかけて、思想面では、個人主義、自由主義、社会主義、国家主義とさまざまな考え方が揃うこととなった。また第一世界大戦への参戦が好況をもたらし、自由な雰囲気の背景となった。『中央公論』『改造』『東洋経済新報』「大阪朝日新聞」などの言論活動も活発になった。一九一七年のロシア革命の成功の報もまた、社会主義的動向を刺激した。大学内でも河上肇《かわかみはじめ》（一八七九〜一九四六）のように人道主義的見地からマルクス主義経済学に入っていった学者もいた。河上の著書には『貧乏物語』などがある。

大正期後半は、労働者農民の組織化とともに、大杉栄《おおすぎさかえ》らのアナーキズムの流れを汲むアナルコ・サンジカリズムが影響力をもったが、ロシア革命の報に接し、堺利彦や山川均ら、マルクス主義の立場をとる者も力を持ってきた。後者はボルシェヴィキにちなんでボル派と言われ、アナ＝ボル論争を展開、労働運動にもその対立が持ち込まれ混乱した。「社会主義同盟」（一九二〇）の成立、友愛会の「日本労働総同盟」への改組、「日本農民組合」（一九二七）結成、「水平社」「学生連合会」「新婦人協会」の組織化などがこの頃にあった。

一九二二年日本共産党が非合法で結成された。こうした動きは支配層を刺激し、一九二五年に普選法と抱き合わせたかたちで治安維持法も制定され、国体の変革を唱え私有財産制度を否定する結社や運動が禁止された。

他方で、右翼結社が活発になり、北一輝《きたいっき》ら国家社会主義者が登場して昭和となる。昭和期に入り、デモクラシー理論が低調になると、共産党が大衆運動の前面に出てくることとなる。それは一九二七年の「二七年テーゼ」（コミンテルンの示した日本革命の基本的方針）と言われるものがきっかけとなった。自然と社会とを統一的に説明する理論として、運動面では壊滅に追い込まれながら、理論面では知識層に大きな影響を与えた。

†新しい女

大正期は、女性の社会進出が目立った時期でもある。大正デモクラシーは女性の進出と、それにともなって社会的活動や言論が盛んになるという側面をもっていた。平塚らいてう（一八八六〜一九七一）は雑誌『青鞜《せいとう》』によって女権を主張した。山川菊栄《きくえ》、与謝野晶子《よさのあきこ》、神近市子《かみちかいちこ》ら、『青鞜』のメンバーは「新しい女」と呼ばれた。

また母性論争など、女性の間での論争も活発となった。

8　昭和の超国家主義と戦時下の思想

†超国家主義の台頭

昭和に入り左翼運動が壊滅するなか、超国家主義は軍部・官僚と結びつきを強め、満州事変（一九三一）、五・一五事件（一九三二）、二・二六事件（一九三六）などを通じて全体主義的な道を進んだ。超国家主義の思想的背景となった国家社会主義の思想の日本での受容はかなり古く、明治三十年（一八九七）発足の社会問題研究会で話題にされていたし、山路愛山（一八六四〜一九一七）は明治三十八年（一九〇五）に「日本の国土に成長し得べき社会政策」を目指す国家社会主義を標榜して国家社会党を結成し、左派の社会党と対立した。ここで、社会思想家として独自の道を歩んだ愛山の履歴を記しておこう。

愛山は幕臣の子として江戸に生まれ、明治維新後静岡に移り、一八八六年キリスト教に入信。東洋英和学校に学ぶ。メソディスト三教派の機関紙『護教』を創刊（一八九一）し、その主筆になる。九二年民友社に入り、『国民之友』「国民新聞」に政治評論や史論・文学論を寄稿した。高山樗牛や北村透谷との論争は有名である。「信濃毎日新聞」の主筆を経て、一九〇三〜一六年に月刊『独立評論』を刊行。日本的キリスト教を唱えた海老名弾正《だんじょう》の自由主義に共鳴したこともある。一九〇五年に斯波貞吉《しばていきち》、中村太八郎らと国家社会党（一九一〇まで）を結成し、家族国家論を基礎とした社会改良を唱え、普選運動や東京市電車賃値上げ反対運動を推進した。著書『現代日本教会史論』（一九〇六）では同時代史として独特な議論をしているほか、未完の『日本人民史』（一九一三）などもある。

†北一輝とその思想

昭和の国家社会主義の支柱となった北一輝《きたいっき》（輝次郎《てるじろう》、一八八三〜一九三七）は、『日本改造法案大綱』（一九一九）などを通じて、明治以来の社会主義運動の総括の上に、天皇制と社会主義的改造との矛盾しない接合を意図した。天皇制を支えるイデオロギーと、対抗的勢力との相克・対立という思想史的構図のなかでは、自由民権運動の雰囲気を受けながら、独自の展開を見せることとなった北の思想の登場は、ある種の必然であったとも見える。

ここでは北一輝の生涯を明治から昭和期まで瞥見することで、国家社会主義の生成に至るまでの、時代の思想との関係を見ておこう。北は佐渡島に生まれた。父は自由党系の郡会議員であったが、彼が生まれたのは、まさに自由民権思想が影響を与えた時期であった。佐渡ゆかりの日蓮については、後年、法華経信仰に北を導くものとなった。佐渡島で学校教育を受け、また私塾で漢文の教育も受けた。時局評論、あるいは文学に関心を寄せ、また自由党系の地方新聞に評論を発表するなどの活動を始めた。

日露戦争に当たっては、社会主義の実現のためには帝国主義が必須であるとして、内村鑑三の非戦論に反対する論評を発表している。その後上京し、早稲田大学の聴講生となり、丘浅次郎《おかあさじろう》の進化論や安部磯雄らの社会主義を学び、その最初の著作『国体論及び純正社会主義』（一九〇六）を出版したが、直後に発禁処分を受けている。

こうした経緯を通じて、北の存在が社会主義者に知られるようになり、幸徳秋水や堺利彦らとの交友が始まった。また、宮崎滔天《みやざきとうてん》らの主宰する革命評論社に招かれた。その頃日本には中国革命を決行しようとする中国人が多数亡命してきていて、中国革命同盟会（一九〇五年、孫文を黒竜会の内田良平が呼び、東京で結成。宮崎滔天らも参加）を結成していた。これに加盟した北は、宋教仁《そうきょうじん》と親睦を深めた。また内田良平を中心とするいわゆる大陸浪人とも関わりを結び、黒竜会にも参加した。一九一〇年（明治四三）の大逆事件には拘引されたが、連座を免れた。中国で辛亥《しんがい》革命が勃発したのは一九一一年であった。北は黒竜会から派遣され、宋教仁らいわゆる湖南派と革命行動をともにした。この時期の体験が『支那革命外史』となった。

その後退去命令を受け、一旦日本に帰国するが、再び上海に渡る。この時期、革命が一時頓挫し排日運動が盛んになっていた。前掲の『日本改造法案大綱』は上海で書かれたものである。帰国後は、大川周明《しゅうめい》の猶存社《ゆうぞんしゃ》に入り、日本の改造を目指すが、大川とは決別した。門下生西田税《みつぎ》らとともに革新的青年将校と接触、影響力を密かに行使した。一九三一年（昭和六）には満州事変が勃発して、軍内部の対立と抗争が頻発するようになる。日本全体の戦争を準備する軍事体制の高まりを迎えるなか、一九三六年に陸軍青年将校が蹶起《くつき》した二・二六事件が起こる。北は、民間人ながら首謀者の一人として死刑判決を受け、事件の翌年八月に刑死した。

北の生涯は、明治の自由民権以来のいわゆる「革命」の志を、独自のかたちで引き受け、継承するものであった。発禁処分となった『国体論及び純正社会主義』では、丘浅次郎の進化論を受けて、人間が人類から類神人、類神人から神類へと進化するという道筋を示し、その進化の過程に「世界連邦」の成立を構想している。また北の論は「国家は法律の擬制によりて作られたる機械的のものに非ず」として「国家は始めより其れ自身の目的を有する実在の人格なり」として、世で言う国体論を批判している。一般の国体論をとる家族国家論、それに基づく忠孝一致を批判し、天皇については天皇機関説の立場をとっていると言ってもよい。

†超国家主義とは

いわゆる超国家主義とは、明治以来の国家主義ないし国権主義と自らを区別する用語である。その他の思想家には、大川周明や井上日召《にっしょう》らが挙げられる。第一次大戦後のデモクラシーの高揚のなかでの革命運動、労農運動に対抗して、国家改造と帝国主義的な対外進出を企図し、急進的な直接行動を唱えた思想運動であった。

なお晩年の北の日蓮への傾倒は、関東軍の参謀として、満州事変の引き金となった奉天郊外の柳条湖事件を画策するなどした石原莞爾《かんじ》（一八八九〜一九四九）と類似する。石原は法華経の教義と戦史の研究から、世界最終戦争論を構想し、その構想のもと、日米決戦を前提として満蒙の領有を計画したのであった。

そのほか、中野正剛《せいごう》（一八八六〜一九四三）はアジア主義の立場から、アジアの解放を唱え実践した。著書に『国家改造計画綱領』(一九三三)などがある。のちに東条内閣の翼賛選挙に対して反抗して検挙され、一九四三年に自死した。

大正期を通じて国民道徳論を主導した井上哲次郎も、昭和期に入ると「改造」を強調し、とくに家族の改造を主張するようになる。昭和期にはこうして、国家による思想的統制、国体をめぐる諸思想が、時代の流れとなっていく。

以上、明治後期以降の思想を「公」すなわち政治社会と、「私」の相克に焦点を当てて概略を振り返った。その動向と展開は、前に見た西村茂樹の引いたグランドデザインの実現過程とも見える。愛山と透谷の論争は、この時期の「公」と、内面に自閉していくことに自由を見る「私」思想との対立の一現象であった。しかしこの論争もむしろ、西村茂樹の言う「世外教」に触れた者同士によるものであったことは、近代日本の思想の抱えた問題性を示していよう。

後節で、改めてこれらの諸対立の埒外にありつつ、一種孤高のかたちをとったアカデミズムのなかの哲学思想の動向と、その日本的展開を追ってみることとするが、まずは現実との接触を避けられない状況下にあった、戦時下の思想と哲学を簡単に概観しておきたい。

†戦時体制下の思想と哲学——京都学派

満州国の建国という拡張政策、五・一五事件、二・二六事件と続く国内の混乱のなかで、一九三七年の日中戦争の開始により、日本は戦時統制下に入る。思想のあり方も統制の影響を受けることとなった。

国民精神総動員中央連盟が発足し（一九三七）、翌三八年には、国家総動員法の公布により国民精神総動員運動が本格化し、欧米の文化の抑圧が始まった。新聞出版への統制、思想関係の研究会への弾圧が相継ぐこととなった。大政翼賛会は四〇年に設立された。

一九四一年の太平洋戦争の開始によって、いっそうの総力戦遂行のために必要な思想的な総動員と言える動きが始まる。それを象徴する思想史上の出来事が二つある。

一つは京都学派の座談会「世界史的立場と日本」（一九四一〜一九四二）、もう一つは京都学派・文学者らからなる「近代の超克」の座談会である（『文學界』）。この二つは戦後、太平洋戦争の遂行との関わりを問われ、批判の対象となった。

日米開戦直前の一九四一年から四二年にかけて、京都学派の哲学者による三回の座談会がおこなわれ、第一回目の記録が『中央公論』（一九四二年一月号）に掲載された。参加者は西田幾《き》多郎《たろう》、田邊元《はじめ》門下の高坂正顕《こうさかまさあき》、西谷啓治《にしたにけいじ》、鈴木成高《しげたか》、高山岩男《こうやまいわお》の四人である。最初の座談会の名を取って『世界史の立場と日本』（一九四二）として出版された。「世界史の立場」が何を意味するかは、高山の著書『世界史の哲学』（一九四二）で闡明《せんめい》にされている。西洋的歴史観のヨーロッパ中心主義を批判し、地域性や地理性としてあらわれる空間性の契機を重視し、歴史的世界の多元性を主張するものであった。文化の尺度は西欧的尺度のみとする哲学に抗して、文化を常に民族の文化と考え、「文化形式の総体に民族固有の様式的統一が存するという事実の考察」によって「民族文化の文化類型学が成立する」(『文化類型学』一九三九)という立場で一貫する文化多元論に立つものである。

新たな世界史の理念は、「歴史的世界の多元性」から出発して、さらに高次の世界史一元論を目指す、というその世界史理解は、歴史主義に立ちながらそれを内在的に超越しようとする超近代の哲学と言うことができるが、「この世界史の転換に最も重大な役割を演じているのが我が日本である」(『世界史の哲学』)という日本の立場の主張が、日米開戦という時局を迎え、戦争の哲学と見なされた。なお高山は戦後の「世界史的立場について」(一九四六)で、大戦前に考えた世界史の根本理念は依然正しく、むしろ今こそ緊密なる世界史的連関に入ったのだと論じている。近代国家を超えて「新しい連邦国家」への動きが始まるという。

西田幾多郎もこの時期、東洋の文化、あるいは日本文化・日本精神について語っている(たとえば『日本文化の問題』一九四〇)。西洋文化の否定でも東洋文化否定でもなく、それらの深い根底に両者を止揚する可能性を見てもいる。

西田哲学は「正義」の戦争を肯定した哲学として批判を受けた。「絶対無の哲学」には死への誘いの傾向があると批判もされた(なお、西田哲学については次節で詳説する)。そうした批判に対し、西田の体系を理解した上での反論もある（たとえば藤田正勝『西田幾多郎の思索世界』）。

戦後京都学派は、長らく戦時体制下の哲学思想のあり方への批判、反発の対象となってきた。総力戦と思想的背景をもっとも論理的に説明したのが（さらに言えばその帰結を「予測」したのも）京都学派であったことは否定できないだろう。近年になって日本の哲学研究は、あらためてその功罪を含めた意義に正面から向き合うようになった。

†戦時体制下のその他の思想

その他の京都学派も見ておきたい。三木清もまた東洋について語っている。三木は『技術学の理念』のなかで、「技術の問題は世界観の問題を含んでいる」として、反科学・反技術に批判的に触れながら、むしろ伝統を便宜主義的に考えるべきではないとし、東洋的自然観や社会観の根底をなしている「一種の技術哲学、技術的世界観」の内へ「近代科学の見方をたたき込むこと」を主張している。その著書『構想力の論理』（一九三九）におけるロゴスとパトスの統合という立場と、どのように関わらせて考えるかはなお課題ではあるが、「如何にして技術を再び有機化するか」という視点からの「伝統的精神文化」の意味の指摘は、近代日本の技術・科学の受容をめぐる反省的自己意識の一様態として重要であろう。

この厳しい時代にあって、ユニークな存在が中井正一《まさかず》である。やはり京都学派に属する美学者であり、一九三六年に「委員会の論理」と題する論考を発表した。西洋の論理学の展開を振り返ることが一つの主題となっているが、その議論の背景に置かれるのが、論理の前提となる言葉の捉え方である。古代は「いう言葉」(「いわれる論理」「説得の論理」)が、中世は「書く言葉」(「書かれる論理」「瞑想の論理」)、そして近代には「印刷される論理」が生じた。三つはそれぞれが固有の合理性を有している。「印刷される論理」にはベーコンの「経験と観察の方法」が関わっている。公衆のなかへ、言葉が手渡されるという事態が生じたのだが、経験のなかには「非合理性」が含まれる。それ以降の論理学は、主体的論理と数学的論理との間を整序しようとする試みの展開と見ることができる。

こうした考察を経て、近代文化の封建・商業・産業・金融の各制度から、機能の論理、生産の論理を引き出し、生産と技術の関係と捉えた上で、中井は、執行機関である「委員会」の仕組みを捉え、投票、委任、討議、決議、そして実行に至る機能とプロセスを分析している。そのプロセスのなかで内心の確信と他者に対してなす主張の間に生じる間隙を「虚偽」と呼び、その日常はそうした虚偽に満ちていること、さらにそれは「監禁」「暴力的殺傷」によっても生じることとして、個人の虚偽が、提案から実行のプロセスに入り込むことを想定しつつ、真理はなぜ確信にとどまらず主張になるのか、と問うている。言葉が、経験を含み取ってどのような力となるのかをめぐる考察と言えるだろう。

この論考には、当時の左翼運動の前衛のあり方、あるいは一九三七年の企画院の設立などの時代的状況へのメタファーとも読めるものである。西洋哲学史の浩瀚な知識を背景に、アクチュアルな事柄を問うという、京都学派の特質をよく示す思想家の一人である。三七年には治安維持法違反で検挙された。

戦後、中井は国立国会図書館の副館長という公職に就き、現場を踏まえた諸論考を発表した。和辻哲郎は戦前の『倫理学』では、国家を最高の人倫組織と見ていたが、戦後、人類社会の理念が国家を超えるものであると修正した。その点で全体主義的とする批判を受けてきたが、他方で、文化多元的な個別文明・文化の認識は一貫していると見える。

この時期の哲学の営みは、時局との応対という条件下での表現の枷《かせ》のなかで、近代日本が直面してきた問題を象徴的に示している。そしてアカデミズムに引きこもってきた感のある哲学が、単純な二元論を超えて哲学的限定を受けたものであれ、あらためて「現実」と関わろうとしたことは、その関わり方の再検討と、多元的文化論の提示などの問題の重要さとともに記憶されるべきである。

なお政治的に猖獗《しょうけつ》をきわめたのが、右派の哲学思想である。

大川周明（一八八六〜一九五七）は、クーデターを図るなどして、陸海軍の将校に影響を与えた。近代日本の西洋化と対決し、日本主義、統制経済による社会主義、対外的にはアジア主義を唱道した。東京裁判において民間人としては唯一、A級戦犯の容疑で起訴された。なお晩年、大川はコーランの翻訳などイスラム研究をおこなっている。その思想は現在、新たな視点から、再解釈されている。

なお、イスラムの哲学の研究で世界的に知られた井筒俊彦《いづつとしひこ》(一九一四〜一九九三)は、戦時中は軍部と中近東の要人とのアラビア語の通訳を務めていた。また大川周明の依頼を受け、満鉄系の東亜経済調査局や回教圏研究所でアラビア語文献を大量に読破しイスラム研究を本格的に深めていった。大川周明の功罪とは別に、イスラーム文化へのまなざしを形成しえた文化多元論的志向も、近代日本の思想の一面であると言えることを付記しておく。

†近代の超克

さて、先述の京都学派の関わった二つの座談会では、「近代の超克」のほうが「世界史的立場」をも超える、より大きな影響を与えた。

「近代の超克」座談会は七月、河上徹太郎を司会としておこなわれた。河上徹太郎、小林秀雄、亀井勝一郎《かついちろう》ら『文學界』同人が企画し、参加者は、河上、小林、亀井のほか、『文學界』同人から林房雄《はやしふさお》、三好達治、中村光夫、そのほか京都学派から西谷啓治、鈴木成高《しげたか》(西洋中世史)、下村寅太郎《とらたろう》(科学史)、諸井三郎(音楽・作曲家)、津村秀夫(映画評論)、吉満義彦《よしみつ》(カトリック神学・哲学)、菊池正士《せいし》(理学者・原子物理学)ら十三名であった。『文學界』一九四二年九月号に西谷ら四名の論文、十月号に五名の論文と座談会の記録が掲載された。また一九四三年七月には、鈴木はメンバーから外れ新たな著者(下村寅太郎・菊池正士)を加えて単行本『近代の超克』が出版された。なお「近代の超克」を主張していた日本浪曼派を代表する文芸評論家・保田《やすだ》與重郎《よじゅうろう》は座談会、論文ともに不参加であった。

この論文集と座談会の意図がどこにあったかは、『近代の超克』の河上の結語に見られる。第一に太平洋戦争の開戦が与えた「知的戦慄」に河上は触れる。開戦は「西欧知性」と「日本人の血」の相克であったこと、第二に「新しい日本精神の秩序」がただのスローガンの斉唱にとどまり、「無気力」に陥っている現状を打破したいこと、第三に、そのため専門知識人の間の「文化各部門の孤立」の壁を突き破らねばならないこと、そしてそれらの共通の課題が「近代の超克」という目標設定であった、と言う。

なかでも最も論理的に構成され、内容的にも座談会での話題をほぼ網羅している西谷啓治の論文を見ておく。西谷によると、近代とは「ヨーロッパ」近代のことであるが、ヨーロッパ近代はすでに「自身において連関性を喪失し」統一を欠いており、その文化の諸部門をばらばらに輸入した「日本近代」もまたヨーロッパ同様、統一を欠いているという。宗教改革・ルネサンス・自然科学がヨーロッパを中世から訣別させ近代をつくったが、世界観はこの三つに分裂したまま現在に至る。日本においても「統一的世界観の形成の基底」が割れようとしており、文化・歴史・倫理などの立場と「無記的」な科学とを総合できるのは、西欧の宗教とは異なる「主体的無」の立場であると言う。「人間性の絶対的否定即肯定」に立つ「主体的無」は、東洋的宗教性の特徴でもある。

我々の課題は、広義の技術と倫理と宗教の三領域が一貫した道をつくることだが、それが滅私奉公の国民倫理である。現在は、世界宗教性と国家倫理性は「相即相入」の段階であるが、国家の生命は伝統的国家精神に規定されている。我が国においては「清明心を本質とした神ながらの道」は「東洋的な世界宗教性と深く冥合」している。わが国の課題は「道徳的エネルギー」による「世界新秩序の樹立と大東亜の建設」である。以上が西谷啓治論文の概要である。

西洋の近代と日本の近代との双方が病んでいるという点は、参加者のほぼ共通の認識と言えよう。しかし西洋の近代像は様々に提示され、日本の自己理解についても必ずしも一致を見ない。統一の回復を、亀井勝一郎は日本古典への回帰と考え、吉満義彦は西欧中世的精神性の回復と考えるなど、これも基調が一致しているわけではない。歴史を進歩していくものとする見方に対しても小林秀雄が反論する。一つのテーマとなっている西洋科学思想、科学技術への対応も全否定から肯定まで、様々な立場が表明されている。近代の特徴を空間的拡大と捉え、それを軽薄として斥ける亀井の議論をはじめとする科学批判については、下村は、そもそも科学はその本質において技術であるとして、他の論者に反論する。その下村は、自然学と形而上学とは「区別」されるべきだとして、やんわりと否定しているが、多くの論文、発言に共通しているのは、西谷（主体的無の確立、惟神《かんながら》の道）、吉満（無神論的近代の克服）など、神や「宗教性」への肯定的言及である。

座談会は、西谷論文の論点をなぞるように進むが、それぞれが自論を述べ、全体としてまとまりがある進行とは言えない。ただし日本近代が何か「板」についてこなかったという実感をほぼ共有するものであった。しかしこの「近代の超克」の試みは、竹内好《たけうちよしみ》の言うように一種の「符丁」（「近代の超克」『日本とアジア』所収）となり、流行語として戦時下の思想を象徴するものとなった。

「近代の超克」の主題を見直し、また思想の戦争協力という外形的事実をどう捉えるか、戦後に思想上の大きなテーマの一つとなり、現在に至る。

†転向という事象

一九二二年の日本共産党の非合法結成などといった動きを受け、一九二五年に治安維持法が成立した。共産主義者の一斉検挙（一九二八、一九二九など）など、思想統制は厳しさを増した。一九二八年の共産党員らの転向が獄中転向の最初とされる。その後も治安維持法による弾圧は激しさを増し、多くが共産主義、社会主義から転向した。

総動員体制のもとで、左派への弾圧はさらに激しくなった。弾圧は学問研究に及び津田左右吉の古代研究もまた発禁処分を受けた(一九四〇)。在野の研究であれ、アカデミズムでのそれであれその抑圧は強かった。

作家、研究者も戦線の視察や報道に徴用された。京都学派や和辻の「日本精神」等への言及を、戦争体制への積極的協力と見る見方は当たらないにしても、それなりの意図をもった応対ということは言えよう。様々ないわゆる偽装転向もあった。唯物論研究会に属していた永田広志や三枝博音《さいぐさひろと》が日本思想研究に進んだのも、弾圧をかいくぐる意味があったという見方も根拠がないわけではない。

転向の問題は、戦前の文学のテーマであった。中野重治《しげはる》の『村の家』、島木健作《しまきけんさく》の『生活の探求』などがある。転向の問題が思想的探求の課題となったのは、戦後である。鶴見俊輔《しゅんすけ》、吉本隆明らによって、近代日本の知識人と大衆のあり方に潜む問題性が掘り下げられることとなる。

9　近代日本の哲学

†思想史と哲学

近代の日本思想の概説書などには、西田幾多郎や和辻哲郎などの哲学者の思想が、まったく取り上げられていないものがある。この背景には、思想を社会的な問題意識という側面で見るなら、近代日本の哲学、とりわけアカデミズムの哲学は思想ではないという見方があるようである。

たしかに、アカデミズム創生期は必ずしもそうではなかったが、確立後は、当時の時代状況の中で、講壇哲学の多くは、時流からは超然とすることを自らに課してきた面はある。また哲学研究の側にも、日本近代哲学史の定まった見方が、まだ十分確立していない、という事情もある。本節では前半で、近代日本の哲学の形成に視点を当て、重要な人物を取り上げて概説し、その思想的形成・内容を見ていきたい。

†哲学という用語

哲学という用語を、西洋由来のphilosophyの訳語に当てたのは、西周であった。philia（愛）とsophia（知）とからなる合成語である。しかし、その後も社会思想の積極的受容、また近代科学の精華である技術の導入に向かう関心から、一部を除いて、西洋文明の核心にある哲学そのものの導入に専心する人物の登場までには、しばらく時間がかかった。

明治初期からの哲学的動向と経緯は、前節までに見たように英米の功利主義思想（明六社等）、進化論哲学（加藤弘之、丘浅次郎等）、フランスの人民主権主義思想（中江兆民ら）、ドイツの国家主義的思想やドイツ観念論（加藤弘之、井上哲次郎）、プラグマティズム（田中王堂《おうどう》ら）、などの紹介などが短期間で目まぐるしくおこなわれた（近代日本の哲学史については土田杏村《きようそん》が『日本支那現代思想研究』でこうした哲学史的見方を早く示している）。これは、時の社会的要求に西洋の哲学が、断片的なかたちでまとめられ利用された結果と言える。

†講壇哲学の形成

日清日露戦争を経過しての国家主義の傾向のなかで、維新後に生まれた青年知識層に、自我の確立や「個人」主義を求める精神的傾向が強まった。他方で、社会主義の動きも高まるが、この明治末期の時期に重なるように新カント派の哲学が研究されるようになる。新カント派は、十九世紀後半のドイツで起きた哲学潮流を指す。カントを観念論として徹底させ、実証主義・科学主義に対抗しようとした。自然科学を重視し論理主義的な立場をとるマールブルク学派（コーヘン、ナトルプ、カッシーラー）と個性記述という点で自然科学と異なる歴史科学の意味、また文化価値を重視する西南ドイツ学派（ヴィンデルバント、リッケルト）とに大別される。日本のアカデミズムの成立期に新カント派が全盛だったことは、今に至るまで多大な影響を残してきた。新カント派への関心は、カントそのものとともに、人生の意味を新たに西洋の「哲学」という思考形式に求める動きとつながり、大正の教養主義の源流ともなる。

この時期の、象徴的にはカントとマルクスへの関心とその分岐が、冒頭で述べた哲学的観点と、社会思想的観点とが、長らく融和しないできた遠因ともなっている。この時期の桑木《くわき》厳翼《げんよく》がマルクスに関心をもっていたこと、西田幾多郎、三木清、和辻哲郎らが深いところでマルクスを意識していたことは確かであるが、講壇哲学的関心と実践的関心が交差しなかったと言えるだろう。

他方、講壇哲学の形成とロマン主義的傾向は明らかに底でつながっており、社会思想的関心からは、それは社会からの後退と否定的に見なされることになる。透谷と愛山の論争（前出）も、その先駆的な論点をはらんでいた。

明治末期から大正初期にかけて、日本の哲学が大学のなかに、厳密な学問方法論を重視するアカデミズム哲学を形成するに至ったのは、ドイツの新カント派の影響を抜きにしては考えられない。西洋的な本格的哲学研究の発展に貢献したのは、まずは英独仏に留学し、カント研究の受容・普及に力があり、大正デモクラシーや文化主義の提唱で知られる桑木厳翼（一八七四～一九四六）に始まり、『近世における「我《が》」の自覚史』（一九一六）を著した哲学史家・朝永《ともなが》三十郎《さんじゅうろう》（一八七一～一九五一）、新カント派とくにリッケルトの哲学によって経済哲学を論じ『経済哲学の諸問題』（一九一七）『文化価値と極限概念』（一九二二）を著した左右田喜一郎《そうだきいちろう》（一八八一～一九二七）、西田幾多郎、宗教哲学・キリスト教思想史の立場から『時と永遠』（一九四三）を著した波多野精一《はたのせいいち》（一八七七～一九五〇）、田邊元《はじめ》（一八八五～一九六二）などである。

田邊ははじめ新カント派の哲学に学びつつ、その後カント、ヘーゲルなどのドイツ観念論を研究した。昭和期に入ってマルクス主義と批判的に対決しつつ、観念弁証法と唯物弁証法をともに超える「絶対弁証法」の立場を主張した。『社会存在の論理』（一九三四～三五）などで「種の論理」を唱えた。とくに西田への批判者として知られる。

彼らは西洋哲学思想の摂取によって、自己や諸価値の探求を論理によって深める新しい学問的基礎づけを試みようとした。

†西田哲学の誕生

西田幾多郎の哲学的思索に与えられた「西田哲学」という名称は、左右田喜一郎によるものとされる。西田は、日本の近代で個人名を冠せられる数少ない哲学者の一人である。

西田幾多郎（一八七〇～一九四五）は石川県に生まれた。専門学校を落第中退し、東京大学の選科生となるが、その差別的待遇により、日々図書館で「独りで書を読み、独りで考へてゐた」と回顧している。社会的な関心から心的な内閉への展開を若き西田に見ることができる。明治二十八年（一八九五）石川県尋常中学七尾《ななお》分校に赴任し、倫理・英語・歴史を教えたが、翌年四高の講師となりドイツ語を担当した。

個性的で、ねばり強い思索を独特な文体で表現するそのスタイルは、たしかに新たな哲学的表現を人々に提示した。多くの青年を熱狂させ、その名を知らしめたのは、四高教師であったときに発表した論文集『善の研究』（一九一一）であった。この著作に先立つ十年ほど、彼は坐禅の修行に集中していた。しかし彼のこの処女作を「人生論」的随想的な書物という先入観で読むと期待をまったく裏切られることになるだろう。『善の研究』の出発点であり、哲学的思索の基底をなすのは、「純粋経験」という概念である。たしかにこの概念には、参禅の体験に裏打ちされてもいようが、ここにあるのは、グリーンやジェイムズ、ベルグソン、リッケルトおよび西洋哲学史の諸思想・概念を批判的に咀嚼しつつ、自らの思索の糧としていく、独特で強靱な論理である。

西田の「純粋経験」とは「直接経験」とも言われるように、自己の反省的な意識の働きが始まる以前の直接的な状態のことである。反省的な意識は、主体と客体の分裂を免れないが、「純粋経験」は、たとえば、急峻な山をよじ登っているとき、あるいは音楽に聴き惚れているときに「われを忘れている」状態である。そこでは主体と客体は分離しておらず、主客は未分の状態にある。

純粋経験においては余《いま》だ知情意の分離なく、唯一の活動であるように、また余《いま》だ主観客観の対立もない。主観客観の対立は我々の思惟の要求より出でくるので、直接経験の事実ではない。直接経験の上においてはただ独立自全の一事実あるのみである、見る主観もなければ見らるる客観もない。恰《あたか》も我々が美妙な音楽に心を奪われ、物我相忘れ、天地ただ嚠喨《りゅうりょう》たる〔朗らかに響き渡るの意〕一楽声のみなるが如く、この刹那いわゆる真実在が現前している。これを空気の振動であるとか、自分がこれを聴いているとかいう考えは、我々がこの実在の真景を離れて反省し思惟することによって起つてくるので、この時我々は已に真実在を離れているのである。

(『善の研究』)

西田はこの書を『善の研究』と呼ぶゆえんを、哲学的研究が前半を占めているが、「人生の問題が中心であり、終結である」からと言う。「善」とは、反省以前の「真の自己」(真実在)と一致することであり、意識に働く内面的統一の力が、ここで言う自己であり、意志の発展完成こそ、自己の発展完成であり、それが「善」であると述べる。

この西田の哲学の営みは、「独我論」の克服と形容されることがあり、西田も後にそう述べる。それは「純粋経験は個人の上に超越することができる。かくいへば甚だ異様に聞えるであらうが、経験は時間、空間、個人を知るが故に時間、空間、個人以上である。個人あって経験あるのではなく、経験あって個人があるのである。個人的経験とは経験の中に於て限られし経験の特殊なる一小範囲にすぎない」とあるように、個人とは「経験」の場を通じて初めて現れてくるというように、個人を自閉したものとはしていない。

また、個がそこから現れる根源を捉えようとする西田の考え方は、ある種の融合的な性格を持ってもいる。「実在の根本的方式」は「一なると共に多、多なると共に一、平等の中に差別を具し、差別の中に平等を具する」のである。しかしこの一と多の二方面は離すことができないものであり、「独立自全の真実在」はいつでもこの方式を具《そな》えている。純粋経験をめぐる思索は、この東洋的と見える即融の感覚、大いなる生命の連なりとも言える直感を、どう論理化し普遍化するかであったとも解せよう。

このように、西田は、「経験」を個人的主観的なものと見ないで、自己がそこから成立するような超個人的主客合一的経験と捉え、究極的実在と見る。西田にとっては、主客の区別対立や外界・世界の成立は、むしろ「純粋経験」が分化したものであり、その自家発展の相であった。のちの和辻などにも影響を与えたこの根本的発想は、自らの思想的営みが、深く東洋的な伝統との連続性の中にあるという自覚とも結びついていた。のちに触れる『働くものから見るものへ』(一九二七)の序文の末尾から引く。

形相を有となし形成を善となす泰西文化の絢爛たる発展には、尚《たつと》ぶべきもの、学ぶべきものの許多なるはいうまでもないが、幾千年来我等の祖先をはぐくみ来った東洋文化の根柢には、形なきものの形を見、声なきものの声を聞くといった様なものが潜んでいるのではなかろうか。我々の心は此の如きものを求めてやまない、私はかかる要求に哲学的根拠を与えて見たいと思うのである。

†西田哲学の展開

この後も西田の思索は、論文・著作として著され、それがまた次の思索の背景となるというように展開していった。心理主義的、あるいは独我論を独我論で制すると受け止められかねない『善の研究』の「純粋経験」をもとに発展・深化させながら、かつ発展的克服を目指して思索を深める。中期の「場所」（一九二六）、『働くものから見るものへ』（一九二七）などで、彼は新たな立場を鮮明にする。場所の論理に関しては、『善の研究』の純粋経験が限定的に成立することになる、より広い経験とは何かを問うことに向かう。

我々が物事を考えるとき「之を映す如き場所」あるいは「意識野《いしきや》」がある。それは意識現象の連続と無縁にあるのではなく、そのものでもある。意識の根底には「一般なるもの」があり、判断であれ意志であれ一般的なものであり、孤立したものでない。意識は時間のなかで発展変化していくが、そうした時間・場所もまた固定した「有」ではないという意味で「無の場所」である。実在の根底は（西田を離れて言うなら、あらかじめあるとともにすでにない場所とも言うべき相互性・相依性そのものとしての）、弁証法的一般者として発展的に受け止められるようになる。

一九一〇年、京都大学哲学科の倫理学講座に着任した西田は、京都の哲学アカデミズムの中心となる。左右田喜一郎によって西田哲学の名を冠せられたのは、『働くものから見るものへ』の頃であった。ちなみに命名者である左右田は一九二六年、「西田哲学の方法に就て――西田博士の教えを乞う」で、西田の思索をリッケルトの立場に立つものとして、認識論と形而上学の混合と批判した。その後西田はマルクス主義の影響もあり、それと対峙しつつ、マルクス主義の提示する「歴史的現実世界」の問題に関わる。場所の概念を弁証法的世界、「絶対矛盾的自己同一的世界」として具体化し、「歴史的実在」の世界を「絶対矛盾的自己同一的世界の自己限定」として捉える立場を展開した。

西田の周辺からは、西田を批判した田邊元をはじめ、三木清(一八九七〜一九四五)、戸坂潤《とさかじゅん》(一九〇〇〜一九四五)、「世界史の哲学」を唱える高坂正顕、高山岩男、あるいは西谷啓治、鈴木成高らが輩出し、「京都学派」と称される大きな山脈を形成した。三木は、独仏に留学後『パスカルに於ける人間の研究』を著した。マルクス主義を経て、評論活動や文化活動に転じ、西田哲学の問題である、歴史的世界の構造と論理の解明を目指した。『構想力の論理』では主体と客体、パトスとロゴスを統一する哲学的視点の確立を目指した。終戦後獄中で病死する。晩年は親鸞に傾倒し、遺稿『親鸞』を残した。また戸坂は、マルクス主義・唯物論の哲学者であり、三二年、三枝博音らと「唯物論研究会」を創立した。和辻流の解釈学的立場への批判を述べている。一九四五年に獄死した。

なお太平洋戦争の開戦前後の哲学の動向については、前節を参照されたい。

†和辻哲郎——倫理学と文化研究

西田と並び称される者に独自の倫理学を築いた和辻哲郎がいる。西田に見出され、京都に呼ばれ、倫理学の講座を担当した。その仕事は多彩であり、多様な相貌を帯びている。

兵庫県に生まれ、東京帝国大学で哲学を学ぶ。当初は文学活動を主としたが、のち学界に入り、京都帝国大学と東京帝国大学の文学部教授を歴任。文化勲章を受章している（一九五五）。著作に『ニイチェ研究』『ゼエレン・キェルケゴオル』『古寺巡礼』『風土』『日本古代文化』『原始仏教の実践哲学』『日本精神史研究』『鎖国』『倫理学』『日本倫理思想史』などがある。

大学卒業後、日本での最も早い時期の生の哲学、実存主義的哲学者の紹介となるニーチェ、キルケゴールについての著作をものし、著述家として出発した。ついで『日本精神史研究』、世評きわめて高かった『古寺巡礼』『日本古代文化』と日本の文化史思想史関係の著作を著す。日本への関心は、後の節で見る津田左右吉の影響によるとされる。その後京都大学に招かれた（一九一四）。京都時代の大きな仕事は、『原始仏教の実践哲学』で、日常性と仏教の「法」との関係を考察したものである。西田に影響を受けつつ、日常性をそれ自体、「法」のあらわれる場所と見る見方を提示するが、のちの日常性から仏教的な無常性を消去するとともに、人倫の動態を「空が空ずる」運動と見る倫理学体系の根幹に関わるものである。

ドイツ留学とその際の見聞をもとに書かれた『風土』（一九三五）は、個人的・社会的なる二重性格を持つ人間存在が風土的規定を受けていることを指摘し、ヘルダーらの影響を受けながら、日本の思想文化の基底にある「風土」の経験を、アジアのモンスーン型と規定する。さらにモンスーン型の諸相を中国・インドのそれと比較考察するとともに、あわせて沙漠型と呼ぶ西アジア・アラビア、牧場型のヨーロッパの文化の基礎経験と対比する。また、これと同じ時期に『人間の学としての倫理学』（一九三四年）によって、倫理は「個人的主観的道徳法則」でないとし、「間柄の道」であるとともに倫理によって間柄自体が可能になる、という立場を明らかにする。「人間《じんかん》」であるとともに「個人」であるという人間存在の二重性は、西洋の哲学倫理学史も、じつはよく捉えていたのであるという視点から、アリストテレス・カント・ヘーゲル・マルクスらを再検討し、個人主義の否定という立場から再解釈を試み、直接『倫理学』における同様の関心からの倫理学の体系的構築につながる問題を明確にした。

†「人間の学としての倫理学」と体系

『倫理学』に、和辻の問題は凝縮する。倫理学とは人間の学である。人間とは、人間《じんかん》を生きるものであり、すなわち孤立的な存在ではない。人間は個人的存在であると同時に社会的存在である。個人的存在であることと社会的存在であることは、相互に否定し合う関係にあるがゆえに、二重存在とも言われる。

「倫理」は和辻の場合、「間柄」そのものに現存している理法である。倫理学が解釈学というかたちをとるのは、日常の様々な行為、表情、身振り、言葉が、倫理という理法が表現された「表現の海」であるからである。私たちは、それを日常的に解釈しつつ生きる。「誠実」や「信頼」が重要なのは、そうして生きている人間が、相互的に生きるということの前提であり、帰結でもあるからである。

こうしたことを前提に『倫理学』では、対の関係である二人《ににん》共同体（男女の性的結合であり、相互に何一つ隠し事がない全面的一致の場と捉えられる）が、家族、親族、さらに利益共同体から文化共同体、国家、人類に、理法として展開していく諸相を描く。『倫理学』は、結論部で、「国民的当為の問題」に触れる。国民的当為は常に「わが国民の歴史的風土的な特性と連関してくる」と言い、日本人が国民的個性を発揮して人類の「多様の統一」に参与すべきと説く。

全体への滅私的埋没を説くように見える『倫理学』は、全体主義的な偏向をもっているとされ、いまでも議論が絶えない。しかし、西洋の文化研究、哲学、人類学、社会学を援用しつつ、展開されるその議論は、単純な政治性からだけ評価されるべきものではない。近代日本のなか、とりわけ十五年戦争下で、哲学が置かれた運命や悲劇性を十分勘案して、その価値が改めて冷静に考察されねばならないだろう。

†倫理思想史の研究

和辻の書いた通史『日本倫理思想史』(一九五二)は、倫理学と不可分である。なぜなら倫理は普遍的であるが、そのあらわれは特殊的であり、特定の社会構造を介して特殊なかたちで、歴史的にあらわれるからである(「具体的普遍」と和辻は言う)。和辻はこれを倫理と区別して「倫理思想」と呼ぶ。『日本倫理思想史』は戦後書かれるが、『古代日本文化』以来の和辻の日本思想・文化に寄せるまなざしの総決算となっている。

古代の神話から説き起こし、近代まで至るその緒論は、日本の思想的展開を人倫的国家の理想の展開と捉える視点で一貫している。古代での全体への帰順を生きる「清明心《せいめいしん》」が、のちの「正直」、あるいは君子道徳の強調につながっていったとして、倫理思想による日本像を描く。その日本像はなお検討の必要があるだろうし、この著作で示された「倫理思想史」の方法と構想をどう継承するか、問題は深い。和辻による鎖国への批判、平田篤胤などの自国文化中心主義批判などをも踏まえながら、なおテキストとして解明されるべきことは多い。

†近代日本の哲学史

近代の日本哲学史にはなお、明確な規範が定まっていない。ここで、その他の戦前の重要な人物を挙げておこう。まず仏教思想では、真宗大谷派に属しヘーゲルらを学び、「精神主義」を唱え親鸞の近代的解釈を試みた仏教哲学の清沢満之《きよざわまんし》（一八六三～一九〇三）、禅思想の鈴木大《だい》拙《せつ》（一八七〇～一九六六）が挙げられる。

近年では、仏教者及び仏教の哲学的営みの意味を、新たな発掘を含め、再定位しようとする試みも見られる（たとえば末木文美士《すえきふみひこ》）。キリスト教の影響を受けた哲学者には大西祝《はじめ》（一八六五～一九〇〇）がいる。岡山藩士の家に生まれ、同志社で新島襄から受洗し、帝国大学で哲学を学び、その後早稲田大学で、哲学・倫理学などを講じた。『良心起源論』は大学院在学中の作であり、アカデミズム活動とともに時事評論の筆も執った。『西洋哲学史』（一八九五）は日本でほぼ最初の西洋哲学通史である。『良心起源論』はカントの批判哲学と人格主義をもとにしながら、経験論的立場等も顧慮し、「理想」という観念の生成するゆえんを考察し、良心の起源を明らかにしようとしたものである。キリスト教哲学・宗教哲学には、他にキリスト教無教会の立場で法・法哲学、信仰の問題を論じ『信仰の論理』（一九二六）を著した三谷隆正《みたにたかまさ》（一八八九～一九四四）、カトリック神学者の岩下壮一《いわしたそういち》（一八八九～一九四〇）、吉満義彦（一九〇四～一九四五）がいる。

また『「いき」の構造』を著した九鬼周造《くきしゅうぞう》（一八八八～一九四一）は京都学派の一人だが、リッケルト、ハイデガー、ベルグソンに直接学び、ハイデガーの解釈学・現象学の方法によって

「いき」を解明した。その他に『偶然性の問題』や哲学史の業績が多数ある(なお、先に見た通り吉満義彦や京都学派の哲学者が参加した一九四二年の『文學界』のシンポジウム「近代の超克」は、戦時下における哲学思想の位置と意味を探る重要な出来事である）。

哲学的言語が必ずしも西欧的な表現をとらないというのは、一つの見方としてである。ドイツなどの哲学史の入門書も、「西洋哲学史」と「西洋」を冠さない限り、日本哲学、ベトナム哲学、インド、中国を含むものがある。もちろん近代西洋哲学の他の文化圏での展開が中心だが、日本の哲学もまた、そのような普遍的世界的なまなざしのなかにある。今後は単なる受容史としてではなく、日本哲学史が書かれる必要がある。社会思想史的視点と分裂があることは冒頭で述べた。そこには従来の哲学・倫理学のアカデミズムがはらんでいた功罪が伏在する。

近年、応用哲学、応用倫理学（たとえば生命倫理・環境倫理等）が唱道され、その分野の活動も活発化している。これらは、新しい動向であり、講壇的知と実践の乖離がようやく反省期に入ったとも言えるだろう。哲学書がわかりやすい表現を工夫するようになったのも近年の傾向である。本書の最後で改めて触れよう。

10　近代の日本思想史研究と哲学

本書の目的は、日本という境域での思想の歴史を描くことであった。ここで言う日本思想史研究とは、とくに近代に限定しないで、古代から現在に至る日本の思想の歴史を描こうとする志向をもった研究のことである。明治期に、西洋哲学の影響を受けるなかで生まれ、対象は日本にとりながら方法論的には、「西洋学」というべき外部的出自と性格をもっている。

国文学の基礎を築いた一人、芳賀矢一は、早く国学を文献学と見なし、文献学の研究を通して国学を近代的に仕立て上げて、近代学問にしようとした。それは日本思想史と言うべき内容をもち、その目的を国民性の解明と規定して登場する。以下、近代（戦前）において日本思想史の研究という領域を確立するのに寄与した人物について、その方法論とともに触れてみよう。

†ドイツ文献学と国学――芳賀矢一と村岡典嗣

芳賀矢一（一八六七～一九二七）は、国文学研究を近代学問として整備することに努めた。そして文学研究の目的を国民性の解明にあるとみた。当時のヨーロッパ文献学、なかでもドイツ文献学に着目し、とくにアウグスト・ベック（「ベーク」とも）によって哲学との接点をもつようになった古代文献学を摂取し、国学の学問伝統が文献学に当たるとして、国学を近代的に編成し直して近代日本文学研究を確立しようとした。当時のヨーロッパ文献学の諸潮流を俯瞰し、芳賀によれば「よこ」（多国間比較を方法とする文献学、ウーゼナー）と「たて」（一国文献学、ベック）の論を詳細に検討して、後者の論をとる、それが日本の文学研究を近代化する最適な道だとしていることに典型的に示される。こうした思想的経緯が、日本思想全体への視点としての『国民性十論《こくみんせいじゅうろん》』（一九〇八）のような日本人論を残すこととなったと言える。ちなみに芳賀は国民性としての「忠君愛国」「祖先を崇び家名を重んず」「現実的・実際的」「草木を愛し自然を喜ぶ」「楽天洒落」「淡泊瀟洒」「繊麗繊巧」「清浄潔白」「礼節作法」「温和寛恕」などを各章の題として掲げている。

芳賀の『国民性十論』は日清日露の両戦争に勝利したあとのナショナリズムの高揚を背景に出版された。民族に「体格」の相違だけでなく、「心性」の面でも存在する「其民族的性質」を「国民性」と言い、「国民の性質はその国の文化に影響して、政体、法律、言語、文学、風俗、習慣等に印象を与える」のであるが、「政体、法律、言語、文学、風俗、習慣等の文化の要素は亦逆に国民の性質を形造る」として国民性を広い文化構造の中に位置づける。そして「比較的研究、歴史的研究の方法により、或は宗教、或は美術、或は文芸、民族の移動を論じ、国民の特性を発揮するに力めて居る」「精神科学」により国民性を捉えるべきだとする。ときにその日本人論は、乱暴で粗野な知性と見なされることがあるが、ベックの古代文献学の読み込み、文献学の歴史と同時代の状況の考察は、きわめて浩瀚であり繊細であるし、日本文学研究のなかで、国学の一国的な欠点を補うべく、インド・中国との比較研究なども提唱している。

村岡典嗣《つねつぐ》（一八八四～一九四六）は、若いときキリスト教に親近した。おそらくそれは、ドイツの自由神学的なキリスト教であったと思われる。波多野精一に師事し、哲学・宗教哲学を集中して学んだ時期があり、フランスの宗教哲学の訳本などがある。芳賀によってドイツ文献学を知ったと言い、独自にベックをはじめとするドイツ文献学に関する多くの言及を残している。芳賀と異なり日本思想史研究を「哲学」の一分科として捉えた。その哲学的志向は、「欧洲が創造したといふべき認識論」に対して新たな普遍的価値をもつ「別種の認識論」が樹立され承認される、といった革新が「我国の哲学者に課せられた、将来の大いなる任務であろう」と言いつつ、一方「国学の学的完成は」それとは別に為されないと、明治以来の近代学問の発達の途を阻止する恐れがある（「国学の学的性格」一九三九）などの言説に示される。哲学体系の完成か、思想史的な考察か、二つの志向の分裂と見えるものには、実証的とされる彼の思想史研究の微妙な考えるべき問題性が見られる。村岡が日本の哲学の一つの達成と見なした宣長を論じる『本居宣長』（一九一一）をはじめ、多くの思想史研究を残した。

†文献学から解釈学へ――和辻哲郎

和辻哲郎は前述の二人とは違い、方法論としてのドイツ文献学や解釈学・現象学をそれ自体として考えることがそのまま仕事でありえた哲学・倫理学の学徒であった。ベックの文献学も学び、文献学から展開したと見なせるディルタイやハイデガーの解釈学などを咀嚼しつつ、倫理思想史・倫理学の方法をそこに置いた。現象学は倫理学・日本倫理思想史には適合的でない、と見なしていたとも解される。

和辻の日本古代の研究は津田左右吉の仕事に触発されて開始した仕事であるが、「文献学」の摂取においても、またその内包していた哲学的志向においても、村岡から和辻への連なりは明確である。日本思想に関するものとしては『日本倫理思想史』のほか『日本精神史研究』、個別研究に『沙門道元《しゃもんどうげん》』などがある。

†唯物論・マルクス主義――永田広志と三枝博音

唯物論・マルクス主義の流れは、戸坂潤の解釈学批判などから、もっぱら反和辻であり、したがって日本の思想文化の解明などとは無縁であると誤解されかねないが、近代的知ないし外部的な知による日本思想史研究において、一定の成果をもって独自の位置にある。永田広志

（一九〇四～一九四七）の『日本哲学思想史』『日本封建制イデオロギー』などの著作は、テキストに内在的に向かいながら日本思想批判を遂行した、先駆的な成果である。なお永田は、日本の自覚的思想は中世鎌倉仏教から始まったとして、古代・神話は思想史の対象としない。

また三枝博音《さいぐさひろと》（一八九二～一九六三）は『日本哲学全書』など日本思想史のテキストの整備をするとともに、日本の唯物論的哲学を発掘するという個人研究・個別研究をおこなった。両者に典型的なその日本思想史全体にわたるという意味での「全体性」は、和辻らの文献学・解釈学の流れに正面から対抗するものであった。

また、永田も三枝も、それぞれが唯物論の原理性そのものの考察を続けていたこと（前述戸坂なども加わった唯物論研究会での唯物論哲学研究）も忘れてはならない。この流れの日本思想の考察に向ける独特な精力・エートスは興味深いものである。福本和夫の史論、戦後になるが古在由重《こざいよししげ》の和魂論なども、和辻的日本倫理思想史に対抗する内面的必然性を示している。和辻倫理学・解釈学的方法に反対しつつ、和辻のテキスト、思想史のテキストを内在的に解釈して、正面切った応接をしてきたのはこの流れである。

†漢学の伝統――津田左右吉

津田左右吉（一八七三～一九六一）はこの流れに入る歴史家・思想史家であるが、位置づけは難しい。津田の漢学の素養自体が、伝統的漢学から見れば異質だからである。しかしそれと同時に、彼は西洋歴史学・文化史学の摂取について、当時のヨーロッパ歴史研究・文化研究への十二分の素養を持っていた。

文学を対象としながら日本の思想史を描いた『文学に現はれたる我が国民思想の研究』は浩瀚なものであり、和辻の日本古代文化研究に影響を与えた。一九一三年の『神代史の新しい研究』では、記紀神話は作為されたものであると説いた。この書及び他の三冊の古代研究は、一九三九年に発禁処分を受けた。

†現象学的立場――土田杏村

土田杏村《きょうそん》(一八九一〜一九三四)は、西田幾多郎のもとで哲学を修め、大正から昭和の初めにアカデミズムの外で、評論・社会教育などで活躍した。広義の京都学派の一人と見なされるべきだが、在野にあって、文化時評をはじめ、一方で新カント派、現象学などの考察紹介に先駆的な仕事をした。日本の文学史・思想史に関心を向け、現象学に近い立場から、明らかに浩瀚な通史的な哲学的思想史、文学史を構想していた。『国文学の哲学的研究』などにその一端をうかがえる。

和辻的な解釈学的循環(ここでは日本とはこういうものだという前提を立て、各思想をそこから分析することを指して言う。和辻が必ずしもそうだというわけではない）をまぬがれた、現象学の手法による、構成的な思想史の構想・研究態度は、和辻的倫理思想史を相対化する可能性をもつものとして興味深い。彼の文化主義の主張、「生活価値」の吟味を哲学の役割とする思想は、大正期から昭和初期の思想的流れをよくあらわしている。

†近代主義――丸山眞男

ここでは「近代主義」の立場をとる研究者として、戦前のなお萌芽期にあった丸山眞男（一九一四～一九九六）を挙げたい。その方法の形成において戦前のドイツ歴史主義的な方法論の摂取と吟味の背景と、師である南原繁《なんばらしげる》ら周辺のプロテスタントの気風の影響もあり、近代への総体的な問題意識、日本という存在への近代主義的問題意識をもっていた。その後の表にあらわれた仕事は時代限定的（『日本政治思想史研究』など）だが、講義録など、日本思想史全体への関心をもっていたことは、周知の通りである。日本思想史に通史がないという『日本の思想』の一節はよく知られる。激しい批判を呼んだ一九七二年の論文「歴史意識の「古層」」は短いものだが、一つの解答であり丸山流の思想史的全体性の理解を示すものであったと見なすこともできる。

なお、歴史学的方法による日本思想史の研究では、家永三郎（一九一三～二〇〇二）がいる。

上代思想史から始め、戦前の著作としては『日本思想史に於ける否定の論理の発達』（一九三七）、『日本思想史に於ける宗教的自然観の展開』（一九四二）などがある。戦後は近代思想を対象に、植木枝盛や津田左右吉に関する著作を多く発表した。通史『日本道徳思想史』（一九六〇）における武士の「献身の道徳」の功利的側面からの理解は、和辻哲郎門下の研究者（相良亨、湯浅泰雄）から批判を受け、論争となった。戦後の歴史学的方法による思想史研究には尾藤正英（一九二三〜二〇一三）がおり、『日本封建思想史研究――幕藩体制の原理と朱子学的思惟』（一九六一）などを著している。

このように近代の日本思想史、それも断片的でなく、日本の思想の全域に拡げる研究は、極論すれば、近代の学・西洋学として始まったと言える。方法の吟味を西洋の哲学的吟味によるということである。それが日本を固定した像として提示したということで、近年しばしば批判される。とくに解釈学的方法への批判は今でも根強いが、日本思想の研究の流れは、このように相互を相対化しうるだけの諸潮流があったのである。

†近年の動向

以上のように、近代における日本思想史研究は、必ずしも日本の近代の大学制度のなかで占めるべき位置を持たないなかで、自己の領域が広く認められるよう努力した。それが個別思想研究だけでなく、研究自体の「哲学的基礎づけ」に関心を向け、〈日本を見る視点の哲学的吟味〉と常に接点をもちながら展開してきたのである。しかしまた、その視点が、「日本」に局限される傾向をもち、東洋的伝統から自らを引き離し、自国中心的な国民国家の言説を仕立てたという批判が向けられていることも確かであり、今後の大きな課題である。

近年の日本思想史研究は大きな変化を見せている。日本思想史研究が認知されるようになり、研究者が増えたこと、その対象が、近代以降にもシフトしていること、さらに仏教学研究や中国儒教研究者が、かつては研究の余技のように見ていた日本思想研究に参入してきたことである。儒教では、早い時期に井上哲次郎のドイツ哲学を援用した儒教研究があり、言及も盛んだった。ちなみに井上には『日本朱子学派之哲学』をはじめ陽明学・古学を扱った三部作がある。彼の国民道徳論は「忠孝一致」を日本の伝統だとして掲げるが、和辻は歴史・思想史の曲解だとして批判する。井上には思想史全体へのまなざしはなかったと言える。

最近では、明治期の仏教が、西洋哲学との対峙により仏教を再解釈しようとした思想史に新たな光が当てられている。一旦は忘れられた東洋という思想的母体を、あらためて思想研究の糧とする意味はあろう。土田杏村に『日本支那現代思想研究』（もとは英文 *Contemporary Thought of Japan and China*, William and Norgate, London, 1926）がある。日本と中国の近代思想を対象として、西洋近代の受容と、日中それぞれの伝統と近代化との相克を、同時代の哲学史として描いている。当時としては稀有な視点であるが、伝統思想に局限されない、今後の東アジアの思想史研究として示唆に富む。

かつての近代の日本思想史研究は、儒教や仏教に局限された学派や学統という狭い範囲を超えてそれらを相対化し、なおかつ日本の思想の全体的特質や展開を探求するものであった。そう見ると、こうした近年の動向には、再び思想史が狭い学派学統のなかに分断されるおそれもないわけではない。日本の思想への関心は、懐古的なものではなく、今・ここでの私たちの生き方、さらには未来の生き方に深く関わる。とすれば、いにしえに寄せるまなざし自体をも相対化しつつ、広義の哲学的視点をもち、学派学統を超えた、古代から近代への「哲学史」が構想され描かれるべき時期が来ていると思われる。そのような「日本哲学史」があることで、個別思想研究・思想家研究もさらに生き生きと描かれることとなろう。

†敗戦の予感のなかで――『日本的霊性』と『先祖の話』

敗戦が目前に迫り予感された時期に、二つの対照的な著作が著されている。一つは禅仏教の思想家鈴木大拙の『日本的霊性』(一九四四年十二月執筆)である。禅の立場に立ち、また浄土思想も「浄土はあってもよしなくてもよい」と禅的に理解し評価する鈴木は、日本の高い霊的な自覚(霊性の自覚)を鎌倉仏教に始まると見る。「魂」では具象的にすぎるし、「精神」は抽象性を帯びると鈴木は言うが、「霊性」という言葉には、戦時下の「大和魂」「日本精神」の宣揚への批判が込められてもいよう。

もう一つの著作は柳田國男の『先祖の話』(一九四五年四月から五月執筆、四六年刊)である。柳田は、連日の空襲下で書かれたというこの書で、今次の戦争という未曾有の経験のただなかで、人々の心に思い起こされた問題があると言う。それは、死んで人の魂はどこにいくか、ということである。柳田は、霊は永久にこの国土にとどまって、そう遠方には行ってしまわないという「信仰」など、魂をめぐる四つほどの伝統的観念をとりあげる。死者を個人として祀る仏教は祖霊を孤独にしたが、そうした仏教の千数百年の「薫染《くんせん》」(『魂の行くへ』)にもかかわらず、日本人の基底の信仰的心性は変わらなかった、と彼は見る。

鈴木大拙は、日本では「大和言葉、すなわち日本文化が独自の発展を遂げねばならないうちに」大陸の文字と思想が流入する、あるいは明治維新に西洋文明の流入に際しては「手当たり次第に」受容するなど、「跛行《はこう》的」な歩みを続けてきた、と言う。そのなかでも鎌倉時代は「一種の冬眠状態」から覚醒した時代となった。当然に鈴木は、貴族文化を否定し、鎌倉時代の武士の精神や鎌倉仏教を霊性(宗教的自覚と内省)のあらわれと評価し、そうした鎌倉時代以降の思想の展開に価値を置く(中世伊勢神道にも霊性・内省の兆しを見ている)。他方、柳田は中世以前の古代の思想や心性の古層を評価する。両者の過去を見る視点は、対照的である。

戦後の新たな西洋思想の圧倒的な影響のもとでは、主要な論題とはならなかったが、両者の過去の日本の思想に対する見方の相違は、現在も未決の問題として残り続けていると言えるだろう。過去の日本の思想をどう見るかが、未来に向けての重要な問題であることを示す一例と言える。今後私たちがどのような解を得るにしても、この時期が文字通りの歴史意識の現出する場であったことは確かであろう。

戦前の思想史研究を論じた本節の末尾で、戦後に主流となった価値意識から見ると、懐古的・復古的と見えかねない柳田國男や鈴木大拙をあえて取り上げた。その理由は、本書の思想史的視点からは、彼らの問題提起が、戦後の価値のなかでは脇に追いやられているものの、じつはきわめて重要な思想的な未決の問題の提起であったと筆者は考えているからである。死や永生という視点を失い、思想の身体性が希薄になって展開されてきた戦後の思想への、少数派からの問題の提起となる議論であると筆者は見ている。

他方で十五年戦争下の日本は、近代主義の雌伏の時期でもあった。戦後脚光を浴びることになる思想が、この戦争の継続中に胚胎していた。

第五章 現代

丸山眞男（毎日新聞社提供）

1　戦後思想の出発

†戦後的価値の思想——丸山眞男

柳田國男、鈴木大拙の敗戦直前の文章を顧みることで前章を終えた。ともに今次の戦争という未曾有の体験に惹起された歴史意識、ないしは思想史的意識として触れた。思想史的意識ということから見れば、他方、戦後的価値に関わる思想・考察が、戦時下で用意されていたことを忘れることはできない。その一つの例が、丸山眞男である。

戦後の言論や思想界において戦後的価値の唱導者となる丸山は、「近世儒教の発展における徂徠学の特質並《ならび》にその国学との関連」（一九四〇）および「近世日本政治思想における『自然』と「作為」」（一九四一〜四二）の二つの論考を発表していた（『国家学会雑誌』）。近世の荻生徂徠の儒学の意義に着目する論考は、本居宣長に典型的に見られる「自然」優位の思想が、徂徠学において、「作為」の思想へと大きく展開し、近世日本思想の転換点となったと分析し、自然から作為への転換に日本における近代的思想の萌芽を見るという観点を示した論考であった。

†自然と作為

戦後に続く丸山の仕事をその学的視点から、少し詳細に見ておこう。前者の論文「近世儒教の発展における徂徠学の特質並にその国学との関連」では、儒教の日本での受容を古代にまで遡りつつ、近世において儒教がいかなる客観的主観的条件下で、幕藩体制の「教学」と化したのかを探るという視野のもとで、近世儒教及び朱子学を考察している。朱子学の「理」は、「物理」であり「道理」でもある。理は、「自然」を意味するとともに「当然」をも含意していた。丸山の理解によれば、朱子学の人性論は、「倫理が自然と連続していることによって」理想主義的であるというよりは、「自然主義的なオプティミズムが支配的」な傾きをもっている。そこには規範が自然と連続的であるという「連続的思惟の表現」が見られる。

他方で朱子学は「静坐読書」「窮理」といった「観照的性格」を併せもつものであった。しかし、近世生活の「活動性」はこうした思惟の上に朱子学を安住はさせなかった。こうして近世の朱子学は解体への過程を歩むこととなる。丸山は、徂徠に先行する山鹿素行、伊藤仁斎、貝原益軒の展開を思想史的に追いながら、彼らが、それぞれに朱子学の自然と道徳の連続性を断ち切り、道徳の独自性を説くことを通して、「朱子学的思惟方法の分解過程」の流れをつくってきたのであり、徂徠学はその流れにあると指摘する。

徂徠の独自性は「天理」と「本然の性」との連関を断ち切ったところにある。天は不可知なものとされるとともに、道は、古代聖王の「作為」によるものとされるのである。徂徠の理解する「道」とは「先王の道」であり「先王の道の本質」は「治国平天下という政治性」にあった(第三節「徂徠学の特質」)。

徂徠学における儒教の政治化は、他方で、非政治的なものの分離という契機をもたらす。それが公と私の分裂において立ち現れる「私」の非政治性である。個人道徳の領域が、政治とは切り離されたところに成立することになる。その点で、徂徠学の古文辞学は国学に影響を与えた。国学は、非政治化した私的領域、内面的心情を「そのまま道として積極化した」のである。その規範性の否定は、国学のなかで自己展開して、ついには「古道は一つの積極的規範となる」と丸山は指摘する。以上のように、この論文は近世中期までの思想史的見取り図をも描いた。

†近代的主体とは何か

後者の論文「近世日本政治思想における「自然」と「作為」」は、対象を幕末にまで広げ、「自然」から「作為」へという徂徠学の特質を、さらに広い視野のもとに置き、徂徠以降の思想史的展開を「現実社会との接触面」との関連のなかで捉えようとした。丸山は、西洋政治思想を参照しつつ徂徠学を、「作為の主体」たる「近代的主体」を説いたものとして理解した。

とくにドイツの社会学者フェルディナント・テンニースの「ゲマインシャフト」と「ゲゼルシャフト」の分類により、「ゲゼルシャフト」を近代市民社会の原理と見る見方に、徂徠の作為の論理は通じているとする。この論考では、宣長についてはその自然性がいっそう強調され、宣長は被支配的地位から徂徠的絶対主義を仰ぎ見たものとされる。安藤昌益についても触れ、「法世」の規範を「聖人の私作」と見るその制度観を、徂徠学と同質のものとしている。

しかし、近世思想は単純には進まなかった。幕末の思想には、儒教の内面化、すなわち道徳的主体となることを目指すかつての「主体的作為の思想」がなお残っており、これら「自然的秩序思想」の抵抗のなかで、思想は展開したのであった。

丸山のこれらの論考は、戦時体制下で〈未完の近代〉を夢想した作品とも言うべきものであろう。前近代の思想の把握と思想史観に大きな転換をもたらしたものであるが、作為とその主体への着目は、戦後的思想の傾向をよくあらわし、まさにその出発点の一つになった。

この時期に、戦後の思想的価値につながる思索を紡いでいたのは、丸山眞男に限らない。大塚久雄(一九〇七〜一九九六)は『近代欧州経済史序説』(一九四四)を上梓し、ヴェーバーに批判的に依りながら、独自の近代化論を用意していた。戦後はその学問は大塚史学と称され、丸山と並ぶ戦後民主主義の代表的人物とされた。一九四八年の『近代化の人間的基礎』につながる。歴史学の領域では、石母田正《いしもたしょう》(一九一二〜一九八六)が『中世的世界の形成』(一九四六)

をすでに戦前に脱稿していた。唯物論の立場にたつ石母田のこの著作の出版は、戦後の日本史学の隆盛のきっかけとなった。これらの萌芽もまた、同じ時期に胚胎していたのであった。

†戦後思想の展開と転換

ここまでの明治から敗戦までの思想史的叙述では、社会思想史的観点からの思想と、アカデミズムとの分離という歴史を踏まえながら、近代思想の主題的事柄に沿い、どちらかといえば社会思想的な展開を主としつつ、アカデミズムの哲学の流れをも追うという方法をとってきた。戦前と比べて戦後は、様々な思想の立場が、自由に展開される時代であった。時の政治性との連関の強い社会的思想は、価値の多様化とともに大変広い影響と意義をもち、他方、哲学の専門化によって、社会的思想と哲学との乖離はさらに強まった面がある。

列島の思想というかたちでの思想史の叙述を主とする本書では、戦後思想の百花斉放《ひやつかせいほう》というべき錯綜した流れの細部までを追うことは断念せざるを得ない。他方、アカデミズムという視点から見ても、戦後の哲学思想は、様々な方法の受容、あるいは対象と事柄自体のグローバル化もあって、一国思想史の域を超えている面がある。その限界を認識した上で、以下叙述する。

丸山眞男の戦後の論壇へのデビュー作「超国家主義の論理と心理」(『世界』一九四六年五月号)はまさに戦後的価値をあらわしたものである。この論文では天皇制自体を俎上にのせる。

天皇制は、自由な主体意識を前提とした独裁とは異なる。重臣政治に見られるように、天皇を中心にした同心円の中心から離れるに従って、「上からの圧迫感」は下位のもので委譲され、抑圧の委譲によって「精神的均衡が保持」される。「中心からの価値」は無限に流出するが、その中心にあるのは、「天壌無窮《てんじょうむきゅう》の皇運」を実体とする「縦軸」である。

ウルトラ国家主義として軍国日本を捉え、その統治と実態を「無責任の体系」と評して、そこに至る戦前日本の体制を、封建時代からの「遺産」として根本的に批判したものとなった。ちなみに『世界』同年四月号では、津田左右吉が「建国の事情と万世一系の思想」を載せ、「国政の実権」とは区別された「精神的権威」の伝統の上にある皇室と天皇のあり方を説いた。津田はまた翌一九四七年の論文「明治維新史の取扱ひについて」で、丸山のこの論文を、国家が「道徳的価値の決定者」と見る思想は、「超国家主義者軍国主義者」のつくったものであり、明治期にも古代からの伝統にはないとして、批判している。戦後すぐの思想の渾沌としたなかで、価値観を異にする盛んな議論の当時のありようを感じさせる事象である。

活況を迎えた論壇は、新憲法の公布・施行を目前にして、天皇制論議、戦争責任論、あるいは平和革命の可能性などを主題としていた。自由・人権・平和主義を担う主体に問題は収斂した。あるいは新たな文化国家としての再生が語られた。

作為の主体こそ近代の主体であるという丸山の提起は、戦前の天皇の国家のもたらした惨禍の原因を探るものである。丸山眞男に関しても、戦中から戦後にかけてのナショナリズムや近代の評価について、微妙な見解の変化が指摘されている(田中久文《きゅうぶん》『丸山眞男を読みなおす』、苅部《かるべ》直《ただし》『丸山眞男』など)。

†近代主義とは

本書では、戦後的価値もまた思想史の展望のなかに置いてみたい。戦後の諸問題もまた、日本近代の連続性のなかで問われるべきことがある。ところで、ここまで近代主義という言葉の意味に触れてこなかった。丸山眞男はまさに近代主義者とされる。そもそも近代主義とは自称ではなく、他称であった。他称と言うのは、とくにマルクス主義者から、ある種の傾向をもつ思想動向に向かって使用されたからだ(日高六郎『現代日本思想大系34　近代主義』解説)。

しかし近代主義と言われるものには、一定の傾向や共通点はある。それは日本の近代化への関心と、近代的人間確立という問題意識である。敗戦とともに、近代はまさに西洋化の時代であったとして、前近代的なものを捨て、個人主義的な近代の主体性を打ち立てる人間の改革が求められるようになった。ただ、「近代」の像は単一ではない。マルクス主義の立場からは、近代主義が小市民的で個人主義的である点や、革命の主体を労働者階級にではなく、プチブルに置いている点などに批判が向けられた。

近代主義は近代的人間像を提示し、改革を担う主体性を説き、伝統を近代化の価値から批判し乗り越えようとした。この立場から講和問題、平和問題への啓蒙的な発言が出てくる。

2　戦後的なるものの相対化――主体・作為の捉え方

†家族の変容

丸山批判は、戦後思想の変わり目に現れた。後節で見るように、今日に至るまでの近代主義批判ないし近代を超える立場の模索は、それ自体戦後思想の相対化と言えよう。

戦後の思想の主流は、近代の思想との断絶を過剰に意識していたことは否めないし、戦後的な価値にある種のバイアスを与えているとも言える。

戦後的な価値をあらわすテーマの一つが、家族の問題であった。近代日本の、自立しようとする個人と封建的家族との矛盾対立というのは文学的・思想的・社会的テーマとなった。家族制度への批判は、個人の自立や、女性の抑圧からの解放等に関わるテーマであるとともに、大きくは国家を擬似的家族と見なす天皇制国家への批判を含意していた。

明治の民法典などで規定された家制度なるものが、ある近代性を帯びていることは、長い間、法思想史の分野などでは自明であったが、社会史的な視点では旧習の保存の側面のみが強調され、法制度の持つ作為性はあまり注意されてこなかった。単純な旧習の整序秩序化ではなく慣用的な言い回しでは近代化に沿わせた近代的制度と見るべき面がある。

戦前の国民道徳論の担い手たちは、家族の倫理学的把握に意を尽くし、家族国家観の基礎づけを試みるが、基礎づけようとする当の家族・家制度が「近代の作為」であることを常に意識せざるを得ず、現実の家族の変化を前にして理論的には対応しきれなかった。そのあらわれが井上哲次郎であり、「国体論」のなかでさえ改造を試みる考え方となった。家制度なるものは、それ自体は因習的なものを保持したものであったが、実体も言説も、近代家族の一形態であったと見るべきだということになる。

柳田國男が一九四六年（昭和二十一）に「今の民法が制定されてからわずか四〇年ばかりの内にも日本人の家に対する考え方がよほど変わってきた」と、明治民法が実体としての家に与えた影響を述べている。また「ひとが現行法の枠の中においてどれだけまで自由な選択をして来たのか」を記録して残しておきたいと述べ、旧民法の下でも自由な選択、自己決定はありえたと指摘している。ちなみに、柳田はこれに続けて「法令をかえれば一国の慣習を変化させうると考える人がたくさんになった」と戦争中の家族改造の試み、戦後の新民法の方向を指して言い、同時に家族と慣習との根深い関連を軽々に無視しうるものでないことをも示唆している。

同様な見方は、たとえば和辻哲郎の家族論の位置づけにもとることができる。和辻は個人を否定するその共同体論、あるいは国家観によって多くの批判を戦後受けてきた。しかし家族との関係では、忠と孝の一致という視点から、家を日本古来の醇風美俗《じゅんぷうびぞく》だと言い募るいわゆる家族国家論的な家族把握を、和辻は歴史の曲解であると突き放している。夫婦の「二人共同体」を人間の学の出発点に置くその家族論は、大正の個人主義的傾向のなか、都市部でまさに増加し実感されつつあった家族のあり方をくみ取った家族論であるということが言える。和辻の家族論は血縁的家族意識で言えば、昭和三十年頃に起こった直系家族から夫婦家族への流れ、さらには脱家族への流れの夫婦家族に早くも位置を置き、性的共同存在という位相では、生殖家族から恋愛家族へのありようを示していたものであった。

†森有正――二項方式と三人称

家族という問題は近代日本の個人にとっての切実な問いの一つである。家族の問題は、私たちの心的習慣と生き方に関わるが、ここで、森有正《ありまさ》（一九一一～一九七六）を挙げて、戦後思想が問題とした心的習慣とその克服という視点から触れておこう。森はデカルト、パスカルなどフランス思想の研究者であったが、戦後フランスに留学したまま滞在し、思索を続けた。後年、森は長年のヨーロッパ生活と、日本人であることを踏まえ、「日本語を通じての経験」という問題に関わるようになる。フランスに長年いても、「体験」は増したが経験は得られなかった、と森は言う。森にとって、経験は日本語によってしか獲得できないと思われた。

森は晩年の一時期、北海道大学で学生たちと、本居宣長の初期のテキスト、『あしわけをぶね』を読んでいた。森の宣長への関心の由来・方向は、『森有正全集』所収の「本居宣長をめぐって」(第五巻)で知ることができる。そこでは『石上私淑言』によって宣長と出会ったこと、古道論、神道論には「存在と本質」というヨーロッパ近世と通有の哲学的問題が「伏在」しており、それは日本人にとって「避けてはならない」「ほとんど原爆的規模の危険な問題」(同)だと言う。宣長のテキストのなかに、あとで触れるように、日本語を通しての「日本の経験」のあるかたちを見出したのではないかと思われる。

森は『経験と思想』(一九七七)で、彼が「二項方式」と呼んでいる着想を説明している。

「経験」にしても「思想」にしても、それらは「言葉」とはなすことの出来ない関係に立っている。「経験」はその本質的契機として、「言葉」と呼ぶ外ない機能を含んでいる。(中略)我々の場合は、「言葉」は日本語である。我々は日本語において「経験」をもち、「思想」を組織する。

(『森有正全集12』)

ふつう人間経験や思想は普遍的な通用性・妥当性をもつと考えられるが、ドイツ語がカントの「経験」「思想」と不可分であるように、日本語を離れて我々は経験や思想の実体はないのであり、日本語は「日本」というものへ我々を導いていく、と森は考えた。そして日本語を通じた日本の「経験」を分析するなかで、「関係の親密性」や「相互嵌入性」(相互に腹を割る、真心の尊重など)という人間のあり方と、そこから派生してくる日本の公共性共同性のなさ、関係が水平から上下に傾斜する垂直性などを例示しつつ、「日本人においては「経験」は一人の個人ではなく、複数を、具体的には二人の人間を構成する関係を定義する」とし、それを「二項結合方式」(combinaison binaire)(略して「二項関係」「二項方式」)と名づけた。

森はその方式を「日本人は相手のことを気にしながら発言するというとき、それは単に心理的なものである以上に、人間関係そのもの言語構成そのものがそういう構造をもっているのである」「日本語は本質的に二項関係の内閉性を持っている」と説明する。日本語では、欧米語のような端的な「AはBである」という言表が成り立たない。「AはBだ」「AはBでございましょう」「AはBではございませんか」という表現は、「AはBである」をいう言表を立てるというより、話し手、甲と乙の「関係」性をむしろ際立たせてしまう。この「二項方式」の問題点は、「経験」が二人の人間の関係に自閉し、「自分一個の経験にまで分析されえない」こと、そして反面「三人称的、客観的」な真理、公共性が他者との間に成立し得ない、ということであった。もちろん森は、「三人称」としての自我の確立を、あるべき方向とするのである。

ちなみに森はしばしば和辻哲郎を参照している。「和辻哲郎氏は、日本人において最も著しい私的存在のかたちは「間柄存在」であるといい、それはただ一人の相手以外のあらゆる他の人の参与を拒む存在である、という。一人になるという「経験」を日本人はほとんどもつことはない。和辻氏はそれが不可能であるという」と和辻の『日本語と哲学の問題』の問題性に触れる。ちなみに和辻のこの書は、「一つの民族の精神的特性と言語形成とは密接に融合されたもの」といい、日本語を「実践行動の立場における存在の了解を豊富に含んでいる」として、日本語をめぐる議論の先鞭をつけたものである。和辻によれば、日本語の複数形の欠如、性の区別のなさ、動詞の人称の別のないこと、助詞の豊富さ、主語の欠如の諸特徴は、否定的に見られるべきでなく、むしろ人間の個人的社会的な二重性格を「忠実に」反映したものだという。「かつて個人として生きた経験のない日本人」を、和辻は浮かび上がらせている。

†心的習慣をめぐる思索、あるいは日本語の哲学的分析

再三の和辻への言及にもかかわらず、森の立場は、日本的伝統を擁護し個人主義を否定する和辻の立場と同じではない。しかしまた、近代日本における「家の重み」「自我の未確立」「革

命の不在」などを、二項方式に発する因習の核心に関わる具体例として挙げる森にとって、和辻の認識をめぐる習慣性（因習性）の指摘は、その最終的な論理の帰結とは別に、きわめて日本の「経験」を開示したものと映った。だからこそその超克をも示唆したのだろう。森の所論の全体は、まさに和辻の「誠実」の議論への真正面からの批判となっている。森の宣長への関心もこうした日本語による経験に関わっていた。そうした森にとって、宣長の初期のテキストは、三人称的世界に向けての、超出の可能性を示唆したのではないだろうか。

森有正の思索の場は、近代の日本の問題点をえぐり、その古い心的習慣の克服を目指すものであるが、いわゆる近代主義とは一線を画すものである。その心的習慣をめぐる、森の思索と通じるものとして、文学者・評論家である伊藤整《せい》（一九〇五〜一九六九）に「近代日本における愛の虚偽」（『近代日本人の発想の諸形式』所収）がある。

森の思索は、言語と人間存在との関わりをめぐるものでもある。ドイツ観念論を研究対象とした坂部恵《めぐみ》（一九三六〜二〇〇九）は、日本語と日本語の経験について、独自の哲学的思索を展開した（『鏡のなかの日本語』など）。

†戦後的価値の相対化あるいは深化――竹内好

戦後の近代主義や民主主義の隆盛期に思想的なテーマとなったことのなかから、戦後思想の主流の価値を相対化する、ないし異なる視点と違和をもたらす論点を挙げておきたい。

竹内好《たけうちよしみ》（一九一〇〜一九七七）は一九五〇年代の初め、近代主義批判を展開した。竹内にとって、マルクス主義もまた近代主義であった。近代主義は外から「近代」を持ち込むもので、その意味での近代主義を克服しない限り近代化はありえない、と主張した。個人の独立と民族の独立を結びつける必要があり、そうして初めて国民文学の自立が可能となるのである。

竹内固有の問題提起は、近代主義への批判的視点として、日本とアジア、とりわけ東アジアとの関係の捉え方に関わる。竹内は近代日本の歴史を振り返り「なぜ右翼とアジアが結びつくのか」と問うている（『日本とアジア』）。

中国文学研究者である竹内は戦時中に『魯迅《ろじん》』を書いている。政治と文学との関係、近代と前近代との両性格をもつ魯迅への関心は、アジアの近代への関心でもあった。戦後もその延長上で、アジアの問題に取り組んでいる。大東亜共栄圏の思想は、アジア主義の帰結点であったが、別の意味ではアジア主義からの逸脱、偏向であったという観点からの持続したアジアへの関心を示してきた。

戦後、アジア主義は、アジアの盟主としての日本が西洋列強に対抗してアジアの民主化を進めるという侵略主義の別称として否定的に受け取られた。竹内は、定義そのものにも異を唱え、右翼左翼の両方にあったアジア主義の捉え方の変遷を見つつ、その可能性をなお探ろうとした。

竹内は、アジア主義が右翼に独占されるようになったきっかけを、明治期のナショナリズムのなかで共通的要素をもった右翼と左翼が分離した明治末期であろう、とする。宮崎滔天《とうてん》の『三十三年の夢』（一九〇二）をのちに復刻した際に（一九二六）、吉野作造がこの本を「友を隣邦に求めて先ず広く東洋全体の空気を一新し、よってもって徐《おもむ》ろに祖国の改進を庶幾《しょき》せんと欲するもの」であると好意的に評していることなどを例示しながら、アジア主義的なものは広範に受容されていたとし、そのアジア主義が右翼の独占に至る象徴的な事件を、北一輝が平民社と黒竜会の間で動揺した時期と見ている（竹内好『日本とアジア』一九六六）。

一九四八年の「中国の近代と日本の近代」では西洋化すなわち日本の前進であるという錯覚こそ日本の近代の思想喪失である、と主張する。「民族」の問題は戦後の日本人が思想レベルで自力で打倒できず、敗戦によってナショナリズムを打倒したにすぎない、と見るからである。竹内が、戦後いち早く保田《やすだ》與重郎《よじゅうろう》ら日本浪曼派の評価の必要性を説いたことにも通じる。保田與重郎（一九一〇～一九八一）はドイツロマン派に傾倒し、学生時代に『日本浪曼派』の創刊に関わった。大東亜戦争では、日本浪曼派の中心人物として活躍したが、「近代の超克」座談会にはなぜか参加していない。なお、戦後日本浪曼派への批判が起こるが、橋川文三《ぶんそう》の『日本浪曼派批判序説』（一九六〇）は浪曼派を一面的に断罪するのではなく、とくに保田に関して、内在的な理解を通じて、「イロニー」「天皇制」「アジア」「農本主義」などの問題を論じたものである。橋川はまた竹内好とも問題意識を共有していた。

竹内は言う。「近代主義とは、いいかえれば、民族を思考の通路に含まぬ、あるいは排除する、ということだ」(「近代主義と民族の問題」一九五一)。再度の開国、再度の欧化とも言うべき戦後的な主流の価値観のなかで、いわば目を背けられない事柄への主張を続けた。国民の主体性をいかにつくることができるかに竹内の関心はあったと言える。

竹内は、講和問題で活発に発言し、安保闘争では主導的役割を果たした。

近年「アジア主義」を、明治から昭和までを丁寧に分析した上で、脱亜論かアジア重視かという二元論では思想の機微は理解できないこと、アジア主義の内容についても、時代の外交的関係のなかにおいて細かに考察しないと理解できないことの指摘がなされている(坂野潤治『近代日本とアジア』)。竹内のアジア主義の再評価についても、そのロマンティックとも見える虚構性が含まれるとの批判を表明している。日本とアジアの関係が新たな局面を迎えている今、思想としてのアジア、さらにナショナリズムを再考する際に念頭に置くべきことである。

†大衆と思想——吉本隆明

戦後のいわゆる進歩的知識人あるいはマルクス主義者のあり方を虚偽とし、それに大衆のあり方を対置させるという批判があった。吉本隆明(一九二四～二〇一二)は多彩な思想的作品を発表しており、この観点にとどまるものではないが、政治的前衛の批判という視点を一貫して維持した思想家として挙げることができる。一九五〇年代から詩人・評論家として活躍したが、六〇年代の安保闘争における共産党批判で、いわゆる新左翼の理論的指導者となった。政治的前衛への懐疑を吉本は、革命運動批判やスターリン批判に終わらせず、大衆のインテリ批判に意味を見出すとともに、大衆自体の疎外をまた一身に負うというかたちであらわしてきた。吉本はジャンルを越えた領域を対象とするとともに、初期から独特な用語を駆使しつつその思想を展開する。

人間は、狡猾に秩序をぬってあるきながら、革命思想を信ずることもできるし、貧困と不合理な立法をまもることを強いられながら、革命思想を嫌悪することも出来る。自由な意志は選択するからだ。しかし、人間の状況を決定するのは関係の絶対性だけである。

ぼくたちは、この矛盾を断ちきろうとするときだけは、じぶんの発想の底をえぐり出してみる。そのとき、ぼくたちの孤独がある。孤独が自問する。革命とは何か。もし人間の生存における矛盾を断ちきれないならばだ。

(「マチウ書試論」)

このように、原始キリスト教を新約聖書マタイ書の読み解きというスタイルで論じた「マチゥ書試論」（一九五四）のなかでは、「関係の絶対性」という概念を使い、政治的共同性であれ、宗教的共同性であれ、共同性へ帰属することで直面する、関係性と主体性の矛盾のなかで、関係性の「絶対的」なあり方に個がからめとられていく機制を論じた。当時の政治的状況の中、党派あるいは政治的前衛と個人とのあり方に関わるものとして受け取られた。

共同幻想・対幻想も吉本の独自の概念の一つである。

個人と共同性の問題を、個体の自立性を求めて打ち立てようとするときの、そこに潜む困難さというものが初期のモチーフであった。個人はいやおうなく自然を含む共同性のうちに生きるしかない。自立した個人として生きようとすると「自然から背き、背くこととしての意識（社会）」からも背くという二重の否定・矛盾の内に求める以外にない。「現実に対する二重の打ち消しの交叉するところに結ばれる虚像」「「逆立」した「幻想」として存在」するしかない（菅野覚明《かんのかくみょう》『吉本隆明』）のである。共同幻想と個人の関係は、『共同幻想論』（一九六八）では、共同幻想・個人幻想・対幻想という三項をたて、神話や柳田民俗学の知見を題材としながら、天皇制さらには国家という共同幻想の成立機序として深化させた。

知識人のあり方に対する「大衆の原像」を探るということも、吉本のモチーフの一つであった。吉本の『擬制の終焉』（一九六〇）は、戦後民主主義の価値をどこに置くかをめぐっての丸山眞男との論争を生んだ。丸山の、大衆のあり方が私的利害を優先する政治的無関心を呼ぶという見方に対して、そこに戦後民主主義の生んだプラスの価値があるのではないか、という議論を展開した。一九七〇年代の高度成長期に、吉本は商業主義的なものへのプラス評価をするようになり、現実肯定に転じたと批判を受けることとなるが、大衆の捉え方に通底しているものが何であるかは問題となろう。

†生活という視点――鶴見俊輔

大正時代には、デモクラシーや大衆文化の高まりのなか、「生活」という言葉が「文化」「生命」などともによく使われた。柳宗悦《やなぎむねよし》(一八八九〜一九六一)の民芸運動あるいは土田杏村の「文化主義」は、「文化」や「生命」と連関して捉えられていた。一方で「生活」主義は、「生命」主義と併せて批判されもした。戦後の思想のなかで、「生活」は新たなかたちで、思想の問題となる。

そうした生活への視点に立った思想家として鶴見俊輔《しゅんすけ》(一九二二〜)を挙げたい。彼は、アカデミズムの枠を超え、大衆文化に関心を寄せ、思想考察の対象と考えた。たとえば表現形式として漫画を評価し、漫画評論を手掛けた。

鶴見俊輔は、日本での教育を中断して渡米し、アメリカ・ハーヴァード大学哲学科を卒業したあと、開戦後の日米交換船で帰国した。一時ジャワ島で海軍の軍務に就く。戦後、姉に当たる鶴見和子の尽力で、和子と丸山眞男、都留重人《つるしげと》、武谷三男《たけたにみつお》、武田清子、渡辺慧《さとし》とともに七人で「思想の科学研究会」を結成して、雑誌『思想の科学』を創刊した。いち早く転向の問題に取り組み、『共同研究　転向』（一九五九～一九六二）など思想史研究に結実した。

ウィリアム・ジェイムズら、アメリカのプラグマティズム哲学の日本への紹介者の一人でもある。六〇年安保に際しては、政治学者の高畠通敏《たかばたけみちとし》とともに「声なき声の会」を組織して反対運動をおこなう。ベトナム戦争期には「声なき声の会」を母体として「ベトナムに平和を！市民連合（べ平連）」を結成し、代表に作家の小田実《おだまこと》を迎えて、自身もその中心的な人物として活躍した。

鶴見は大衆芸能や漫画などへの関心をもち、大衆、あるいは生活人（非言論人）に立脚しようとした（『限界芸術論』一九六七）。鶴見には、竹内好へのオマージュと言える伝記がある。竹内の近代主義批判に、近しいものを感じていた鶴見の思想の流儀とも言うべきものが示されている。民族精神を担う個人について語り、知識人の伝統の受け継ぎとは別の流儀があること、「受け継ぎの偉大な伝統の一つとして、天皇制」があり、それが大衆の習慣になお根を持っていることを指摘したあと、次のように述べている。

もう一つ、天皇制に覆いつくされないような、日本民衆の生活習慣の伝統があると思うんです。そこにも受け継ぎがある。その受け継ぎの無意識の部分、半意識の部分から、なにかを繰り返し取り出して繰り入れて、われわれの意識の部分と交流させるような、そういう考え方を作っていきたいですね。それが重要だと思うんです。そこには必ず揺れがおこる。

（「戦中思想再考」一九八九、『竹内好——ある方法の伝記』二〇一〇に所収）

鶴見の戦後すぐ手掛けた転向研究を振り返るなら、それは「一つ一つの転向の事例を、われわれが別の純白の場所（つまり現実と関わりのない学習の場所）にいて突き放すようなことをせず、その一つ一つの転向の養分をとって、結果として、今までの不毛な非転向についての徹底的な自覚の上に新しい一貫性をきずくことができるのだ」とし、「この方法が見つかれば、転向はつねに実り多い豊かな一貫性の一部分として別々に吸収されるはずだ」（「自由主義の試金石」一九六四）という見通しのなかでのことであった。

これらの戦後的価値を相対化しようとする傾向には、なお近代主義そのものが内包していた二項の対立という要素が残っている。そうした二項の関係に収束しない、思想的営為もあったことを付記しておく。

花田清輝《きよてる》『復興期の精神』（一九四六）、坂口安吾の『堕落論』（一九四七）は戦後啓蒙期の代表的作品である。思想的な変遷を経たと見える清水幾太郎《いくたろう》、あるいは保守思想家とされる福田恒存《つねあり》もまたそのうちに数えられるだろう。

†戦後思想史の転換点――新たな相対化とポストモダン思想

戦後近代主義の代表的人物である丸山眞男は、何度か批判を浴びた時期がある。それぞれの時期は、広範な読者を獲得していた丸山を軸にしての戦後思想の変わり目の、メルクマールとなるだろう。それは丸山が代表しているように見える近代主義そのものへの批判、あるいは政治的な主体としての、左派勢力のなかでのヘゲモニーのあり方をどう見るかに関わっていた。

戦後はいわゆる逆コース、講和条約問題と政治的な激動が続く。丸山は、そうした政治的状況のなかで、共産党や左派から革命の主体を正しく捉えていない「近代主義者」としての批判を受けた。文芸評論や哲学分野での主体性論争が起きたのもこの時期である。

六〇年の安保闘争では、丸山は反対運動の指導的論者として活躍したが、六〇年代の末に始まる新左翼系の学生運動、あるいは「大衆」の原像を問い、独自の「自立」を問題にした吉本隆明からは戦後民主主義への欺瞞的体現者とされることとなる。

一九七〇年に丸山は論文「歴史意識の「古層」」を発表する。『古事記』のテキストから抽出したカテゴリー「なりゆくいきほひ」を、日本の歴史意識に流れる「通奏低音」として描いたものであった。しばらくの沈黙のあと、その決定論的・宿命論的と見える議論への批判がはじまり、あるいは丸山における「転向」であるという批判さえ出てきたのであった。批判者にはいわゆる近代主義の立場に立つ者もいたが、客観的テキストなどないとするポストモダンの立場に立つ論者からは、虚妄の主体性をもってテキストを解釈するものと見なされたのである。

一九九〇年代より国民国家批判、続いてポストコロニアルの議論が展開された（酒井直樹ら）。旧植民地に残る様々な課題を把握するために始まった文化研究がポストコロニアリズムである。エドワード・サイードの『オリエンタリズム』（一九七八）を契機として始まったが、我が国にも影響を与えた。日本の場合、とりわけアジアの植民地との関係が批判的考察の対象になった。たとえば新渡戸稲造が、台湾統治に関わったという点において、新渡戸の「学理」とは別に、批判を受けるというようにである。多分にポストモダンないし脱構築的な影響の強い国民国家批判であったが、それによって丸山は古い国民国家に固執する国家主義者として批判されることとなった。

数度にわたる丸山批判は、戦後の日本の社会的変化、それに影響を与えた世界的思想の情勢と重なるか、あるいは少し遅れてその後を追うようにして起こったと言える。一九四五年から一九五〇年代の戦後啓蒙・近代主義が展開された時期、一九六〇年代の戦後啓蒙の批判と相対化が起きた時期、そして一九八〇年頃から一九九〇年代は、ポストモダンの思潮が勢いを増し、いわゆるニューアカデミズム（浅田彰、中沢新一ら）が隆盛となった。続いてポスト戦後が言われ、ベルリンの壁の崩壊・東西ドイツの統合（一九八九～九〇年）、ソ連の崩壊（一九九一年）によってポスト冷戦の時代となる。国内的には、オウム真理教による地下鉄サリン事件（一九九五年）が起こり、社会の変質が大きなテーマとなっていった。

一九六〇年代の欧米に淵源をもつ反公害の思想、環境思想、フェミニズム思想は、七〇年代に思想的なかたちをとり、一九九〇年以降は東アジアのポストコロニアル思想が加わり、多様に展開している。

ポストモダンの潮流は、旧来の「思想史」「哲学史」および思想史的・哲学史的意識そのものの解体を目指している。丸山への批判は、丸山学のもつ政治学的性格と政治思想史的性格の関わりへの多くの誤解と思い入れが関わってもいた。「歴史意識の「古層」」は思想史的分析であり、当為の表現ではない。かつて丸山は加藤周一との対談で、加藤の『愚管抄』評価に対して、あくまで『神皇正統記』の評価をもって対峙したことがあった。自然主義的に受け止められる傾向をもつ歴史意識に対して、今ここでの当為というかたちで歴史を受け止めるまさに主体性をこそ丸山は評価していると見える。「古層」論文もまた、丸山の全体的な理解、とりわけ思想を拘束する「原型」とそこからの超出というモチーフとして捉えることもできる。

丸山眞男は一九九六年に亡くなった。二十一世紀に入ってからの日本の思想的状況は、いっそう多様で多彩となる。それまでの思想潮流に加えて、近代主義のもとで絶対悪として語られたナショナリズムに対する、戦前の、また戦後の内外の多様な議論を踏まえての再検討、再評価など新たな論点が提示されてきているが、それらの第三極がどのような可能性をもつか、またその思想史的意義が見定められるには、なお時間がかかるだろう。

3　戦後の哲学とその変遷

†新たなアカデミズムの哲学

近代の章では、アカデミズムの哲学とジャーナリズムないし社会的評論との分離という指摘をした。戦後の状況もそれほど変わらないと言える。戦前と比べれば、哲学の営みははるかに社会性をもつ条件が整っていると言えるが、他の諸分科と同じく、哲学的諸学も専門化し、また問題意識自体のグローバル化のなかで、その思想史的な位置づけは難しくなっている。旧来の大規模学会も存続しているが、中小の学会・研究会によって研究がおこなわれているのも現況である。市民層を巻き込んだ「哲学カフェ」の試みなども、最近の現象としてはある。ここでは、思想史的見方とできるだけ近づけた視点をとって、その概略を述べることとしたい。

哲学史に名を挙げられるような代表的人物も、戦後については定まった評価・基準はないのが現状である。西田幾多郎に匹敵する哲学的思索の成果はいまだない、とはよく言われる。近年の傾向として、近代および戦後の日本哲学の営みは、東アジア、アメリカ、ヨーロッパでも方法と対象の両面で、一定の学問的共有がなされている。しかし、その国外のいくつかの哲学史を見ても、近代以降の哲学者の提示は定まったものがない。なお、国外の研究では、日本のように近代以前の思想を「思想史的領域」として扱い、近代以降を「哲学史的領域」として扱うということはなく、近代以前と近代以降を、「日本哲学」という一つの流れとして扱うことが多いことも特徴として指摘できる。

†戦後の哲学の傾向

戦後の西洋哲学受容は、戦後のフランス哲学への関心に見られるように、次第に戦前のようにカントを中心とするドイツ哲学にのみ集中することがなくなった。

大学という高等教育研究期間の増大は、研究者の増大をもたらしたが、ギリシャ・ラテンの古典哲学から、フランス哲学、分析哲学と裾野を広げ、多様に展開してきた。

政治的なくびきからの自由は、マルクス主義も同様である。哲学領域では、疎外論をはじめとする初期マルクス主義の再考の領域での成果があった（廣松渉《ひろまつわたる》ら）。ドイツのフランクフルト学派とマルクス主義との対峙も、東西ドイツの統一直前の一つの出来事であった。マルクス主義的な視点は、その後、フェミニズムの哲学などの現実的分析のなかに拡散し、今に至る。

フランス哲学思想の戦後の広範な影響も顕著である。まずはジャン＝ポール・サルトルに代表される実存主義への関心とその受容に始まり、その方法論と密接に関わるフランス哲学の現象学的思考が影響を与えた。フランス哲学の領域は単なる受容に限らず、モーリス・メルロ＝ポンティらの身体論、さらには最近では、ミシェル・フーコーらの脱構築的哲学との関わりで、テキスト論、他者論として展開されている。

分析哲学への関心も、また戦後持続している。初期の言語実証主義への関心に始まり、分析的手法が広く共有されている。近年の正義論の展開には、古典哲学や英米経験論も関わっているが、分析哲学の手法もまた、大いに寄与している。科学哲学の領域も分析哲学との関わりを深め、独自に展開されている（大森荘蔵《しょうぞう》ら）。

仏教哲学、キリスト教神学などの宗教哲学も、また戦後の流れのなかで、広義の護教性を回復し、多様な展開を見せている。仏教研究は、近世仏教や明治期仏教哲学に新たな眼を向け、キリスト教神学は東方教父の哲学を視野に入れた。なお日本思想とキリスト教に関わるものとしては、井上洋治（一九二七〜二〇一四）の『余白の旅』（一九八〇）を挙げておきたい。

†事柄そのものへ

近年の哲学的志向は、現実的なるものへの強い関心に支えられている。もともと哲学的言語は、そのものが「現実」ではない、超越性あるいは二世界の志向をもつ。学問領域としての哲学は、哲学史のテキストとその内在的理解をまずは学的基礎としている。

しかし、近年は、とくに現象学的な関心が、単なる方法としてのそれを超えて広がっていると言える。古典哲学の研究者が、現代的問題への積極的発言をするのもその一つである。「現場」ないし「臨床」ということが哲学的テーマに入ってきたのも、そのあらわれと言えよう。哲学的な志向が、現実ないし事実性の分析というある種の方法に収斂している。

現象学的方法が、他者性あるいはモードやファッション、さらには医療現場での対他関係の現象を、分析哲学が、日常的な対他関係、自己意識を問題にし、あるいは正義論を精緻に展開し、フランス哲学は文化の政治性や政治そのものを問うなどである。事柄への関わりのなかで、インド・仏教哲学、中国哲学、イスラム哲学（井筒俊彦ら）の研究者も、共通の哲学的概念と用語を用いることもあり、同じ問題に、それぞれの領域から参与するようになり、哲学的な場を共有するようになったことも近年の特徴である。

†応用倫理学という問い――事柄の現場へ

ここでは、日本での哲学の展開の特徴を示している応用倫理学という領域、そしてとくにそのうちで生命倫理学の展開を一つの例として挙げることで、現代の哲学・倫理学の一方向を見ておきたい。生命倫理学は、環境倫理学とともに成熟した領域になっている。

生命倫理（学）は、まず「医学倫理」を一つの端緒としている。医学領域での現代の倫理問題は、遡ればナチズムによる身体への侵襲への反省から、同意なしにおこなわれる侵襲的人体実験の第一条でうたわれたニュルンベルク綱領（一九四九）を始めとする。その趣旨はジュネーブ宣言（一九四八）、さらにはヘルシンキ宣言（一九六四）へと継承される。ヘルシンキ宣言では「ヒトにおける実験」が医学の進歩に不可欠であることを踏まえ、さらにその改訂（一九七五）では、生命科学の進展を踏まえ、「医学的 medical」を「生物医学的 biomedical」と言いかえ、実験に当たっては、独立の審査委員会が実験計画書への倫理的配慮の記載、宣言の趣旨に反する論文拒否を求めるものとなった。一九八二年には『アメリカ大統領委員会生命倫理総括レポート』が公表され、被験者の同意の必須なこと、同意を取り消す自由があること、それを踏まえたインフォームド・コンセント（informed consent）を被験者から得ることが推奨された。インフォームド・コンセントとは、内容を知らされた上での研究または治療についての同意を意味する。

そうしたなかで、日本で『医の倫理』(H・ブロディ著、一九八五)が翻訳されたことも、医の倫理が、外部への討議可能性に拡げられる一つのきっかけとなった。本書は、倫理を「医者の礼儀」や「同業者間の行動の規則」と混同される誤解を戒め、医の倫理が「外部の倫理的討議へと委ねることが可能となるような普遍化の道筋」を示そうとしたという。生命倫理の生成のきっかけの一つとなった。

当初日本では、インフォームド・コンセントが、「説明と同意」と日本医師会によって訳され、その意味も「患者本人または家族の同意を要件とするものではなく、社会的な礼節上その意思を尊重」することと理解するにとどまった。

医師会のこの理解は「脳死および臓器移植についての最終報告」に載せられたものであるが、歴史的経緯を振り返るなら、まさに日本において脳死の判定および臓器移植の可否が社会的に問われた時期に当たる。

「臓器の移植に関する法律」(臓器移植法、一九九七年可決、同年施行)の成立は、生命倫理にとっては一つの画期となった。法案の成立というピンポイントの出来事そのものより、一九九〇年の「臨時脳死及び臓器移植調査会(脳死臨調)」の活動開始から一九九二年一月末の脳死臨調の最終答申、そして法案の一度の廃案を経ての成立・施行までの時期が、背景にこの日本社会の大きな変化にすっぽりと重なり、その変化とこの法案に象徴される生命倫理問題というものの意味がまさにリンクした。

臨調以前、臨調以後から法案成立の間、そして成立施行以降の三つの時期に分けてみる。

脳死問題がマスコミ、あるいは一部の論者に論じられるようになったとき、その焦点は、「脳死」という事態を受け入れるかということに集約されたと言える。八〇年代の脳死をめぐる議論は、移植推進の積極的立場に対して、哲学宗教学的な立場などからは、脳死ということ自体を「不自然」と見なし、直感的な忌避の感覚を内に含んだものが多く、しかしまた脳死問題の現実的解決としては、「合意」に時間をかけよ、というものが多かった。新たな事態の受け入れには時間が必要であるという感覚、科学の「事実」としていずれは受け入れざるを得ないだろう等々、様々な思いが議論のなかに重層的にあった。

当時はなお社会には、政策的にはいずれ合意ができるだろう、というまさに〈暗黙〉の合意があったと言える。法学者から提起された「社会的合意論」もこうした社会的雰囲気をくみとり法理化したものだったと言えよう。しかし、社会的合意の必要性という当たり前な前提に拡散する傾向を示しながら、結局現実的な有効性をもたなかった。

臨調の答申前後からは、生命倫理、とくに脳死・臓器移植に関する議論は、実感的具体的で心のひだに触れるようなものから、高度に抽象的理論的なものまで多岐にわたり、分野も医学はもちろん自然科学から人文社会の諸科学に及んだ。その多くが個人の価値観まで明示しながら展開する、生命倫理を一つの結び目とする知的な戦いという姿を見せた。そうしたなかで、先に述べた合意論の、新たに個々の人からの同意の取り付けという視点への転換もあり、結局、法案成立は同意の取り付けという線でできた。

脳死論議の長い過程は、合意が容易には成り立たない時代にすでに日本社会が入っていたこととつながる。価値観の多様化、世代間の断絶、ライフスタイルの変化、高度学歴社会の出現、日本的システムのほころびなど、戦後の日本社会の手法であった合意論が有効性をもたなかったのは、合意は暗黙の時間的経過の内に次第に醸し出されるという、それこそ暗黙の合意自体が有効性を持たない社会へと変わりかけていたからであった。結果的にも、周知のように法案成立に当たっては超党派で案が練られ、一部政党を除いて党が所属議員の投票を拘束する、いわゆる党議拘束を解除して議員個人の判断に任せるということで採決に臨んだ。明治からの議会制度のなかで党議拘束を解くということは、象徴的な出来事であった。

法案成立までの議論はきわめて興味深い。多くの議論の、現象的な事例に終始せず、その広がりと深さは、記憶にとどめておくに値するものである。同時にこのことは、より深いところでこの社会が、既成の枠組みやシステムによらずに、人々の合意をどう形成するか、合意形成の原理をどう見るかをあらためて考えるという問題に直面した、と思い返される。昨今の医療事故の度重なる報道は、いわゆる内部告発によることが多く、かつての一枚岩の組織だったものが医療の現場においてもまた明らかに変質していることを示している。

†生命倫理学の位置づけ

哲学倫理学のこの事態に対して、初期には、欧米由来の啓蒙的運動であり民主主義の定着を目指す運動であるとしたり、あるいは、「日本人には、自分が出した一応の結論がそれなりの原則に照らして正当化されるか否かを考えるということ」が身についていないとし、「生、死、健康（保健）および人間の基本的価値観に関連する諸問題を含む生命科学、ヘルスケア、環境などの領域における人間の倫理的側面を研究する学問分野であると同時に、生命を守り育てる人権運動」と規定したりするような、戦後的啓蒙をもって生命倫理の導入を試みる見解もあった（森川功『生命倫理の基本原則とインフォームド・コンセント』二〇〇二）。

生命倫理問題は、他方で、近代日本の近代科学技術の導入以来、技術の深度が、工学的世界からいまや生命自体（顕微授精による代理出産、あるいは遺伝子組み換え）に及んだ事態はきわめて重要な意味をもつとは言える。広く技術を、倫理の問題の現代的局面のあらわれとして捉えることができる。

哲学倫理学の領域は、生命倫理問題の発生時から、深く関わるようになる。先に触れたかつての社会的合意論には、自己の規範根拠を明示せず、全体的な方向に随従しようという態度が潜んでいた。事柄は脳死臓器移植から、さらにはケアの問題に拡がる。そうしたなかでその現実の深部に降り立って改めて考え抜こうという方向が出てきた。旧来の人間関係のシステムを、内から切り崩し、外部からの批判にとどまるのではなく、批判的視点をもつがゆえに生きる現場の層に降り立ち、その渦中にありつつその場を対象化するという、実践的な試みが始まった。

哲学的倫理的な志向が、現場あるいは臨床的場面において結実する、という事態である。たとえば、中世哲学の専門家でオッカムの言語哲学の研究などで知られる、清水哲郎の一連の実践と仕事がその例である（清水哲郎『医療現場に臨む哲学』一九九七、同『医療現場に臨む哲学Ⅱ』二〇〇〇。引用は『Ⅱ』）。清水は、言葉によるコミュニケーションの深部から共同行為の倫理に論じ到ることで、生命倫理の諸概念を再構成する。たとえば、自律尊重という医療行為の原則の背景にある個人主義的性格を再考し「共同で決定することと人間の弱さを受け入れること」を加味して修正することによって、あらたな倫理原則を提案する。こうした修正は「決して日本の従来のあり方でよしと終わることではない」と、清水が自覚的に語っているように、柔軟でありつつ、きわめて強靭な批判的試みとなっている。己の場を直視しえないという弱さを、一方で受け止めつつ、そこから抜け出る道を探るものとして、生命倫理の問題圏に、「倫理」の根源的な意味を探る可能性を示したものと言えるだろう。鷲田《わしだ》清一《きよかず》の「臨床哲学」の提唱も、哲学の臨場性を、哲学の営みのなかに定位させる試みであろう。日本での応用倫理学の生成の一風景である。

その後応用倫理学は、西欧での流れを意識しながら、環境倫理、動物倫理、工学倫理など多様な領域に広がっている。近年はさらに応用哲学という領域も出てきた。東日本大震災への哲学倫理学からの学問的対応」などもまたこの流れのなかにある。一七五五年のリスボン大震災が、啓蒙主義の楽天主義に及ぼした影響が、それぞれの立場から想起されている。

生命倫理の現場的な概念として、「インフォームド・コンセント」に加え、「自己決定権」「人間関係におけるパターナリズム批判（父権主義否定）」が重要な役割を果たした。高度先端技術の実用化の迅速化という問題に対応するものとして、一九七〇年以降の世界的な傾向である高度情報化社会の到来、高学歴化、権利意識の高まり、価値の多様化と伝統的共同体の崩壊、等々の人間と社会の大きな変化が、背景としてある。六〇年代に始まった「女性の身体は女性が決める」という主張から始まったウーマンリブさらにフェミニズムもまた、こうした社会的変化のなかで生成することとなった。

哲学を「学問制度」として見るなら、一方で地道なテキスト研究、哲学史の研究は依然として重要であり続けよう。だが、日本の哲学や倫理学の置かれたグローバルな環境と、今後の哲学の営みとは無縁ではありえない。

おわりに──二階建ての哲学

日本思想史は、自己認識の理路のささやかな一つである。本書では、近代に始まった哲学的日本思想史の流儀と方法に多くを学んでいる。日本思想史研究の近代的基礎を築いた一人、村岡典嗣の思想史と哲学との関係についての見解を先に紹介した。村岡は将来西洋の哲学（村岡は「欧洲が創造したといふべき認識論」と表現する）とは別種の哲学（「新たな普遍的価値をもつ認識論」）を樹立することが、「我が国の哲学者」の任務であるが、他方、「国学の学的完成」はそれとは別になされねばならない、と言う。「国学」の方法から多くを学んだ村岡は日本思想史研究を念頭に置いている。哲学と思想史とのこの社会での関係の困難さを指摘している。

最後に、よく知られたカール・レーヴィットのいわゆる「二階建て」の議論を振り返り、考えたい。レーヴィットは、アカデミズムが日本に定着する過程をここ日本で体験したユダヤ系ドイツ人であるが、この哲学者のまなざしは、哲学が連関を持つまさに具体的生の場面を象徴的にあらわしている。

レーヴィットは言う（『ヨーロッパのニヒリズム』一九七四所収「日本の読者に与える跋」）。日本が中国文明を受容したときとは異なり、ヨーロッパから受容したのは、ヨーロッパの物質文明

（「近代産業および技術、資本主義、民法、軍隊の機構等、それに科学的研究方法」）であった。レーヴィットはこれらのみだと「自由と美」だけは手にできない、という。すなわち「人間の本当の生活、物の感じ方および考え方、風習、物の評価の仕方は、その傍に、比較的変わらずに存続している」のである。ヨーロッパ精神の受け入れは、日本の旧来の「生活、物の感じ方および考え方」等に浸潤しなければならないはずだが、それは受け入れなかった、と彼は見る。東洋日本は、西洋でできあがった結果のみを取り入れ、西洋の自己否定を深いところで受け止めなかったのである。

彼の体験した日本の、日本人の「自愛」の深さの分析は、現代から見れば、ある種オリエンタリズムと称されるものを若干含んでいるだろう。レーヴィットは、日本の哲学学徒の勤勉さを高く評価しながら、その学問と日常の生活、感性、彼のいう「物の感じ方」との乖離を二階と一階という周知の比喩で語っている。

もちろん学生は懸命にヨーロッパの書籍を研究し、事実また、その知性の力で理解している。しかし、かれらはその研究から自分たち自身の日本的な自我を肥やすべき何らの結果をも引き出さない。かれらはヨーロッパ的な概念――たとえば「意志」とか「自由」とか「精神」とか――を、自分たち自身の生活・思惟・言語にあってそれらと対応し、ないしはそれらと食い違うものと、区別もしないし比較もしない。即自的に他なるものを対自的に学ぶことをしないのである。ヨーロッパの哲学者のテキストにはいって行くのに、その哲学者の概念を本来の異国的な相のままにして、自分たち自身の概念とつき合わせて見るまでもなく、自明ででもあるような風にとりかかる。だから、その異物を自分のものに変えようとする衝動もぜんぜん起こらない。かれらは他から自分自身へかえらない、自由でない、すなわち——ヘーゲル流にいえば——かれらは「他在において自分を失わずにいる」ことがないのである。二階建ての家に住んでいるようなもので、階下では日本的に考えたり感じたりするし、二階にはプラトンからハイデッガーに至るまでのヨーロッパの学問が紐《ひも》に通したように並べてある。そして、ヨーロッパ人の教師は、これで二階と階下を往き来する梯子はどこにあるのだろうか、と疑問に思う。本当のところ、かれらはあるがままの自分を愛している。認識の木の実をまだ食べていないので、純潔さを喪失していない。人間を自分の中から取り出し、人間を自分に対して批判的にするあの喪失を嘗《な》めていないのである。（同書）

レーヴィットが、ナチスの政策でドイツの大学を辞め、東北大学に招かれたのは一九三六年（昭和十一）十一月であった。そして一九四一年、日独の提携の強化のなかで、離日し渡米する、その間の体験からの以上の言である。アメリカで、レーヴィットは、パウル・ティリッヒとラインホルド・ニーバーの推挙で神学講座を担当し、一九五二年、ドイツに戻った。

一階をたとえば、生活意識あるいは日常的感性と言うこともできるが、それだけでは真意をつかんだとは言えない。ここでは、哲学がソクラテスに始まる、あるいは孔子に始まる、その生成期から本来的にもっていた、臨場性、あるいは現場性として見ておきたい。日本思想史研究が、一階から二階への通路をつくることに何らかの寄与をしうる。日本思想史と哲学の関わりの方向は、そのあたりにあるのではないだろうか。

ラテン語がなお学問の言葉として流通しているなかで、デカルトがフランス語で、カントがドイツ語で、近代の哲学の歩みを始めたことを想起したい。自己の対自化のため、日本語と日本語の思想を、今しばらくなぞり返すこと、それも日本思想史の役割であろう。

あとがき

思想史には、個々の原典テキストの読みが必要である。本書では紙幅の都合もあり、十分に原典テキストを掲げることはできなかった。読者の方々には、それぞれの問題意識から、関心をもたれた思想史上の作品、原典テキストにご自身で触れて、手引きや解説書を参照しながら、古典語であれ現代語訳であれ、気に入った人物、対象を、自由に読んでいただけたらと願う。

J・S・ミルの『自由論』（第二章）に「すべての言語（languages）と文学（literatures）とは、人生とは何であるかについても、また人生において如何に振る舞うべきかについても、一般的な人生に関する言説に充ちている」とあり、また「大方の人々は、経験が、一般的には辛い経験が彼らに真に迫ったものとなるとき、初めて、これらの言説の意味を知るのである」とも言っている。人が習慣的に自明の理として受け入れている伝統的教説を、受動的に受け入れるのではなく、各自の経験をもとにその意味を考え、自らの意見を手にする。そのことは、人がその個性を発揮し、異なった多様な意見が交わされる自由で寛容な社会が実現する一径路である——私はミルの言葉をこう解する。

これはまさに思想史という見方に当てはまる。文学、哲学であれ、宗教思想であれ、政治思想であれ、思想史上のテキストを自ら選び、自ら読むことは、まさにそうした意味での自由な行為であるだろう。

以前、宗教哲学を専門とする方より、なぜ「日本」思想史なのか、と問われたことがある。普遍的な問題を問うているなら、「日本」を取り「思想史」でよいのではないか、という意味であったかと思う。私としては、普遍は個別・個別の事に「具体的普遍」(和辻哲郎)として立ち現れるという立場を、いましばらく維持したいと考えている。第四章で触れたが、日本思想史研究という知が生成した近代の歴史的な、そしてまさに思想史的な経緯を踏まえてである。

二〇一二年九月、反日デモの渦中に北京で開かれた中華日本哲学会との合同シンポジウムに、京都大学の研究グループ(代表・藤田正勝)の一員として参加した。総合討論で司会の席にいた際に、中国側から興味深い発言があった。「日本では日本哲学と日本思想との区別があるのに、中国では伝統思想を躊躇なく中国哲学と呼称してきたが、果たしてそれでよかったのか」という趣旨であった。伝統と近代化という通有の事象のあり方と受け止め方の、相互の異なりを示している。それぞれに事情と固有の痛みを伴う、それ自体が思想史的に考察すべき事柄である。

在野の哲学者であり思想史家でもあった土田杏村は、日本と中国の近代の哲学史的状況を欧米に向かって描いた著書(『日本支那現代思想研究』一九二七、本書三七三頁)で言う。「現在のところ」日本と中国との思想はなお「同一の思想圏」をつくっていないが、中国がもっと強く国家的に統一せられたときには、そこから必ず世界へ影響しうる偉大な思想家を送り出すに相違ない。そして、日本の思想と中国の思想とが東洋同文の文明及び思想として、ともに提携しつつ進むことのできるのも、すでに日本で起こり近代哲学の形成に肯定否定の両面で作用した明治末期の「国民的浪漫主義」を中国が、ある高さまで成功せしめたときからであろう、と。

現在から見れば、いささか語弊のある表現を含むが、そのときようやく両者ともに、近代の普遍的な課題に正面から向き合うことになると見たからであった。土田は、産業化の進展に伴い思想は「コスモポリタニック」となり、「近い将来東洋化するというより、世界のすべてと共通化するだろう」と言う。しかし、それは、世界のすべての人々が同一の哲学をもつことではない。「思想の連結とは、共通なる生活事情において生きる両者が、それに処する生活態度について相互に批判し、忠告し合うことを意味する」と土田は考えたのであった。

本書は、もともと放送大学のテキストとして編まれた『日本の思想』を基にして、構成されている。古代、中世、近世、そして近代を増補し、あわせて現代の章を新たに書き加えた。この書がこのようなかたちをとってできたことには、筑摩書房新書編集部の松田健さんのご助言とご助力に大変多くを負っている。心から、感謝の言葉を献げたい。

二〇一四年十月

清水正之

参照文献（本文中で参照・引用した現代の研究書・論文を掲げる）

古代・中世

神野志隆光『古事記とはなにか――天皇の世界の物語』講談社学術文庫、二〇一三
佐藤正英『日本倫理思想史』増補改訂版、東京大学出版会、二〇一二
平朝彦『日本列島の誕生』岩波新書、一九九〇
藤堂明保・竹田晃・影山輝國『倭国伝――全訳注　中国正史に描かれた日本』講談社学術文庫、二〇一〇

近世

亀井孝・チースリク、H・小島幸枝『日本イエズス会版　キリシタン要理――その翻案および翻訳の実態』岩波書店、一九八三
五野井隆史『日本キリスト教史』吉川弘文館、一九九〇
小堀桂一郎編『東西の思想闘争』中央公論社、一九九四
子安宣邦『「事件」としての徂徠学』青土社、一九九〇（ちくま学芸文庫、二〇〇〇）
釈徹宗『不干斎ハビアン――神も仏も棄てた宗教者』新潮選書、二〇〇九
シュールハンマー、ゲオルク（安田一郎訳）『イエズス会宣教師が見た日本の神々』青土社、二〇〇七
高島元洋『山崎闇斎――日本朱子学と垂加神道』ぺりかん社、一九九二
奈良本辰也編『吉田松陰著作選――留魂録・幽囚録・回顧録』講談社学術文庫、二〇一三
西村玲『近世仏教思想の独創――僧侶普寂の思想と実践』トランスビュー、二〇〇八
皆川達夫『洋楽渡来考再論――箏とキリシタンとの出会い』日本キリスト教団出版局、二〇一四
村岡典嗣『増補 本居宣長』1・2、平凡社東洋文庫、二〇〇六
和辻哲郎『日本倫理思想史』下、岩波書店、一九五三

近代・現代

伊藤整『近代日本人の発想の諸形式』岩波文庫、一九八一
井上洋治『余白の旅――思索のあと』日本基督教団出版局、一九八〇
苅部直『丸山眞男――リベラリストの肖像』岩波新書、二〇〇六
菅野覚明『吉本隆明――詩人の叡智』講談社（再発見日本の哲学）、二〇一三
サイード、エドワード・W（今沢記子訳）『オリエンタリズム』上・下、平凡社ライブラリー、一九九三
坂部恵『鏡のなかの日本語――その思考の種々相』ちくまライブラリー、一九八九
思想の科学研究会編『共同研究　転向』上・中・下、平凡社、一九五九～一九六二
清水哲郎『医療現場に臨む哲学』勁草書房、一九九七
清水哲郎『医療現場に臨む哲学Ⅱ――ことばに与える私たち』勁草書房、二〇〇〇
竹内好「近代主義と民族の問題」（『竹内好全集7』）筑摩書房、一九八一
竹内好『日本とアジア』ちくま学芸文庫、一九九三
田中久文『丸山眞男を読みなおす』講談社選書メチエ、二〇〇九
鶴見俊輔『限界芸術論』（『鶴見俊輔集6』）筑摩書房、一九九一
鶴見俊輔『竹内好――ある方法の伝記』岩波現代文庫、二〇一〇
橋川文三『増補　日本浪曼派批判序説』未来社、一九九五
坂野潤治『近代日本とアジア』ちくま学芸文庫、二〇一三
日高六郎「解説」（『現代日本思想大系34　近代主義』）筑摩書房、一九六四
藤田正勝『西田幾多郎の思索世界――純粋経験から世界認識へ』岩波書店、二〇一一
ブロディ、ハワード（舘野之男他訳）『医の倫理――医師・看護婦・患者のためのケース・スタディ』東京大学出版会、一九八五
丸山眞男「歴史意識の「古層」」（『日本の思想6　歴史思想集』）筑摩書房、一九七二
森有正『経験と思想』（『森有正全集12』）筑摩書房、一九七九
森川功『生命倫理の基本原則とインフォームド・コンセント』じほう、二〇〇二

吉本隆明「マチウ書試論」(『マチウ書試論・転向論』)講談社文芸文庫、一九九〇
吉本隆明「擬制の終焉」(『吉本隆明全集6』)晶文社、二〇一四
レーヴィット、カール(柴田治三郎訳)『ヨーロッパのニヒリズム』改版、筑摩書房、一九七四

日本思想史を学ぶための文献（入手・閲覧しやすい図書を掲げる）

日本思想史に関する講座

『岩波講座日本の思想』全八巻、岩波書店、二〇一三～二〇一四
『日本思想史講座』全五巻、ぺりかん社、二〇一二～刊行中

日本思想史のテキスト（個人全集以外で基本的なもの）

『日本思想大系』全六十七巻、岩波書店、一九七〇～一九八二
『日本の名著』（現代語訳）全五十巻、中央公論社、一九六九～一九八二
『日本哲学思想全書』（三枝博音編）全二十巻、平凡社、一九五五～一九五七、（第二版）一九七九～一九八一
『日本思想闘諍史料』全九巻、名著刊行会、一九六九～一九七〇
『日本古典文学大系』全百巻（別巻二）、岩波書店、一九五七～一九六八
『新編日本古典文学全集』全八十八巻、小学館、一九九四～二〇〇二
『完訳日本の古典』全五十八巻（別巻二）、小学館、一九八三～一九八八
『新日本古典文学大系』全百巻（別巻五）、岩波書店、一九八九～二〇〇四
『日本近代思想大系』全二十三巻（別巻一）、岩波書店、一九八八
『近代日本思想大系』全三十六巻、筑摩書房、一九七四～一九九〇
『現代日本思想大系』全三十五巻、筑摩書房、一九六三～一九六八

日本思想史全体に関わる参考文献

海老沢有道・大内三郎『日本キリスト教史』日本基督教団出版局、一九七〇

岡田荘司編『日本神道史』吉川弘文館、二〇一〇
加藤周一『日本文学史序説』上・下、ちくま学芸文庫、一九九九
菅野覚明『神道の逆襲』講談社現代新書、二〇〇一
苅部直・片岡龍編『日本思想史ハンドブック』新書館、二〇〇八
相良亨『日本人の心』増補新装版、東京大学出版会、二〇〇九（相良亨著作集五、ぺりかん社、一九九二）
相良亨編『日本思想史入門』ぺりかん社、一九八四
佐藤正英『日本倫理思想史』増補改訂版、東京大学出版会、二〇一二
佐藤正英『日本の思想とは何か――現存の倫理学』筑摩選書、二〇一四
佐藤弘夫編『概説日本思想史』ミネルヴァ書房、二〇〇五
末木文美士『日本仏教史――思想史としてのアプローチ』新潮文庫、一九九六
竹内整一『「おのずから」と「みずから」』春秋社、二〇〇四
竹内整一『「かなしみ」の哲学――日本精神史の源をさぐる』NHKブックス、二〇〇九
竹村牧男・高島元洋編者『仏教と儒教――日本人の心を形成してきたもの』放送大学教育振興会、二〇一三
高島元洋『日本人の感情』ぺりかん社、二〇〇〇
津田左右吉『文学に現はれたる我が国民思想の研究』全八巻、岩波文庫、一九七七
土田杏村『国文学の哲学的研究』全四巻、第一書房、一九二七〜一九三三（土田杏村全集一〇・一一に一部所収、第一書房、一九三五〜一九三六）
永田広志『日本哲学思想史』白揚社、一九三八（永田広志日本思想史研究第一巻、法政大学出版局、一九六七）
永田広志『日本封建制イデオロギー』三笠書房、一九三八（同、第二巻、一九六八）
村岡典嗣『新編日本思想史研究――村岡典嗣論文選』（前田勉編）平凡社東洋文庫、二〇〇四
和辻哲郎『日本倫理思想史』全四巻、岩波文庫、二〇一一〜二〇一二
Pörtner P./Heise J., *Die Philosophie Japans: von den Anfängen bis zur Gegenwart*, Kröner, 1995
James W. Hesig, et al. *Japanese philosophy: A sourcebook*, University of Hawaii Press, 2011

古代・中世

伊藤由希子『仏と天皇と「日本国」』ぺりかん社、二〇一三
上原雅文『最澄再考――日本仏教の光源』ぺりかん社、二〇〇四
鎌田茂雄全訳注（凝然著）『八宗綱要』講談社学術文庫、一九八一
神野志隆光『古事記の達成』東京大学出版会、一九八三
齋藤英喜『古事記はいかに読まれてきたか――〈神話〉の変貌』吉川弘文館、二〇一二
佐藤正英『歎異抄論註』青土社、一九八九
佐藤正英『親鸞入門』ちくま新書、一九九八
窪田高明『王権と恋愛』ぺりかん社、一九九三
西郷信綱『古事記注釈』全八巻、ちくま学芸文庫、二〇〇五
西郷信綱『古事記の世界』岩波新書、一九六七
相良亨「世阿弥の宇宙」ぺりかん社、一九九五（著作集六所収）
佐藤正英『聖徳太子の仏法』講談社現代新書、二〇〇四
佐藤弘夫『神・仏・王権の中世』法蔵館、一九九八
佐藤弘夫『鎌倉仏教』ちくま学芸文庫、二〇一四
佐藤弘夫『日本中世の国家と仏教』吉川弘文館、二〇一〇
平朝彦『日本列島の誕生』岩波新書、一九九〇
高取正男『神道の成立』平凡社ライブラリー、一九九三
藤堂明保・竹田晃・影山輝國全訳注『倭国伝――中国正史に描かれた日本』講談社学術文庫、二〇一〇
平野仁啓『古代日本人の精神構造』未来社、一九七三
藤村安芸子『仏法僧とは何か――『三宝絵』の思想世界』講談社選書メチエ、二〇一一
山本ひろ子『中世神話』岩波新書、一九九八
頼住光子『道元の思想――大乗仏教の真髄を読み解く』ＮＨＫブックス、二〇一一
和辻哲郎『日本古代文化』岩波書店、一九二〇（全集三、一九六二）

近世

岩崎允胤『日本近世思想史序説』上・下、新日本出版社、一九九七
魚住孝至『宮本武蔵――「兵法の道」を生きる』岩波新書、二〇〇八
オームス、ヘルマン『徳川イデオロギー』（黒住真・豊澤一・清水正之・頼住光子訳）ぺりかん社、一九九〇
菅野覚明『本居宣長』ぺりかん社、一九九一
菅野覚明『武士道の逆襲』講談社現代新書、二〇〇四
栗原剛『佐藤一斎――克己の思想』講談社（再発見日本の哲学）、二〇〇七
黒住真『近世日本社会と儒教』ぺりかん社、二〇〇三
黒住真『複数性の日本思想』ぺりかん社、二〇〇六
子安宣邦『宣長と篤胤の世界』中央公論社、一九七七
子安宣邦『「事件」としての徂徠学』青土社、一九九〇（ちくま学芸文庫、二〇〇〇）
子安宣邦『江戸思想史講義』岩波現代文庫、二〇一〇
相良亨『本居宣長』東京大学出版会、一九七八（講談社学術文庫、二〇一一）
相良亨『近世の儒教思想』塙書房、一九六六
相良亨『伊藤仁斎』ぺりかん社、一九九八
相良亨『武士の思想』ぺりかん社、一九八四（新装版、二〇〇四）
佐久間正『徳川日本の思想形成と儒教』ぺりかん社、二〇〇七
澤井啓一『山崎闇斎――天人唯一の妙、神明不思議の道』ミネルヴァ日本評伝選、二〇一四
清水正之『国学の他者像――誠実と虚偽』ぺりかん社、二〇〇五
釈徹宗『不干斎ハビアン――神も仏も棄てた宗教者』新潮選書、二〇〇九
シュールハンマー、ゲオルク（安田一郎訳）『イエズス会宣教師が見た日本の神々』青土社、二〇〇七
小池喜明『葉隠』講談社学術文庫、一九九九
田尻祐一郎『江戸の思想史――人物・方法・連環』中公新書、二〇一一

高島元洋『山崎闇斎――日本朱子学と垂加神道』ぺりかん社、一九九二
高橋文博『近世の心身論』ぺりかん社、一九九〇
豊澤一『近世日本思想の基本型――定めと当為』ぺりかん社、二〇一一
中村春作『江戸儒教と近代の「知」』ぺりかん社、二〇〇二
野崎守英『本居宣長の世界』塙新書、一九七二
野崎守英『道』東京大学出版会、一九七九
ベラー、R・N（池田昭訳）『徳川時代の宗教』岩波文庫、一九九六
前田勉『兵学と朱子学・蘭学・国学』平凡社選書、二〇〇六
前田勉『近世神道と国学』ぺりかん社、二〇〇二
丸山眞男『日本政治思想史研究』東京大学出版会、一九八三
丸山眞男『忠誠と反逆』ちくま学芸文庫、一九九八
源了圓『徳川思想小史』中公新書、一九七三
吉田真樹『平田篤胤――霊魂のゆくえ』講談社（再発見日本の哲学）、二〇〇九
渡辺浩『日本政治思想史――十七〜十九世紀』東京大学出版会、二〇一〇

近代

『京都哲学撰書シリーズ』全三十巻（別巻一）、燈影舎、一九九九〜二〇〇六
朝倉友海『「東アジアに哲学はない」のか――京都学派と新儒家』岩波現代全書、二〇一四
麻生義輝『近世日本哲学史――幕末から明治維新の啓蒙思想』書肆心水、二〇〇八
安彦一恵・佐藤康邦編『風景の哲学』ナカニシヤ出版、二〇〇二
色川大吉『明治精神史』上・下、岩波現代文庫、二〇〇八
河上徹太郎・竹内好他『近代の超克』冨山房百科文庫、一九七九
木村純二『折口信夫――いきどほる心』講談社（再発見日本の哲学）、二〇〇八
熊野純彦『和辻哲郎――文人哲学者の軌跡』岩波新書、二〇〇九

子安宣邦『日本近代思想批判――一国知の成立』岩波現代文庫、二〇〇三
佐藤康邦・清水正之・田中久文編『甦る和辻哲郎――人文科学の再生に向けて』ナカニシヤ出版、一九九九
末木文美士『明治思想家論――近代日本の思想・再考Ⅰ』トランスビュー二〇〇四
末木文美士『近代日本と仏教――近代日本の思想・再考Ⅱ』トランスビュー二〇〇四
菅原潤『昭和思想史とシェリング――哲学と文学の間』萌書房、二〇〇八
鈴木範久『内村鑑三とその時代――志賀重昂との比較』日本基督教団出版局、一九七五
竹内整一『自己超越の思想』ぺりかん社、一九八八（新装版、二〇〇二）
田中久文『日本の「哲学」を読み解く』ちくま新書、二〇〇〇
津田雅夫『〈昭和思想〉新論――二十世紀日本思想史の試み』文理閣、二〇〇九
熊野純彦編著『日本哲学小史――近代100年の20篇』中公新書、二〇〇九
橋川文三『増補　日本浪曼派批判序説』未来社、一九六五
廣松渉『〈近代の超克〉論』講談社学術文庫、一九八九
藤田正勝『西田幾多郎――生きることと哲学』岩波新書、二〇〇七
藤田正勝編『京都学派の哲学』昭和堂、二〇〇一
村松晋『近代日本精神史の位相――キリスト教をめぐる思索と経験』聖学院大学出版会、二〇一四
八木公生『天皇と日本の近代』上・下、講談社現代新書、二〇〇一
安丸良夫『日本の近代化と民衆思想』平凡社ライブラリー、一九九九
湯浅泰雄『近代日本の哲学と実存思想』創文社、一九七〇
湯浅泰雄『和辻哲郎――近代日本哲学の運命』ちくま学芸文庫、一九九五
渡辺和靖『保田與重郎研究――一九三〇年代思想史の構想』ぺりかん社、二〇〇四

現代

大塚久雄『社会科学における人間』岩波新書、一九七七
岩崎稔・上野千鶴子・成田龍一編『戦後思想の名著50』平凡社、二〇〇六

小熊英二『〈民主〉と〈愛国〉――戦後日本のナショナリズムと公共性』新曜社、二〇〇二
苅部直『丸山眞男――リベラリストの肖像』岩波新書、二〇〇六
姜尚中『ナショナリズム』岩波書店、二〇〇一
菅野覚明『吉本隆明――詩人の叡智』講談社（再発見日本の哲学）、二〇一三
熊野純彦編著『日本哲学小史――近代100年の20篇』中公新書、二〇〇九
酒井直樹『死産される日本語・日本人――「日本」の歴史‐地政的配置』新曜社、一九九六
酒井直樹『日本思想という問題――翻訳と主体』岩波書店、一九九七
清水哲郎『医療現場に臨む哲学』Ⅰ・Ⅱ、勁草書房、一九九七・二〇〇〇
先崎彰容『ナショナリズムの復権』ちくま新書、二〇一三
竹内好『日本とアジア』ちくま学芸文庫、一九九三
田中久文『丸山眞男を読みなおす』講談社選書メチエ、二〇〇九
鶴見俊輔『竹内好――ある方法の伝記』岩波現代文庫、二〇一〇
鶴見俊輔『戦後日本の大衆文化史――一九四五～一九八〇年』岩波現代文庫、二〇〇一
遠山敦『丸山眞男――理念への信』講談社（再発見日本の哲学）、二〇一〇
中島岳志『アジア主義――その先の近代へ』潮出版社、二〇一四
花田清輝『復興期の精神』講談社文芸文庫、二〇〇八
日高六郎『戦後思想を考える』岩波新書、一九八〇
卞崇道編著（本間史訳）『戦後日本哲学思想概論』農山漁村文化協会、一九九九
丸山眞男『日本の思想』岩波新書、一九六一
山田洸『戦後思想史』青木書店、一九八九
吉本隆明『共同幻想論（改訂新版）』角川ソフィア文庫、一九八二
吉本隆明『定本 言語にとって美とはなにか』1・2、角川ソフィア文庫、二〇〇一

人名索引

（神名を一部含む）

あ行

か行

さ行

た行

な行

は行

ま行

や行

ら行

事項索引

あ行

か行

さ行

た行

な行

は行

ま行

や行

ら行

わ行

日本思想史年表

西暦	歴史事項
57	倭の奴国王後漢に朝貢。光武帝より印綬を受ける
188	倭国の大乱。卑弥呼が共立され女王となる
239	魏に使いを派遣。卑弥呼、親魏倭王とされる
248	卑弥呼死後、邪馬台国争乱。壱与（台与）、女王となり乱が収まる
266	壱与、西晋に朝貢（以後、413まで倭は中国史書に記録がない）
414	高句麗好太王の碑
421-479	宋書に倭の五王の事績
513	百済が五経博士を献上
538	百済聖明王、仏像、経論を献ずる（仏教公伝、552ともされる）
574	聖徳太子㊐（〜622㊰）［『憲法十七条』604、『三経義疏』615］
593	聖徳太子、推古天皇の摂政となる
603	冠位十二階の制
607	小野妹子を隋に派遣。法隆寺完成
620	『天皇記』『国記』がつくられる
645	大化の改新。中大兄皇子・中臣鎌足ら蘇我入鹿を暗殺。政府、薄葬を奨励
663	白村江の戦。倭と百済遺臣の連合軍敗北
672	壬申の乱
699	役小角を伊豆に流す
701	大宝律令制定
710	平城京に遷都
712	太安万侶『古事記』
713	『風土記』編纂の詔
717	行基の活動禁止
720	舎人親王ら『日本書紀』撰上
723	三世一身の法。筑紫に観世音寺造営
741	国分寺・国文尼寺建立の詔
749	行基没。東大寺大仏完成
751	『懐風藻』
753	鑑真来日
759	『万葉集』この頃までに成る。唐招提寺完成
766	最澄㊐（〜822㊰）［『願文』785、『守護国界章』『三家学生式』818、『顕戒論』820］
774	空海㊐（〜835㊰）［『三教指帰』797、『十住心論』830］
794	平安京に遷都
797	菅野道真ら『続日本紀』撰上
804	『皇太神宮儀式帳』
807	斎部広成『古語拾遺』

818	藤原冬嗣ら『文華秀麗集』
822	景戒『日本霊異記』
845	菅原道真生（～903没）［『類聚国史』892、『菅家文草』900］
894	遣唐使廃止。この頃『竹取物語』『伊勢物語』
905	紀貫之ら『古今和歌集』撰上
927	藤原忠平ら『延喜式』
935	承平・天慶の乱（～941）。紀貫之『土佐日記』
938	空也、都で念仏を唱う
940	『将門記』（この頃）
942	源信生（～1017没）［『往生要集』985］
974	道綱母『蜻蛉日記』。『宇津保物語』（この頃）
1001	清少納言『枕草子』
1002	紫式部『源氏物語』
1010	『紫式部日記』
1016	藤原道長、摂政となる
1053	平等院鳳凰堂完成
1059	藤原明衡『本朝文粋』
1086	白河上皇、院政を開始
1103	永観『往生拾因』。この頃『栄華物語』『今昔物語集』『大鏡』成る
1118	西行生（～1190没）［『山家集』1190］
1133	法然生（～1212没）［『選択本願念仏集』1198］
1141	栄西生（～1215没）［『興禅護国論』1198］
1155	鴨長明生（～1216没）［『方丈記』1212、『発心集』1216頃］。慈円生（～1225没）［『愚管抄』1220］
1156	保元・平治の乱（～1159）
1173	親鸞生（～1262没）［『教行信証』1224］
1192	源頼朝、征夷大将軍となる
1200	道元生（～1253没）［『正法眼蔵』1250］
1205	藤原定家『新古今和歌集』撰進
1221	承久の乱。この頃『平家物語』成る
1222	日蓮生（～1282没）［『立正安国論』1260、『開目抄』1272、『観心本尊抄』1273］
1232	貞家式目制定
1239	一遍生（～1289没）［『一遍上人語録』］
1253	蘭渓道隆、建長寺を開山
1262	唯円『歎異抄』（この頃）
1266	『吾妻鏡』（この頃）
1274	文永の役
1280	『神道五部書』（この頃）
1281	弘安の役
1283	無住『沙石集』
1320	度会家行『類聚神祇本源』
1322	虎関師錬『元亨釈書』

1330	吉田兼好『徒然草』
1333	鎌倉幕府滅亡
1336	南北朝分裂
1339	北畠親房『神皇正統記』
1344	夢窓疎石『夢中問答集』
1356	二条良基『菟玖波集』
1360	『神道集』(この頃)
1375	『太平記』(14 世紀前半に原型。この頃成立か)
1363	世阿弥㊓(〜1443 頃㉆)[『花伝集』この頃、『風姿花伝』1402 頃、第二次相伝本 1418、『花鏡』1423、『金島書』1436]
1392	南北朝合一。『義経記』(この頃か)
1397	足利義満、金閣寺を造営。五山文学盛行
1428	正長の土一揆。この頃、能楽大成
1439	上杉憲実、足利学校を再興
1463	心敬『さきめごと』。連歌の流行
1467	応仁の乱(〜1477)
1472	一条兼良『花鳥余情』
1481	一休宗純『狂雲集』
1486	雪舟『山水長巻』
1488	加賀一向揆起こる
1489	銀閣寺完成
1511	吉田兼倶『唯一神道名法要集』
1518	『閑吟集』成る
1528	宗瑞『医書大全』
1536	天文法華の乱
1543	種子島に鉄砲伝来。狩野元信『花鳥山水図』
1549	ザビエル、鹿児島に上陸、キリスト教を伝える
1560	大久保彦左衛門㊓(〜1639㉆)[『三河物語』1622 頃]。桶狭間の戦。『朝倉宗滴話記』(この頃)
1561	藤原惺窩㊓(〜1619㉆)[『寸鉄録』1608]
1571	信長、比叡山を焼打ち
1573	沢庵㊓(〜1645㉆)[『不動智神妙録』1634 頃]。室町幕府滅亡
1574	信長、長島の一向一揆を鎮圧
1579	鈴木正三㊓(〜1655㉆)[『盲安杖』1619、『万民徳用』1661]。ヴァリニャーノ、東インド巡察使として来日
1582	本能寺の変。太閤検地始まる。天正遣欧使節
1583	林羅山㊓(〜1657㉆)[『春鑑抄』1629、『本朝神社考』1640、『寛永諸家系図伝』1641〜1643]
1584	宮本武蔵㊓(〜1645㉆)[『五輪書』1643〜1645]
1588	刀狩令発布
1592	秀吉朝鮮出兵(文禄の役・慶長の役、〜1598)
1596	秀吉、長崎でキリシタンを処刑(二十六聖人の殉教)
1600	関ヶ原の戦

1603	家康、江戸開幕
1608	中江藤樹(生)（～1648(没)）［『翁問答』1641、『鑑草』1647］
1614	大坂冬の陣
1615	大坂夏の陣。武家・禁中並公家諸法度制定
1618	山崎闇斎(生)（～1682(没)）［『闢異』1649、『大和小学』1658、『拘幽操』1672］
1619	熊沢蕃山(生)（～1691(没)）［『集義和書』1672、『集義外書』1679、『大学或問』1686］
1622	山鹿素行(生)（～1685(没)）［『武教小学』1656、『山鹿語類』『聖教要録』1665］
1627	伊藤仁斎(生)（～1705(没)）［『論語古義』1662、『語孟字義』1683、『童子問』1691］
1630	貝原益軒(生)（～1714(没)）［『大和本草』1708、『養生訓』1713、『慎思録』『大疑録』1714］
1635	参勤交代の制確立。日本人の海外渡航、帰国禁止
1637	島原の乱
1641	鎖国の完成（オランダ人を長崎出島に移す）
1642	井原西鶴(生)（～1693(没)）［『好色一代男』1682、『日本永代蔵』1688、『世間胸算用』1692］
1643	田畑永代売買禁止令
1644	松尾芭蕉(生)（～1694(没)）［『奥の細道』1702、『猿蓑』1691、『野ざらし紀行』1685］
1648	西川如見(生)（～1724(没)）［『町人嚢』1719］
1649	慶安御触書（農民統制の令とされる）
1651	由井小雪の乱
1653	近松門左衛門(生)（～1724(没)）［『曾根崎心中』1703、『国性爺合戦』1715、『心中天網島』1720］
1657	新井白石(生)（～1725(没)）［『読史余論』1712、『西洋紀聞』1715、『折たく紫の記』1716］
1658	室鳩巣(生)（～1734(没)）［『駿台雑話』1732、『六諭衍義大意』1722］
1659	山本常朝(生)（～1719(没)）［『葉隠』1716］
1666	荻生徂徠(生)（～1728(没)）［『学則』1715、『弁道』『弁名』1717、『答問書』1720］
1670	伊藤東涯(生)（～1736(没)）［『制度通』1724、『古今学変』1750］
1680	太宰春台(生)（～1747(没)）［『経済録』1729、『聖学問答』1736］
1685	石田梅岩(生)（～1744(没)）［『都鄙問答』1739］。白隠(生)（～1768(没)）［『遠羅天釜』1748、『槐安国語』1768］
1687	生類憐みの令
1697	賀茂真淵(生)（～1769(没)）［『万葉考』1760、『国意考』『邇飛麻那微』1765］
1702	赤穂浪士討ち入り
1703	安藤昌益(生)（～1762(没)）［『自然真営道』1753］
1709	正徳の治（新井白石）

1715	富永仲基㊓（〜1746㊰）［『出定後語』1745、『翁の文』1746］
1716	享保の改革（徳川吉宗）
1718	慈雲㊓（〜1804㊰）［『十善法語』1775］
1723	三浦梅園㊓（〜1789㊰）［『敢語』1763、『玄語』1775、『贅語』1789］
1726	平賀源内㊓（〜1779㊰）［『物類品隲』『風流志道軒伝』『根無草』1763］
1730	本居宣長㊓（〜1801㊰）［『直毘霊』1771、『玉勝間』1793、『古事記伝』1798、『宇比山踏』1798、『源氏物語玉の小櫛』1799］
1730	中井竹山㊓（〜1804㊰）［『草茅危言』1788］
1732	享保の大飢饉
1733	杉田玄白㊓（〜1817㊰）［『解体新書』1774、『蘭学事始』1815］
1734	上田秋成㊓（〜1809㊰）［『雨月物語』1776、『癇癖談』1791、『春雨物語』『胆大小心録』1808］
1742	公事方御定書成る
1743	本多利明㊓（〜1820㊰）［『経世秘策』1798］
1748	山片蟠桃㊓（〜1821㊰）［『夢之代』1820］
1755	海保青陵㊓（〜1817㊰）［『稽古談』1813］
1767	曲亭馬琴㊓（〜1848㊰）［『皿皿郷談』1815、『椿説弓張月』1811、『南総里見八犬伝』1842］
1768	富士谷御杖㊓（〜1823㊰）［『真言弁』1811］
1769	佐藤信淵㊓（〜1850㊰）［『経済要録』1827］
1772	佐藤一斎㊓（〜1859㊰）［『言志四録』1853］
1776	平田篤胤㊓（〜1843㊰）［『霊の真柱』1812、『玉だすき』1824、『古史伝』1825］
1780	頼山陽㊓（〜1832㊰）［『日本外史』1827、『日本楽府』1828、『山陽詩鈔』1833］
1782	会沢正志斎㊓（〜1863㊰）［『新論』1825、『迪彝篇』1833］。広瀬淡窓㊓（〜1856㊰）［『約言』1828］
1784	この頃、天明の大飢饉
1787	二宮尊徳㊓（〜1856㊰）［『二宮翁夜話』］。寛政の改革（松平定信）
1790	寛政異学の禁
1793	大塩平八郎㊓（〜1837㊰）［『洗心洞箚記』1833］。渡辺崋山㊓（〜1841㊰）［『慎機論』1838］
1797	大原幽学㊓（〜1858㊰）［『微味幽玄考』］
1804	高野長英㊓（〜1850㊰）［『西説医原枢要』1832］
1806	藤田東湖㊓（〜1855㊰）［『回天詩史』1844、『弘道館記述義』1849］
1808	間宮林蔵、樺太探検
1809	横井小楠㊓（〜1869㊰）［『国是三論』1862］
1811	佐久間象山㊓（〜1864㊰）［『省諐録』1854］
1823	勝海舟㊓（〜1899㊰）［『開国起原』1893、『幕府始末』1895、『氷川清話』1898］
1825	幕府、異国船打払令を発す

1828	西村茂樹(生)（～1902(没)）［『日本道徳論』1887］
1829	西周(生)（～1897(没)）［『百一新論』1874］
1830	吉田松陰(生)（～1859(没)）［『講孟余話』1856、『留魂録』『幽囚録』1859］
1832	中村敬宇(生)（～1891(没)）［翻訳『自由之理』『西国立志編（自助論）』1871］
1833	この頃、天保の大飢饉
1835	福沢諭吉(生)（～1901(没)）［『西洋事情』1866、『学問のすゝめ』1872～76、『脱亜論』1885、『福翁百話』1897、『福翁自伝』1899］
1837	大塩平八郎の乱。モリソン号事件
1839	蛮社の獄（渡辺崋山・高野長英ら投獄される）
1840	阿片戦争（清、イギリスに敗れる～42）
1847	中江兆民(生)（～1901(没)）［『民約訳解』1811、『三酔人経綸問答』1887、『一年有半』1901］
1852	水戸藩、『大日本史』を朝廷及び幕府に献上
1854	日米・日英・日露和親条約
1855	井上哲次郎(生)（～1944(没)）［『哲学字彙』1881、『我が国体と国民道徳』1925］。洋学所設置。江戸大地震（藤田東湖圧死）
1858	米・蘭・露・英・仏と修好通商条約
1859	安政の大獄（松蔭・左内ら刑死）
1860	桜田門外の変（井伊直弼暗殺）
1861	内村鑑三(生)（～1930(没)）［『余は如何にして基督信徒となりし乎』1895］
1862	岡倉天心(生)（～1913(没)）［『東洋の理想』1903、『茶の本』1906］。新渡戸稲造(生)（～1933(没)）［『武士道』1899］。森鷗外(生)（～1922(没)）［『舞姫』1890、『かのやうに』1912］
1863	清沢満之(生)（～1903(没)）［『精神主義』1901］
1864	二葉亭四迷(生)（～1909(没)））［『浮雲』1887～89］
1867	夏目漱石(生)（～1916(没)）［『明暗』1916 未完］。大政奉還。王政復古の大号令
1868	明治維新。神仏分離令（廃仏毀釈運動）。北村透谷(生)（～1894(没)）［『内部生命論』1893］
1869	版籍奉還。東京横浜間電信開通
1870	鈴木大拙(生)（～1966(没)）［『日本的霊性』1944］。西田幾多郎(生)（～1945(没)）［『善の研究』1911、『思索と体験』1914、『働くものから見るものへ』（1927）、『哲学の根本問題続篇』（1934）］
1871	廃藩置県。岩倉具視ら欧米視察。幸徳秋水(生)（～1911(没)）［『社会主義神髄』1903］。高山樗牛(生)（～1902(没)）［「美的生活を論ず」1901］
1872	学制の制定。新橋横浜間鉄道開通
1873	征韓論敗れ、西郷隆盛ら下野。徴兵令公布。綱島梁川(生)（～1907(没)）［「予が見神の実験」1905］
1875	ロシアと千島樺太の交換。柳田國男(生)（～1962(没)）［『遠野物語』1910、『桃太郎の誕生』1933、『海上の道』1961］

1877	西南戦争。佐野常民ら博愛社創立
1883	鹿鳴館落成（欧化政策）。北一輝(生)（～1937(没)）[『国体論及び純正社会主義』1906、『日本改造法案大綱』1923]
1885	田邊元(生)（～1962(没)）。内閣制度制定
1887	折口信夫(生)（～1953(没)）[『古代研究』1929～30]
1886	石川啄木(生)（～1912(没)）[「時代閉塞の現状」1910]
1889	大日本帝国憲法発布。和辻哲郎(生)（～1960(没)）[『人間の学としての倫理学』1934、『風土』1935]
1890	教育ニ関スル勅語発布
1891	土田杏村(生)（～1934(没)）[『象徴の哲学』1919、『日本支那現代思想研究』1926、『国文学の哲学的研究』1927]。大津事件
1894	日清戦争（～1895）。三国干渉（1895）
1897	三木清(生)（～1945(没)）[『パスカルにおける人間の研究』1926、『構想力の論理』1945（未完）]
1900	義和団事件により出兵（北清事変～1901）
1902	小林秀雄(生)（～1983(没)）[「様々なる意匠」1929、『無常といふ事』1946、『本居宣長』1977]。宮崎滔天『三十三年の夢』（1926 復刻）
1903	藤村操、華厳滝に投身自殺
1904	日露戦争（～1905）
1910	幸徳秋水ら大逆事件。韓国併合（～1945）
1911	『青鞜』発刊（平塚らいてう）。清、辛亥革命
1912	憲法論争（美濃部達吉、上杉慎吉）。友愛会発足
1913	大正政変
1914	第一次世界大戦参戦
1916	津田左右吉『文学に現はれたる我が国民思想の研究』。吉野作造「憲政の本義を説いて其有終の美を済すの途を論ず」
1917	河上肇『貧乏物語』。桑木厳翼『カントと現代の哲学』。田邊元『科学概論』
1918	シベリア出兵
1919	北一輝『国家改造案原理大綱』（のちに『日本改造法案大綱』に改題）
1922	全国水平社創立。日本農民組合結成。左右田喜一郎『文化価値と極限概念』
1925	治安維持法。田邊元『数理哲学研究』
1927	金融恐慌
1928	第一回普通選挙施行。張作霖爆殺事件（満州某重大事件）。『マルクス・エンゲルス全集』刊行開始
1931	満州事変起こる
1932	満州国建国
1933	国際連盟脱退
1934	田邊元「社会存在の論理」
1935	天皇機関説問題起こる。家永三郎『日本思想史に於ける否定の論理の発達』

1936	中井正一「委員会の論理」。2.26 事件
1937	日中戦争開始
1938	国家総動員法。津田左右吉『支那思想と日本』
1939	第二次世界大戦始まる
1940	日独伊三国同盟締結。大政翼賛会発足
1941	太平洋戦争開始（対米英蘭宣戦布告）
1942	京都学派の座談会「世界史的立場と日本」（『中央公論』）。座談会「近代の超克」（『文学界』）。家永三郎『日本に於ける宗教的自然観の展開』
1943	波多野精一『時と永遠』
1944	マリアナ沖海戦。東条内閣総辞職。レイテ沖海戦。本土爆撃開始。大塚久雄『近代欧州経済史序説』。竹内好『魯迅』。鈴木大拙『日本的霊性』
1945	広島、長崎に原子爆弾投下。ポツダム宣言受諾
1946	柳田國男『先祖の話』。丸山眞男「超国家主義の論理と心理」。田邊元『懺悔道としての哲学』。花田清輝『復興期の精神』。『思想の科学』創刊
1947	田中美知太郎『ロゴスとイデア』。梅本克己「人間的自由の限界」（『展望』、哲学における主体性論争の起点となる）
1948	大塚久雄『近代化の人間的基礎』『近代資本主義の系譜』。清水幾太郎『社会学講義』。R. ベネディクト著・長谷川松治訳『菊と刀』。西郷信綱『国学の批判』
1949	和辻哲郎『倫理学』（上・中・下、1937〜49）。『きけわだつみのこえ』。松川事件。コミンフォルムの日本共産党批判。中村元『近世日本における批判的精神の一考察』
1950	農地改革終了。E.H. ノーマン『忘れられた思想家 ── 安藤昌益のこと』。和辻哲郎『鎖国 ── 日本の悲劇』。D.H. ロレンス著・伊藤整訳『チャタレイ夫人の恋人』発禁処分。黒澤明『羅生門』封切
1951	サンフランシスコ講和会議。竹内好『現代中国論』
1952	石母田正『歴史と民族の発見』。和辻哲郎『日本倫理思想史』。丸山眞男『日本政治思想史研究』
1954	自衛隊発足。家永三郎『日本道徳思想史』。吉本隆明「マチウ書試論」
1955	柳田民俗学論争。加藤周一『日本文化の雑種性』。大塚久雄『共同体の基礎理論』
1956	国連加盟。丸山眞男『現代政治の思想と行動』。加藤周一『雑種文化 ── 日本の小さな希望』
1957	梅棹忠夫「文明の生態史観序説」（『中央公論』）
1959	南原繁『フィヒテの政治哲学』。竹内好『近代の超克』。安保論争はじまる
1960	安保闘争・三井炭鉱争議。埴谷雄高『幻視のなかの政治』。橋川文三『日本浪曼派批判序説』。唐木順三『無用者の系譜』
1961	丸山眞男『日本の思想』

1963	八木誠一『新約思想の成立』
1964	色川大吉『明治精神史』
1966	三宅剛一『人間存在論』。ベトナム反戦ストライキ
1967	森有正『遥かなノートル・ダム』。鶴見俊輔『限界芸術論』
1968	吉本隆明『共同幻想論』。加藤周一『羊の歌 ── わが回想』
1969	石牟礼道子『苦海浄土』。東大安田講堂事件
1971	宇井純『公害原論』
1972	廣松渉『世界の共同主観的存在構造』
1975	井筒俊彦『イスラーム思想史』。山口昌男『文化と両義性』。西郷信綱『古事記注釈』（～1989）
1976	大森荘蔵『物と心』。埴谷雄高『死霊　定本』（1～5 章）
1977	小林秀雄『本居宣長』
1978	カトリック・プロテスタント共同の『新約聖書・共同訳』刊行
1980	柄谷行人『日本近代文学の起源』。加藤周一『日本文学史序説』
1981	今村仁司『労働のオントロギー』
1982	鶴見俊輔『戦時期日本の精神史』。上野千鶴子『セクシィ・ギャルの大研究』
1983	浅田彰『構造と力』。中沢新一『チベットのモーツァルト』
1985	G5 プラザ合意
1986	チェルノブイリ原子力発電所事故
1987	バブル経済始まる（～91 まで）
1989	坂部恵『鏡のなかの日本語』。1 月、元号が平成に。6 月、天安門事件。11 月、ベルリンの壁崩壊
1990	脳死臨調始まる
1991	ソビエト連邦の崩壊
1995	阪神淡路大震災。オウム真理教地下鉄サリン事件
1997	加藤典洋『敗戦後論』。臓器移植法可決
1998	金融監督庁発足（2000、金融庁に）
1999	男女共同参画社会基本法
2000	介護保険制度始まる
2011	東日本大震災

ちくま新書
1099

日《に》本《ほん》思《し》想《そう》全史《ぜんし》

二〇一四年一一月一〇日 第一刷発行
二〇二四年 二 月 五 日 第八刷発行

著者 清水正之（しみず・まさゆき）

発行者 喜入冬子
発行所 株式会社 筑摩書房
東京都台東区蔵前二―五―三 郵便番号一一一―八七五五
電話番号〇三―五六八七―二六〇一（代表）
装幀者 間村俊一
印刷・製本 株式会社 精興社

ISBN978-4-480-06804-0 C0210

ちくま新書

946
日本思想史新論
――プラグマティズムからナショナリズムへ
中野剛志
日本には秘められた実学の系譜があった。『TPP亡国論』で話題の著者が、伊藤仁斎、荻生徂徠、会沢正志斎、福沢諭吉の思想に、日本の危機を克服する戦略を探る。

866
日本語の哲学へ
長谷川三千子
言葉は、哲学の中身を方向づける働きを持っている。和辻哲郎の問いを糸口にパルメニデス、デカルト、ハイデッガーなどを参照し、「日本語の哲学」の可能性をさぐる。

1017
ナショナリズムの復権
先崎彰容
現代人の精神構造は、ナショナリズムとは無縁たりえない。アーレント、吉本隆明、江藤淳、丸山眞男らの名著から国家とは何かを考え、戦後日本の精神史を読み解く。

474
アナーキズム
――名著でたどる日本思想入門
浅羽通明
大杉栄、竹中労から松本零士、笠井潔まで十冊の名著をたどりながら、日本のアナーキズムの潮流を俯瞰する。常に若者を魅了したこの思想の現在的意味を考える。

764
日本人はなぜ「さようなら」と別れるのか
竹内整一
一般に、世界の別れ言葉は「神の身許によくあれかし」、「また会いましょう」、「お元気で」の三つだが、日本人にだけ「さようなら」がある。その精神史を探究する。

660
仏教と日本人
阿満利麿
日本の精神風土のもと、伝来した仏教はどのように変質し血肉化されたのか。日本人は仏教に出逢い何を学んだのか。文化の根底に流れる民族的心性を見定める試み。

990
入門　朱子学と陽明学
小倉紀蔵
儒教を哲学化した朱子学と、それを継承しつつ克服しようとした陽明学。東アジアの思想空間を今も規定するその世界観の真実に迫る、全く新しいタイプの入門概説書。